U0893610

帛书《道德经》臆论

——写给“守业者”的“不败”智慧

郑君◎著

江西科学技术出版社

图书在版编目（CIP）数据

帛书《道德经》臆论：写给“守业者”的“不败”智慧 / 郑君著. -- 南昌：江西科学技术出版社，2020.5（2022.3重印）

ISBN 978-7-5390-7280-7

Ⅰ. ①帛… Ⅱ. ①郑… Ⅲ. ①道家②《道德经》—研究 Ⅳ. ①B223.15

中国版本图书馆CIP数据核字(2020)第058407号

国际互联网（Internet）地址：
http://www.jxkjcbs.com
选题序号:ZK2019444
图书代码:B20077-101

帛书《道德经》臆论：写给“守业者”的“不败”智慧 郑君 著

出版发行 江西科学技术出版社
社址 南昌市蓼洲街2号附1号
邮编：330009 电话：（0791）86623491 86639342（传真）
印刷 湖北诚齐印刷股份有限公司
经销 各地新华书店
开本 787mm×1092mm 1/16
字数 290千字
印张 26
版次 2020年5月第1版 2022年3月第2次印刷
书号 ISBN 978-7-5390-7280-7
定价 69.00元

赣版权登字-03-2020-89
版权所有，侵权必究
（赣科图版书凡属印装错误，可向承印厂调换）

献给小幺、米乐和芒果。
因为你们的出现，让我感到生命的柔软和意义。

前言

本书能够出版，并不在我意料和计划之中。八个月前拿起《道德经》准备认认真真读一遍的时候，发现各种版本和注释都能自圆其说。注释就不说了，哪怕《道德经》本身都有不同的传世本。不管是号称目前能够发现的最早的楚简本《老子》，还是汉初时的帛书本《老子》，以及传世普遍的魏晋时期王弼注释的《老子》，仅仅这三个版本都出现了文字和章节上的诸多不同。想想都觉得不可思议：同一本书、同一个主题，竟然能够随着时间的推移，产生诸多的变化和传本。关键的关键，是每个传本似乎都有不同的主题，似乎有不同的老子写了不同的《道德经》来帮助不同的人完成不同的使命。

既然传世本有那么多，注释本就更多了，似乎中国人日常能够想到的、用到的、说到的都被《道德经》的八十一章全部包含：大到治国理政，小到修身齐家。而历来的道家人物，多少又带着神仙传说和修仙自渡的逍遥，这又使得作为道家学派和中国本土宗教道教产生了千丝万缕的关系，进而又把老子推举为道教的教主，也就是太上老君！从诸子百家中的一家，变为道教的教主，这个过程又充满着对《老子道德经》这本书的发挥。种种这些，让一般人对《老子道德经》这本书望而却步：看得懂每个字，就是不明白这书到底在说什么。

我也有着对《老子道德经》莫名的敬畏。二十年前无意中接触到“三玄”【《易经》、《道德经》（《老子》）和《南华经》（《庄子》）】，总觉得这三本书成就了我们中国人出世入世以及明达时空的人生智慧。就像“玄”字描述着三本书的共同点一样，太“玄乎”所以看不懂。因为看不懂所以更觉得“玄乎”，于是就成了“玄之又玄”，就认为这三本书，尤其是《老子道德经》必定是“众妙之门”。

一直到后来，随着年龄的增长，社会阅历的增加，尤其是将近十年的管理经历，使我开始用一种理智和逻辑的心态去看待《老子道德经》的作者当年是在“什么情况下写了给什么人”这个问题产生了兴趣。于是乎将能够找到的觉得有价值的各种书籍找来翻阅，越翻阅越迷糊，越迷糊越觉得不可思议。但好歹古人说“开卷有益”，于是就发现了古人读书竟然也是在迷茫中读出自己来。为什么这么说呢?

古人读书，读“六经”，竟然可以通过“我读六经”来完成对文本的基础理解和接受，不管对错，先一股脑地把文本渗透。通过“读经”这一行为，将经文默诵。默诵的好处，就是能够随时“翻阅”，随时“咀嚼”，随时能够“顿悟”。有了零零星星的“顿悟”之后，就开始怀疑前人的注释是否真的有道理，是否真的能够用来“修齐治平”。因为有了思考，所以有了怀疑，所以有了“我注六经”的开始：即通过作者本人的经历和阅历，开始完成对经典的重新诠释。这个过程，实质上是注六经的“我”通过历代前人的智慧，开始将这些智慧落到“现在”，即跳出经文过往的时代性缺陷，将经文放在当前的时代背景下来完成“经典再造”，从而为后世的“再造经典”贡献“现世”（对后代而言则是“过时”）的价值。即使到了“我注六经”阶段，也是以“六经”为主而“我”为客，将“六经”作为主要对象而非“我”。这实现不了“经典”的现世价值。一个真正懂得经典的人，经典若不能产生当世的功用和价值，自然也就失去了读它和注它的价值。恰恰是因为经典的传世价值能够被现世所利用和再造，于是才会被流传至今。而这个过程，就是“六经注我”的阶段：经典的价值就是为了支撑“我”的行为和价值，而“我”的行为和价值，则跟过往的传世经典相吻合，从而完成“我”与“经典”的联结，通过“学以致用”，完成中华文明的“道统”传承！

这个三个过程，实在是一个有趣且充满收获的过程。对我而言，过去八个月（确切地说是241天）每天能够抽出一个小时，纯粹地、不被打扰地对《老子道德经》的原文和诸多注释进行比较之后，毫无顾忌地将《老子道德经》做“歪解”和“臆论”，从而完成“我注六经”和“六经注我”这两个过程：“我注六经”是将《老子道德经》八十一章按照帛书老子的原文逐一进行翻译；“六经注我”则是根据自己在管理过程中的思考，尝试还原当初老子写这本书的初衷和内在逻辑。跟众多的专家学者相比，我的翻译自然只能是“歪解”，我的议论和发挥，自然也只能算是“臆论”，瞎胡闹。既然是“歪”的、“臆想”出来的，诸位读者也就不要去追求那不存在的“唯一真相”了。如果能在我的“歪解”和“臆论”中找到哪怕一丝一毫让你拍案叫绝的点，也算这本书能够自圆其说了！

本书是个人读书笔记的集合，未经专业训诂考证。荒谬之处，欢迎指正和交流（作者邮箱：jun.zheng@outlook.com）。最后，祝读者们找到属于自己的“六经”，完成自己的“六经注我”。

郑君

2019年9月于上海

引言

春秋时老子所写的《道德经》（亦名《老子》）作为“万经之王”，在中华文明形成过程中有着奠基和举足轻重的作用。目前流传比较广泛的是魏晋时期王弼所著的《老子》，是王弼基于其对老子的理解形成的注解本。1993年公布出来的楚简本《老子》，是目前能够看到的最老的《老子》祖本。专家学者们认为当初的《老子》祖本应该就是楚简本。然后，这个跟1973年马王堆出土的帛书本《老子》又少了不少内容，而帛书本《老子》却又跟传世本非常接近。这三个本子之间的关系，到底是祖、父、孙，还是伯、仲、叔，不好说清。楚简本由于内容只有传世本的一半不到，且文字的考证又有诸多的出入和不同，使得文本之间的关联和确定性不如帛书本和传世本。而传世本由于王弼和河上公的发挥，又添加了更多的对儒家仁、义的直接和间接否定，或许离一开始的老子本义已经发生了重大的思想改变。由此，帛书本由于其成书的年代正处于秦末汉初，且全书内容基本同后来的传世本相同，所以兼具了文本的完整性和时代的接近性，因此是解读老子本义的更佳选择。

帛书《老子》中将《道经》放在前面，称为《下经》，实际上按照“先言人事，后言天道”的古人作书习惯，理应将《德经》放在《道经》之前，而不是我们现在看到的《道德经》的样子。若《德经》放在《道经》之前，会有什么效果呢？因为我们还没有完全歪解完《道德经》全文，因此很难实现。但有一点很明确，就是通行版《道德经》的第一章，不会是全书的第一章，而是在中间作比较（帛书版“道可道”是第四十五章）。那么“道可道也，非恒道也”的前一句是什么呢？“天道无情，恒与善人”（天道的存在并没有任何偏向性，但我们能观察到，往往那些善人会得到“道”的关注）。这句话作为帛书版《老子》的上经结尾句，点出了天道的客观性和无所偏爱性，但同时它也点出了即使天道无意取悦或是贬低某事某物，但似乎我们可以看到的一个现象就是善人往往走大运，往往会被特别关照。为什么善人会被天道特别关注呢？《道经》就解释了这个原因：因为善人（圣人）能够体察道的运行和道的发展趋势，效仿道的作用方式（无为自然），效仿道的作用对象（天下万物），效仿道的消息方式（有无相生），所以往往善人（圣人）能够比一般人更加能把握和顺应道的运作，从而减少自己生化的阻力。

帛书本同传世本不同的是，将传世本的《德经》放于《道经》之前，且前后不分章节，仅作“上经”和“下经”区别。为什么这么放至今没有一个确切的原因。然而，笔者开始研读帛书老子时，由于受传世本影响较大，因此还是将帛书本的《下经》放于《上经》之前进行研读。然而，等歪解臆论完全本《老子》之后，才发现帛书本将《德经》放于《道经》之前的道理是合理的。《德经》部分主要强调的是君王治国理政，或是管理者进行有效管理的具体措施。老子在论述这些措施和手段时，隐隐中还透露出他对这些措施和手段背后的思考，不停地变换概念和措辞来描述他的体验和观察。而在《道经》中，老子则更加强调“道”形而上，以及“道”在君王治国理政中的主宰作用和原理渗透。如果说“道”在《德经》中还是治国理政时管理手段的“背后推手”，那么“道”在《道经》中则已经成为各种管理手段和行为的主宰和出发点。换言之，《德经》中的“道”是行为的归宿，而《道经》中的“道”则是出发点和起点。

道作为不可名状的一种存在，老子难以描述它，但却是能够感受到它的存在，也确确实实能够感受到道通过万物的自生、自化所表现出来的特征和作用方式。比如，道的作用方式总是“有无相生”，当一个事物逐渐发展壮大以压制阻碍它发展壮大的因素，直至它的对立面消失，进而它的对立面又开始从被消灭之后，以另外一种存在方式“死灰复燃”，去削弱那个强大到“没有敌人”的存在。这个过程循环往复，都是道在循循不息地运作着。

但道的循循不息的运动，并不是固定不变的圆周运动，而是一种回环式的升降运动：俯视或者仰视它，你都只能看到它的一个切面，这个切面就是圆环；但若侧面看它，则能看到收尾相连接的曲线，看得到你所能看到的截面部分，但看不到它的首和尾。正是因为道的作用循环往复，但即使是“往”和“复”，都是在另外一个维度开展的，并不会在同一个平面做着重复地圆周运动。换句话说，若道的运作方式是圆周运动，那么这个圆的圆心本身就是处于上下、左右、前后的运动过程中，而连接这个圆心的半径也在不停地做着上下、左右、前后运动。但无论是这个圆心，还是这个半径，都是在按照圆周运动着。

那么有了这个模型之后，对我们解决现实中的问题有什么助益呢？我想可以总结为以下几点：

万物都是在“此消彼长”的过程中逐渐发展变化起来的，无论是“消”还是“长”，都是相对而言的。一方的“消”，势必会引发另外一方的“长”。但这个“消”跟“长”的主体会在消息过程中变换，所以我们应该关注“此消彼长”的这个关系，而不应该拘泥在这个关系发生之初的对象（因为对象会变）。

万物的生发都是“有无相生”，“有”愈多的时候，“无”愈少。但恰恰就是这个“愈多愈少”的平衡，在达到某个点的时候，会发生转变。若我们仅仅关注积极的“有”和消极的“无”这样的一对关系，往往会导致我们忽略关注另一个维度中的消极的

“有”和积极的“无”的变化。所以，任何事物都应横向的看“有无”，又要总纵向的看“有无”的变化。

道的变化是恒常不变的，“变化是恒常不变的”，也就是“变化是永远在变化着的”。道就是所有变化综合作用的一种体现，它即包含某一个特定的变化，也包含了这个变化发生过程中的所有变化，更包含了这个变化所被包含的更大范围的变化。而所有变化都处于“该”变化的状态，就是“自然”的状态。而这个自然的状态，是万物作为一个整体时最佳的状态。

有无变化，实际上是道“无为无不为”作用的结果，也是“万物自然”的正常状态。纷繁复杂的这种动态消息平衡，恰恰是一个充满活力的混沌有序的和谐。这就是道作用的结果。

老子《道德经》不止一次地提到“无为”的概念，似乎“无为”是圣人必须时刻有意识地去践行的处事原则。我们也不止一次地提到，“无为而治”的对象，应该是圣人的处事方式和处事原则。为什么这么说呢？

首先，若圣人是效仿“道”的作用方式，那么圣人的作用方式应该是“无名”的，也就是作用于无形，作用的效力和效用应该是不被作用物所感知到的。与此同时，“道”和“天地”都是“无亲”的，即没有主观的好恶和偏向性，都是依照自身的运动方而展开，在展开过程中施加影响和作用。这个自然而然的影响和作用力，能够使万物得到自化和自定。那么圣人也应该是效仿“道”的这种“无亲”状态，他要负责的对象永远只有“道”。而“道”本身又是无形无相无名的，只能通过圣人自身的感知去体验“道”的存在。由此，我们也只能得出这么一个结论：圣人的“道”都是基于圣人本人对“道”的感知而有“道”的。

假设一切对“道”的践行基础就是圣人本人对“道”的感知，那么圣人也无法凭借着“道”去治理万物，只能按照他对“道”的理解，“治理”自己处理万物时的状态和方式方法，由此，我们不得不归结到《管子》中对于“无为而治”的定义：无为而治窍！圣人“无为而治”的对象，是圣人自己的“有为之心”，即出于为公或是为私的、违背自然的那些冲动性念头和想法。

老子在《道德经》中也做了很多对“有为”行为的描述，比如“自是”“自矜”“自伐”“自长”“自有功”等等以“自我”作为出发点，而不是以“道”作为出发点的行为和意图，都应该是“有为”的行为。这些“有为”行为的反面，就很有可能是“道”的自然运作方式，“自明”“自定”“自静”“无名”“朴”等等。这些作用方式给圣人的启示和借鉴，就是要克制自己的想法和私心，时刻保持对“有为”行为和想法的警惕，以谦卑的心态去处理治国理政的种种事物，从而达到万物自化、自生、自定、自静、自长的效果。

圣人“无为而治窍”的心法是什么呢？老子的建议是：“视素”、“保朴”、“少私”、“寡欲”、“绝学”和“无忧”。只有放弃“有所作为”的刻意行为，才能辅佐万物进行自化自定，让整个治理环境和治理状态达到和谐统一、动态平衡。

“有无相生”是万物达到自然状态时保持自身平衡和和谐的一种动态生化过程。那么我们需要说明的就是，“无为而治”是圣人通过检视自己做事的初衷和发心，以实际面对的万物情况，按照当前万物平衡条件而采取的一种顺应万物自然的处事原则和态度，实质上就是以“万物自然”作为前提，效仿“道恒无名”而进行的一种提前性质的影响和干预，其最本质的核心就是圣人需要放下“有为”的初衷，而以成就万物之自然作为出发点进行决策。只有在这种“无我而利它”的前提下，才能真正地“无为而无不为”。

本书即帛书本为主要参考，部分参考楚简本和传世本作为补充，但篇章布局除部分明显有内在关联的章节外，仍然按照传世本《道经》在前、《德经》在后安排，方便读者阅读和理解。

目录

一、道可道章

道可道也，非恒道也；名可名也，非恒名也。无，名万物之始也；有，名万物之母也。故恒无欲也，以观其妙；恒有欲也，以观其所徼。两者同出，异名同谓，玄之有玄，众妙之门。

【歪解】

我说的“道”，指的是可以践行和有规律依循的大道；它是因循时势随时变化的，自然无为顺应对象物的属性而变化。进而变化就是道，道具有变通的属性。但道却并不是恒常不变的。我说的“名”，自然也是可以给予称谓的；但它并不是当下所用指代的称谓，也并不是恒常不变的。我用“无”这个字，来描述万物初始产生的状态，犹如混沌之中有酝酿，但实体实相并不可见。我用“有”这个字，来描述万物发展变化的动力来源，犹如混沌之后所产生的实体实相，在变化中不断产生更多的实相。因此我认为，只有当我们能够保持混沌的状态，不抱持某个“必然”的想法，则可以观察“欲”的妙用。保持主观的念想，保持具体某个“必然”的想法，则可以观察“欲”所产生的各种变化，以及变化之后产生的新的变化。

是否抱持某一个想法或是观念，便是“有欲”或是“无欲”的状态。这两种状态，只是名称不同，但实际上两者是同一状态的不同描述和阶段。不断揣摩和关照在这混沌中的变化，以及我们主观意识（欲）的作用，便能把握住众多变化形成和发展的轨迹，也就能窥见大道的端倪了。

【臆论】

“道可道”可能的解释

历来对“道可道”的第二个“道”有诸多的解释。从全本《老子》的角度解析，似乎这第二个“道”是都通《老子》的法眼。讲视角放到春秋时期，文字并不是很多，很多字都是互相借用的角度看，至少这第二个“道”，有如下几种解释：

1）“道”即“言说”，那么老子的意思，是说“道是可以描述并且呈现出来的”。但这个“道”，并不是我们常说的“道”（行车走路的道路）。这种解释很常见，但我感觉跟下面的“名可名”对应不起来。既然“名可名”中的第二个“名”是名词动用，讲名词当作动词来用（“命名”），那么我们反推，“道可道”是不是可以理解为“道是可以通路/在其上行走的”？由此，我们推导出第二种对“道可道”的解释。

2）“道”即“蹈”，踏、走、依循的意思。那么“道可道”就可以解释为“道是可以蹈（依循、实践、遵循）的，而依循道这个行为，并不是恒常不变，要根据形势而变”。我认为这个更接近于老子的本意。从这个解释出发，大道本身的存在，就是让我们去实践和依循，并根据随顺大道的行为，能达到后面的“无为而治”。而把握住了道，就能依循道而办事情，进入并达到“无为无不为”的境界。

相传黄石公三试张良而后传《素书》给张良，其中就对将道、德、仁、义、礼作为治国方针进行了总括性的阐述。在《素书》中，对道的定义就是“道者，人之所蹈，使万物不知其所由”。从这一定义看，道就是人在其上而行的，并且不知这一道是如何产生、为什么在这里、以何种方式发展的。举个现代的例子，当我们开车上高速时，似乎并没有问过，为什么这条路要这么修？设计人员当初是出于什么考虑做了这样的设计？为什么要在这些地方设出入口？即使这些问题去问某个设计施工人员，他可能也会说基于某某原理或是某某原因。那么进一步询问某某原理是如何得出的……这样下去，就是个无穷尽的过程，如同竖一个棍子在地上，每天削掉一半，日复一日，将无穷无尽。所以在后面的章节，老子就言说了我们观察体悟的道，只是一个类似于圆的切点：“迎之不见其首，随之不见其尾”，如同太极拳一样，“如环之无端”……既然我们不知道之所由，那么我们体悟道是为了什么呢？这就提出了对“道可道”的第三种解释。

3）“道”即“导”，引导、按照某一个预定目的地进行预先的设计。“道可导也，非恒道也”，“道”这一混沌有序的状态，是可以在某些条件下引导利用的，但这样的状态，并不是恒常不变的。由此，我们就可以推断出，老子对于“道”的感悟，或许是“系统性混乱”，高大上一点说，可以理解为“系统性混沌（Systems Chaos）”，即一切都是动态无序纷繁的，但在这动态无序纷繁之中，由着内在系统在时刻运行着，但着系统本身就是个混沌系统，因此不可言说（一说就变），如同拍照片一样，按下快门的那一刻被记录了，但记录下来的并不是那一刻、那一顿的全部。如同量子学说中对于测不准的描述一样，所由的描述都是不可测但不得不测的结果。

当然，“道可道”的句读又可以有不同的点法，一般可以有“道可道，非常道”“道，可道非常道”“道可、道非，常道”。而我们取帛书《老子》的点读：“道可道也，非恒道也”。

“名可名”可能的解释

我们讲了“道可道也，非恒道也”的可能解释。今天我们接着来分析一下，老子的“名可名也，非恒名也”的可能解释会是什么。

众所周知，在我们的语言库里，名词占据了大部分的表达。但名词有个致命的问题，就在于往往同一个东西（不是南北哦），有很多不同的称谓去描述这一事物或是东西。而描述这一事物或是东西的“称谓”本身，会随着时间、描述人以及被描述人接收程度，产生种种的变化。这就产生了“鸡同鸭讲”的有趣故事。那么，老子所言的“名可名也，非恒名也”有没有可能就是在描述这个情况呢？我们要分两层来理解。

第一层的理解，就是老子原文本意：“我（指老子）借用“名”这个字，来表达我思考和观察所得出的结论和现象（即可名的对象物）。但请注意，我所借用的某个“名称”，并不是我所想表达的这个名称背后的永恒含义，而是在那一刻、那个语境、那个对象上面才有效。脱离了语境、对象、时空去引用我所借用的“名”，都不是正确的，因为“名”在创造它的那一刻，即已经定格并失去了后续的可用性。因此，我所观察到的用各种称谓去描述的事物，并不能恒久。希望大家透过我所描述的概念、语境、对象和现象，体悟这个“名”背后的规律或是意蕴。”大家看，为了短短“名可名也，非恒名也”这八个字（通行本为“名可名，非常名”），我就用了这么一大段。在春秋时期没有那么多的汉字可用的时候，老子不知道得费多少口舌，才能将他的“名可名，非常名”说清楚啊！

佛陀也说过，世间各中名物实相，都是各种因缘际会的产物，纷纷扰扰，聚的时候是一种名相，散的时候又一种，诸法无常，聚散随缘，这是不是就是老子想表达的“道可道也，非恒道也；名可名也，非恒名也”？既然都是在混沌不可预知中进行描述，那么即使当下我说这个是道，过段时间或许它就变成了“非道”；在某个地方这个是“适用”，而换了对象之后，同样行之有效的方法，是不是就“不适用”了呢？同理可得，如果我们一味的认为事物都将永恒，而现实是变化才是永恒的。那么，是不是可以推导出“阻碍我们继续前进的最大阻力，就是我们对过往的顽固认知”呢？请注意，这里面有几个关键点：“继续”、“前进”、“过往”、“顽固”。大概意思就是说，遇到的事情，过了就过了，成也好，败也罢，都只是在那一刻有波澜，事情过去了就过去了，别介怀。前人说，“事了拂衣去，深藏功与名”，那么问题来了，这“功”和“名”藏得住吗？还是那句话，let bygones be bygones…(让往事如烟……）。如果成功或是失败正在发生呢？All of these will be the past…(一切有为法，如梦幻泡影……）。有点太消极了哈~那咱们看看积极面该如何解呢？

第二层的含义，姑且让孔子来跟老子辩论下吧！既然一切都将如烟随风逝，那么为什么不好好把握一下风起之前的种种呢？既然游戏玩到最后都是game over（亚当·斯密对此有着深入的体会：in the long run, we are all dead!），为什么不去奋力尝试一下自己的bold attempt呢？不是有人说嘛，A Bold Attempt is Half Success吗？因此，孔子才有了“明知不可为而为之”的勇气吧？估计当时孔老夫子内心的独白应该是这样的：哥们我好不容易混到今天，难道就此放弃吗？虽然努力了也未必会有自己希望的结果，但我若此放弃了，注定是失败啊！好歹也到这了，就此一搏吧！（孔老夫子见谅，学生稽首啦……）。“天下英雄出我辈，一入江湖岁月催。宏图霸业谈笑间，不胜人生一场醉。”想必令狐冲跟东方不败在那喝酒的时候，也有孔夫子当年的感触吧！

所以，有些人看空，有些人看有，空和有都不是绝对的，而是相对的，这才引出了老子后面对“无、有”的定义：“无名万物之始也，有名万物之母也”的定义。

“无”、“有”之变

我们分析了老子对于“名”的拙难，推论出不管是“有名”还是“无名”，“名”都是暂时存在的状态，即可在当下那一刻为“有”，在下一刻为“空”，完全取决于具体的环境、情景、对象等等。那么，如何才能体察这“空/无”和“有”存在呢？老子顺着“名，可名也，非恒名也”的思路，提出了“无”和“有”这两个概念：“无，名万物之始也；有，名万物之母也”。

历来对于“无名万物之始也（王弼本作“无名天地之始”），有名万物之母也”有两种句读法，第一种即“无名，万物之始也；有名，万物之母也”，将“无名”和“有名”作为两个概念加以解释；第二种即“无，名天万物之始也；有，名万物之母也”，即将“有”和“无”作为两个概念，然后通过“名”来对“无”、“有”做出定义。从老子本章中对于“名可名”的解释，以及第二章中“有无相生”概念的提出，应该将第二种句读作为老子原初的概念。即在这一句中，“名”应该作为动词，理解为称谓或是命名，承接上文中的“可名”。由此，为后面的“无欲”【“欲望始生（将生未生）的状态”】和“有欲”【“欲望已生（发展壮大）的状态”】做好铺垫，使上下文逻辑上通顺。在此，我们将第二种解释作为歪解的正解（到底是“不正”之解还是“正”之解，读者自由选择）。

弄清楚这“无”和“有”的句读之后，我们看这两句话中，同“无”“有”对应的，就是另外两个核心字，即“始”和“母”。如果能顺利将“无”和“有”的属性，或是老子用“无”“有”这两个像描述的状态理解到位，则可以顺势破解老子全书中对很多概念的理解和运用，比如“有无相生”“无为而治”“味无味”“为无为”“有之以为利，无之以为用”“天下万物生于有，生于无”（王弼本为“天下万物生于有，有生于无”，将“无”的地位放到“有”的上面，个人认为是错误的。后面再详细展开）等等。那么

"无"、"有"对应的"始"和"母"到底是什么意思？

从甲金文的象形意思出发，"始"字想描述的，正是女子怀胎的状态，而且是刚刚有孕的状态，就像是受精卵刚刚着床成功，一个新生命开始孕育的那一刻，就是"始"的状态。有人会说，这不就相当于"有"了吗？毕竟细胞开始分裂，新生命只需要时间，就可以产生了啊？对也不对，为什么对呢？因为的确"有"东西着床了，新的生命已经发生了。为什么不对呢？因为你也说了，只是一个胚胎细胞，而不是一个"人"对吗？这个细胞里面，已经包含了所有"人"所需要的遗传信息，虽是一个细胞，但无论你怎么猜测，都不可能准确地描述出来它所对应的这个"人"的五官、四肢、性格等等，只能说这些"信息"都在，但还未"成型"。至此，我们可以将"无"理解为"混沌（该有的都有，就是找不到）之中孕育的次序（长着长这就都有了）"。记住，"无"并不是"没有"，而"有"的一种无序、混沌状态，该有的都有了，只是没有按照我们所能理解和描述的状态呈现出来。

那么"母"对应的到底是什么状态呢？我们看"母"字的甲金文（大家搜索一下就能找到），就可以看到，"母"字本意是女性的乳房，暗含的意思是乳汁、哺育的概念。把镜头拉到2600年前，估计除了母亲的乳汁之外，很难找到第二种可以替代物，帮助婴幼儿成长的动力吧？而且，古时候的哺乳期肯定会比现在长，毕竟小孩子伺候起来还是比较麻烦的，最简单粗暴的安抚法就是"塞奶嘴"（养过孩子的人自动脑补画面……）。Ok，那么"母"字推导出来的意思，可以是"力量源泉"、"推动事物发展的动力"、"一切开始的能力补充"云云。由此，我们看到，"有"是用来描述天地万物产生之后，自发地、自动地发展壮大离不开的力量源泉，也是我们成就事功的不二法则。

综上所述，"无，名万物之始也；有，名万物之母也"，可以顺利地歪解为：老子我用"无"，去描述天地万物的将生未生时混沌万有的状态；我用"有"，来指称"天地万物"生成之后开始纷繁发展的动力之源。

那么，问题来了，“无”跟“有”对于我们个体而言，到底有什么关系呢？对此，老子接下去提出了一个很核心的概念，即“欲”的作用来！具体老子意“欲”何为呢？

意“欲”何为？

我们分析了“无，名万物之始也；有，名万物之母也”的可能解释，从而推导出“无”和“有”应该是万物酝酿、发生、成长、衰亡状态的描述（看上去是不是眼熟？哪位圣哲也说过类似的话呢？是不是跟佛家的“苦、集、灭、道”有点像呢？佛经上云：“无苦集灭道，无智亦无得”……）。我们作为个体身处万物纷纭变化之中，本身就是“万物”，“万物”就是我们（庄子《齐物论》就说到“万物齐一”、“天地一指、万物一马”的概念），那么应该如何顺道而行呢？老子在提出“无”“有”是万物“始”、“母”之后，接着就把我们的“入世离世”法提了出来：“故恒无欲也，以观其妙；恒有欲也，以观其所徼”，大体的意思，就是说：“因此，往往当我们的“欲”（不一定是欲望哦，也有可能是个念头、发心、初心之类的）开始发动酝酿的时候，我们要去观察“欲”在那个时候产生的环境、条件、原因、对象和我们自身的反应，从而体悟“欲”初始发生是的妙处/妙用；往往当我们的“欲”已经发生，且明确无误之后，我们要去观察体悟“欲”在发展过程中的变化因素，以及变化之后所生的新的发生方向。”这两句话中，包含了如下几个概念需要理清楚。

1）第一个概念，“恒”/“常”。因为老子在一开始就说“非恒（常）道”、“非恒（常）名”，因此我们往往将“恒无”、“恒有”解释为“恒久保持无/有”云云。这个解释本身就有问题。连道和名都不是恒常不变的，为啥我们要恒久地去保持无和有的状态呢？我觉得，老子只是通过“恒”来强调保持这种状态的重要性，以老子的经验，这个“欲”在“无”和“有”的状态下，通常是以何种方式呈现出来的。因此，他才将上文提到的“无”、“有”这两种状态去描述“欲”。

2）第二个概念，就是“欲”。这个“欲”字，歪解过来，就是“欠谷”，谷子不足欠缺物资，从而推导出因我们主观感觉而生出来的不足感。为什么要强调主观感觉呢，那是因为谷子的足与不足，都是后面比较出来的，没有比较就没有伤害啊！因此在《老子》后面的内容里面，会提出“天之道奉有余而补不足，人之道奉不足而补有余”，不足、有余就是比较产生的结果。另一方面，我们也要看到，“欲”不一定是坏的，比如对美德和善行的追求上，自我感觉缺少美德和善行，你就去会弥补这一块，进而增进美德的修为和善行的普及，这就是件美好的事情。所以，我在解老子时，把这个“欲”字，往往解释为初心、念头，儒家和佛家对此最接近的概念，应该就是“心”，尤其是王阳明对“心”的理解，很接近老子这里说的“欲”的概念。一般这两句话，也会被读成“故常无，欲以观其妙；常有，欲以观其徼”，将常无、常有作为两个概念或者行动去回应“欲”。“欲以”本身就是主观行为的表现。我们顺着这个思路，接着往下歪歪。

3）第三个概念，就是“观”。“观”字拆开来就是“又见（现）”，什么意思呢？就是本来是什么样子，如今再次出现；或者说本来是什么样子，第一次看的时候看走了眼，再次仔细看看。“观”显然是带有主观引导性质的“看”。现在说“观看”，更多的是“看”，而不是“观”。老子在这里用“观妙”、“观徼”来描述在这个过程中，“欲”的产生和变化发展，是在我们主观关注的基础上产生的变化。因此，脱离了“我”去谈“观妙”、“观徼”显然就不成立！我们说老子是在教人出世，而孔子教人入世。在我看来，儒释道三教的宗旨是一样的，异名同谓而已，但悟道的途径却不一样：孔子鼓励入世，老子强调离世（处于世间但保持距离，能入能出），而佛陀则看重出世。这三者，就是不断拉伸视角的过程：孔子谈人道、君道多一点，老子谈天道多一点，而佛陀则升级到了时空虚无上面。但不管是出世、离世还是入世，我们世间俗人总脱离不了“欲”，也就是我们的“心”对外物的映射和反应。于是，老子就接着引入了第四个概念。

4）第四个概念，“妙”。“妙”，女少也，就是少女生命力最旺盛的时间，叫作妙。一般我们说“妙龄少女”，顶多再大一点就做“妙龄女郎”，也没听谁说“妙龄老太”。那么跟“妙”相对的，自然是“老”，所以老子有“物壮则老，是谓不道”的感叹：一旦事物成熟了，也就逐渐衰老了，这不符合道的原则。我们在这章中可以看到，当一个念头刚生、还未成型时，我们有各种各项的可能性去引导这个初心或是念头。这个过程，是我们不断去调整、酝酿、揣摩、思索和不断自我沟通的过程，也是所有事物最具生命力的阶段（想想一个受精卵的初期变化过程中的速度和能量）。老子是想说，当我们还没有特定想法的时候，是最美妙的事情。这个“无”“欲”“妙”“有”的状态，才是我们应该常常去体察体悟的状态。一旦一个“欲”“有”了，生成了，就进入到了“徼”的阶段。这是第五个概念。

5）第五个概念，“徼”。“徼”往往解释为边际、界限。我们现在语境下，更贴切的词语应该是“临界”，或者叫作“跃迁临界”状态，即量变积累过程中即将进入质变、质变即将发生而未发生的状态就是“徼”。这个状态如同温度达到100度的开水已经沸腾但还未成为水蒸气的状态：各项条件成熟，即将变化为下一个状态。王弼本中作“常有欲以观其徼”，帛书老子则为“恒有欲也，以观其所徼”。这里的“所”指的是什么呢？应该是“欲”，而不是道：通常情况下，“欲”已经有了明确的成长壮大的方向，我们就去体察这个“欲”发展方向变化的可能性和临界值，从而能够因循“欲”的本性，与道同行。

《老子道德经》讲到现在，应该已经将全部的精华都讲出来了。我们现在做个大胆的臆测，即儒释道如果讲的是同一个道，那

么他们都是如何去强调这个“无”和“有”的呢？我们来看看：

孔子“四绝”：毋意、毋必、毋固、毋我。

老子“有无相生”：“无”“欲”“妙”“有”。

佛陀：应无所住而生其心。

这三家被一个很厉害的人参透了，他说：无善无恶心之体，有善有恶意之动，知善知恶是良知，为善去恶是格物。他又说，“心物一体”：身之主宰便是心，意之所在便是物。身、意、物其实都是“心”来主宰的，所以他说“心外无物”。这个牛人，就是王阳明！

帛书老子用这两句中多出来的这个“所”字，来顺利地引出下面的“两者同出，异名同谓”的概念！

老子将离世的法眼，放在了“观”这个字。观的对象，则是“欲”（此处为中性的定义），通过观“欲”的混沌酝酿和壮大变化这两种状态，从而将“欲”进入妙有的状态。之前王弼本中，这两句话作为“故常无欲以观其妙，常有欲以观其徼”，使得人们常常去讨论两个句子中的“其”到底是哪个？是道呢，还是欲呢？还是无欲、有欲呢？总之，不知所云。但帛书本将后一句写为“恒有欲也，以观其所徼”，多了一个“所”字。联系上下文，是不是可以顺利地理解为这个“徼”，是“无欲”转化为“有欲”的临界跃迁，从“无所住”的状态，变成了“生其心”的状态，从混沌无序的状态，变成了一定导向性的运动方向。所以我们是不是可以猜测，第一句话的“其”，指的是“欲”处于“无”的状态。第二句中的“其”，则指的是“欲”从“无”转化到“有”的过程（临界跃迁）。从而，我们接着往下就看到老子对本章的总结：“两者同出，异名同谓，玄之又玄，众妙之门。”

“两者”指的是什么呢？有的说是“道”和“名”，有的人认为是“有”和“无”，也有人说是“无欲”、“有欲”，我倾向于第三种，就是“欲”在“无”时的状态，和在“有”时的状态。这样理解，就可以解释后面的“异名同谓”：异名指代“无欲”和“有欲”的两种状态，同谓就可以指代“欲”，即虽然“欲”有混沌和有序发展这两种常态，但它们的本质都是“欲”，只是状态/叫法不一样罢了。

好了，有了“同出、异名、同谓”这三个词，我们就能推导出后面的“众妙之门”，这就是“有无相生”。为什么众妙之门是“有无相生”呢？你看，同-异-同，1-2-1，结构是不是相似？我们说人生三境界，第一境界为“看山是山，看水是水”；第二境界为“是山非山，是水非水”；到了第三境界，历经沧海，回过头来还是“看山是山，看水是水”。以此类推，每种境界又可以分为三种，不停地分下去，不可竭尽！“有无相生”的另外一种表述，就是“阴阳互长”，说的再直白点，就是“道生一，一生二，二生三，三生万物”：道即混沌，混沌有序即为一；一中生阴阳，阴阳即为二；阴中又有阴阳、阳中又有阴阳，这便是二生出了三。而无论是阴中的阴阳还是阳中的阴阳，只要阴阳比例不同，便是不同的阴、不同的阳，便有千千万万的阴阳。这千千万万的阴阳，便是万物！那我们如何能窥探这“众妙之门”（即阴阳、有无）呢？就是刚才我们做的，细分再细分、阴阳复阴阳，如同绞丝一般，一圈一圈地缠绕下去。所以老子说了，“玄之有玄”就能窥探“众妙之门”。玄，绞丝也。

至此，《老子道德经》第一章全部解完，老子的法眼：有无相生、阴阳相长，这便是道。无所住而生其心，“其心”便是名。道为混沌，名即有序，时时刻刻都在变化，因循着这“有无相生”的法则，便能以道眼观这妙有。

二、天下皆知美之为美章

天下皆知美之为美，恶矣；皆知善，斯不善矣。有、无之相生也；难、易之相成也；长、短之相形也；高、下之相盈也；音、声之相和也；先、后之相随也；恒也。是以圣人居无为之事，行不言之教。万物作而弗始也，为而弗恃也，成功而弗居也。夫唯弗居，是以弗去。

【歪解】

如果天下人都知道去作为那些所谓的美事，那么美事本身就会变得不美了；如果天下之人都知道去作为那些所谓的善事、好事，那么善事、好事就可能会变得不善、不好了。

有与无的互相转化生发，难与易的彼此促成发展、长和短的相形相现，高和下的相互平衡，音和声的相互应和，先与后的相互随依，这些都是我们常常看到的客观存在，且恒久不变。

因此，圣人从这些可观察到的客观现象中体悟到大道运行的规律，不刻意凸显事物两面性中的一端，而是用“无为”的心态去做事，施行低调、不彰显事物某一端的方式去影响事物。（那么圣人是如何“无为”“不言”的呢？）在万物孕育初起之时，圣人会去引导万物的生发而不会因为自己的喜好去操控它们；当万物运化成长时，圣人会去促成万物的生长，不会因此觉得自己有功而自负矜夸；当万物（因圣人而）成就各自的功业时，圣人会将成就功业的这份功劳推让，并不觉得这是圣人的功绩。

（因为圣人都只是在“无为”，不以个人好恶倡导新的事物、不在事物发展过程中以个人好恶驾驭规划事物、不把事物的成功归为自己的功劳，总是在随顺无为。）就是因为圣人对这些功德不自居其功、无利己私心，所以万物去成就各自的成就和功德时，始终需要圣人的存在和引导，难以离开圣人而自成其功。由此，圣人的功德也就通过成就万物的功德而不会离圣人而去。

【臆论】

美、善难测

我们在《老子》第一章收获了不少概念（道、名、无、有、恒、观、妙、徼、玄）。这些概念构建了一个抽象的模型，用来描述混沌无序但处于平衡中的状态：因为混沌，所有无名；因为有序，所以有名。因为混沌不可测，所以无为以因应。那么随着这些概念的提出，老子从第二章开始，就以天道因应人道（或者说君道），来对上位者（管理者）进行应用性解释。

在开始本章内容之前，我们在这里插一个点，就是老子的言说对象是谁？假设我们确认老子是周代的守藏史（即司马迁认为的国家图书馆馆长），那么我们可以认为，老子的服务对象绝对不是人民大众，而是当时的周天子。从古代的官职分工看，史官除了记录君主的言行和历史事件之外，更多的是对君主的决策提供“案例分析”。没错，早在哈佛商学院之前，我们的祖先已经通过分析案例，或是占卜的预兆进行决策。而这些根基，都是对天道下应在人道的种种解释。而老子作为图书馆长（理论上而言，是最接近各种前人言行的人），应该也是对君主的决策起到咨询、顾问的作用。

那么，全本《老子》的阅读视角，必定不是普通的人，而是处于管理地位的、有资源调动能力，且担负组织使命的人。我们在接下去的解释过程中，会一直紧扣这个出发点，将各位读者当作已经是处于“守成”阶段的“上位者”。那么有人问，我还是个打工者，读《老子》岂不是浪费时间？错、错、错，因为你本人就是你管理的对象，你的言行举止就是你的资本，你的信用和人品不就是你最大的资源吗？只是我们习惯了被管理，而忘了如何主动去管理自己。Ok，反正大家记住，管理者和被管理者看待同一件事物，视角和出发点是不同的。这不是偏见或是歧视，而是客观存在。连孔子也不得不感叹“民可使由之，不可使知之”。估计这是孔老夫子在尝试着解释人道受挫之后发出的由衷感叹吧。

言归正传，我们开始歪解《老子道德经》第二章的经文，解第一句：

天下皆知美之为美，恶矣；皆知善，斯不善矣。

大意为：如果天下人都知道去作为那些所谓的美事，那么美事本身就会变得不美了；如果天下之人都知道去作为那些所谓的善事、好事，那么善事、好事就可能会变得不善、不好了。

这句话历来有很多不同的解释，最常见的解释是：如果天下人知道什么是美的，那么丑就出现了；如果知道什么是善的，那么不善就显现了。读起来没有毛病，跟下文中的“有无相生、难易相成”等等配合。可问题是，为什么知道美的，善的就出现了？或者说，美的出现之后，不美的、丑的就自动出现了？还是说因为有丑的存在，所以才有了美？因为有恶的存在，才有了善呢？我感觉这么解释也对，但我们上面说了，这个普通人都能观察到的现象，老子为啥费那么多口舌去跟他的学生（君王、天子）讲呢？

我们从第二章的全文结构看，老子在第二章中提出“无为之事、不言之教”，都是用来强调君王应该遵循的符合道运行规律的法则。那么，我们要去问了，当万物初始之时，“美”和“不善”是如何产生的？有人说，这不是明摆着么，难道人还分不清“美”

和“丑”吗？还真说对了，人因为所处的环境以及接受信息渠道的有限性，对于判断标准还真不是客观的。假设这些标准是客观存在的，那么我想，唐代的“以肥为美”也不至于让大家当作减肥失败的借口吧？而我们用生男孩作为传宗接代的传统，也在当下产生了岌岌可危的境地？再说的直白点，臭豆腐的臭，到底是闻着臭、吃着香，还是对于某些人连闻的勇气都没有，直接一次性淘汰掉呢？显然，我们对于“美”“丑”的概念和判断，也并不是天生的。正如王阳明说的，一开始，应该是“无善无恶”，之后是“有善有恶”，然后尝试着去引导“知善知恶”，最佳的行动方案就是“为善去恶”。

老子在这里强调的，应该是管理者作为整个机构的负责人，对整个组织的价值观有着重大的影响。如果管理者觉得某件事情是好的，那么这个组织往往以此作为标准执行贯彻下去。如果管理者能力强、判断准，或许这个标准的执行在某一时间段（这个限定很重要）是有价值的。但我们不得不问，现实中有多少情况是，管理者处于善意倡导某一行为或是标准，而在众人往下执行中，却走了样了。当人人都在谈论这个“善意的行为”时，有多少人真正地透过这个行为去思考管理者践行这个“善意的行为”的初衷是什么呢？企业管理有众多的理论和科学方法，从一开始戴明的科学管理，到后来的精益管理、KPI、Kanban等等越做越细的项目管理和流程，到当下流行的OKR管理法，这些方法和理论的提出，我相信初衷都是提高工作和生产效率。但在执行中，真正掌握和落实的，或许只是整个组织中的某一极小部分的人。而当人人都在像专家一样熟练运用这些概念时，往往意味着这个概念已经不管用了……天下皆知“OKR”的妙用时，OKR也就失去了它的妙用（因为很多不懂装懂的人会比那些真正懂的人更懂OKR）。营销界似乎也是这样的一个现象：从领先的刘海屏到超越领先的全面屏，然后满大街都是全面屏时，全面屏也就不是全面屏了，而是“标配屏”。这些一开始都是“善”和“领先”、“创新”的事物，随着普及和推广，却逐渐变为普通的事物，这不就是说“美、恶难测”吗？这又回到了我们之前说过的“系统性混沌”状态的测不准原理了！

正是基于这种一出来就流行、一流行就混乱、一混乱就往反方向发展的测不准原理的存在，老子提出了“美与恶”、“善与不善”的矛盾之间的发生相成关系。请注意，这两对概念跟下面的几组概念，都是在“有”的层面下发生的。而老子提出的“无为之事”则是在“无”的层面进行干预和引导。那么，在“有”的层面，老子都举了哪些例子来论证他的“无为”观点的有利性呢？

有无相生、阴阳互长

我们解读了老子对于天下皆知美、善可能产生的反作用（老子的道有个显性特征，就是它的反向运动）。所以我们在处理各种管理问题时，除了看到我们预想的结果之外，还需要提前预备由此可能产生的逆向作用。为了进一步解释事物内含的阴阳互长的性质，老子接着列举了常见的六对相生相长的现象：

有、无之相生也；难、易之相成也；长、短之相形也；高、下之相盈也；音、声之相和也；先、后之相随也；恒也。（有与无的互相转化生发，难与易的彼此促成发展、长和短的相形相现，高和下的相互平衡，音和声的相互应和，先与后的相互随依，这些都是我们常常看到的客观存在，且恒久不变。）

有无相生，强调的是相互之间孕育的过程：“无”中育有“有”，“有”将转化“无”，“无”再以另外一种“有”续存之前的“有”“无”，这是事物发生发展的必然过程。仅仅强调“有”和“无”都是不客观的。“有之以为利，无之以为用”，老子在后面的众多章节中都在强调这对关系。

难易相成，这是互相成就、衬托的。承接上面的“有无相生”，老子接着列举我们常见的“难”和“易”这对概念，认为它们是互相成就和依存的：“难”是因为“易”的可能性，而“易”

是为了“难”的提前准备。“图难于其易，为大于其细”，在事物还处于“易”和“细”的阶段，我们就该考虑它发展到“难”和“大”的时候的状态。所以，如果我们能把握住事物的“易”，自然能推到出事物可能的“难”，反之亦然。

长短相形，也有写作“长短相较”，大意差不多，都是指“长”“短”这对概念，是因为有了形容和比较才产生的结果。这对概念可以是时间上的，也可以是空间上的，当然物理上的就更加好理解。

高下相盈，也有写作“高下相倾”（因为避讳汉惠帝刘盈的名字），大意是高和下是相互映衬的结果。当然，这六对概念还有另外一种歪解，咱稍后再看。

音声相和，和声是由单个发出的音来体现的。

先后相随，“先”是因为有“后”的概念紧随着，而“后”有“更后”的概念衬托它的“先”。

恒也，跟前面第一章里面提到的“恒”意思相同，是混沌运动状态下的常见状态。

上面的解释，都是为了照顾大家看的通行本句读方法来歪解。咱们做个更大胆的句读，来看看有什么效果：

有，无之相生也；难，易之相成也；长，短之相形也；高，下之相盈也；音，声之相和也；先，后之相随也；恒也。

我们仅仅将顿号改为逗号，这六对概念瞬间就从两两并列关系，变为因果关系：有是从无里面生出来的；难是因为简单的事物处理完成的结果；长是因为把短的事物接续连接的结果；高是因为不断地将处于底端的事物积累填充（充盈）的结果；音是因为有众多的声和在一起的结果；先是因为后面紧跟着（“随”）事物产生的结果！由此，我们可以大胆地假设，老子这段文字的概念是，我们往往只看重“有”“难”“长”“高”“音”和“先”这些结果，而忽略“无”“易”“短”“下”“声”和“后”这些原因，这是有违道的行为。咱们把这六对概念分开之后，会发现那些原因是老子不停在重复和强调的：无为、图难于易、为大于细、“不敢为主而为客，不敢进寸而退尺”、后身……这才是老子想表达的真正含义：欲为大，先图易；欲为强，先示弱；欲为富，先算穷……剩下的，就是不停地通过调整“无为”的状态来顺其自然地发生。

那么问题来了，那不成我想成为富一代，就先从穷人做起吗？问这个问题的人首先自己就有问题：如果你已经是富一代了，还是穷人吗？如果你当下是穷的状态，那么就应该考虑如何利用当下的“穷”去创“富”，而不是忽略“穷”然后去YY“富”。具体如何做呢？老子描述了一种状态……“居无为，行不言”。

无为不言

我们接着分析老子承接着六对（实际应该为八对）概念，引出的具有实践指导意义的两个概念：

是以圣人居无为之事，行不言之教。（因此，圣人以“无为”的心态去做事，施行低调、不彰显的方式去影响事物。）

终于我们等到了《老子道德经》，或是道家最常被人念叨的一个概念：无为！首先，在当下的语境下去理解“无为”，往往给人感觉是“无所作为”“无所事事”的意思。实际上，如果理解了上文中老子强调的“有无相生”“阴阳相长”，矛盾之间互相依存且彼此不能独立存在的现象，我们不能发现，老子希望能够以积极地“和稀泥”的方式去处理事物，即在混沌无序中，尽可能去保持事物阴阳的平衡性，从而以最小阻力去成就万物。“无为之事”就可以理解为不去做打破无序而平衡状态的事情；不去做打破混沌无序但平衡的事情。

另外一个角度，我们去看，“无为”的对象是谁？是对万物无为吗？显然不是！我们引用《管子》中的概念，无为的对象应该是君王自己，而君王的无为对象，则是自己的主观私心：“无为而治”的对象，就是君王的“窍”，《管子》就提到“无为而治窍”

（管理者/上位者要关注自已的无事生非的好奇心，能够安守平和安静的状态，不要没事有事搞点满足自己私心的花样来）。

那么什么是“不言之教”呢？首先我们想想看，为什么能“不言”呢？因为事物已经根据自身的发展规律自发自动的发生了。为什么会自发自动呢？底下的执行层面根据业务第一线，已经就事论事地不自觉地去找解决方案，而这解决方案已经被事实验证为是行之有效的方案，也即“实践是检验真理的唯一标准”。Ok，已经发生的事情，我们顺势引导，无须过度强调为什么（因为已经实践并形成一定的经验了）。这些政令教条都是自发形成，而不是圣人因个人喜恶创造出来牟利的，所以大家也能无条件去接受，甚至主动去欢迎这些政令教条。

“无为而治”就是今天的重点：“居无为，处不言”，从而达到“作万物而弗始，为万物而弗恃，成功万物而弗居”。

无为的特征

我们提出老子的“无为”，是指混沌无序但是平衡的状态。这个状态，很像老外看国内十字路口的交通情况：人人都知道交规，但是行人机动车各行其道，彼此混杂在一起，但是竟然交通事故远远少于外国人的预期。混论，但是平衡。

既然无为不言可以顺承道的运行规律，那么，应用无为不言的特征，或是这个过程会是什么样子呢？老子做了总结和介绍：

万物作而弗始也，为而弗恃也，成功而弗居也。

在万物孕育初起之时，圣人会去引导万物的生发而不会因为自己的喜好去操控它们；当万物运化成长时，圣人会去促成万物的生长，不会因此觉得自己有功而自负矜夸；当万物（因圣人而）成就各自的功业时，圣人会将成就功业的这份功劳推让，并不觉得这是圣人的功绩。

上面这段文字中，圣人通过“无为”，最终是要能够成就万物，根据万物生发不同的阶段，采用不同的“无为”形式去成就功业（是成就万物的功业，而不是圣人的功业）。这段文字，我们可以理解为：

（圣人）作万物而弗始，（圣人）为万物而弗恃，（圣人）成（万物之）功而弗居。无论是“作”、“为”还是“成”，都是圣人的“有为”，而“有为”的目的是成就万物，而不是成就圣人自己。从而，我们推导出“无为”的一个特征，就是“舍己从人”、“无我利他”。只有完全地将圣人自身的目的和私心摒弃掉，完全地顺应万物发生发展的目的和要求去成就万事万物，最终的效果，就是“不去”，即“神一般的存在”。

我们从这段文字也能看出，老子提倡的“无为”，并非“无所作为”，而是“无为无不为”：对因自己主观的、带有个人私心欲念的念头和想法，不能可以去“为”；对能成就他人的行为，则要无所不为。有一句心灵鸡汤，叫作“帮助他人，成就自己”，这个叫作有为的利他（通过帮助他人，其目的是成就自己）。反过来，变为“成就他人，帮助自己”则更贴近“无为无不为”的概念。圣人应该就是通过修行自己、成就他人，让自己不断地提升，最后反过头来，由于圣人是“无害利他”的，因此能始终出于对他人“有利”的地位，最终成就了他人对圣人的依赖和信任，是以“不去”。

存在便是最大的认可

夫唯弗居，是以弗去。

圣人不居功，所以他的功绩永远存留。

老子在第二章，通过开头引入八对相生相长的矛盾，引入阴阳互长，不能偏废偏举，从而提出“无为”“不言”的指导意见。再通过描述“无为”、“不言”的表现特征，提出他对于圣人实行

“无为”之后的结果：即通过圣人无我利他的行为，使得人们信任圣人，从而听从他的教化而成全各自的功业。那么，通过拥戴和接纳圣人，依循圣人的教化就能成就自己的功业，使得圣人在人们成功过程中变为不可或缺的一个因素，自然难以抛开圣人而成就功业。所以老子在第二章提出了圣人不居功，不以自身的私心先为自己谋取个人利益，而是先把别人、万物的利益放到第一位而去成全他们，从而成全自己的功绩。“行善的机会就是对善者最大的奖励”，说的就是圣人执“无为”而行“不言”之教的最好总结！

这句话历来都是站在圣人的角度去分析，说因为圣人成全功绩而不自居，因此这些功绩就难以被人夺去。可问题是，假设圣人的出发点就是为了大家好，那么这些功绩对圣人而言，难道还有意义？同时，这样的解读搞得好像圣人就是个阴谋家：为了防止自己的功绩被人夺去，所以一开始我就不居功，然后保留我的功绩。其实我觉得这样是不正确的解读。我的歪解是，这个“不去”的对象应该是圣人本身，而不是圣人的功德功绩。人们对管理者/上位者/圣人的最大认可，就是对他们的拥戴和信任。只要是真心诚意地相信某位圣人是为了大家好，那么这个圣人的教令教化就变得自然而然了。因此，老子应该是想说明：人们让圣人成为圣人，让圣人能按照道去做他相信的事情而不去质疑圣人的做法，使圣人成为圣人，便是对圣人的最大认可。

三、不上贤章

不上贤，使民不争；不贵难得之货，使民不为盗；不见可欲，使民不乱。是以圣人之治也，虚其心，实其腹；弱其志，强其骨。恒使民无知无欲也，使夫知者不敢弗为而已，则无不治矣。

【歪解】

不人为（因上位者的喜好而）设立所谓“贤”或是“不贤”的标准，人们就不会起争执之心（认为我贤你不贤）。不因（上位者）喜欢某些罕见之物而将它们当作奇珍异宝（而去夸耀），人们就不会（因附庸上位者喜好而不可得而）去偷盗（以获取难得之货）。不去彰显夸大（上位者）自身的喜好和欲望，人们就不会（因讨好上位者以获取上位者的关注）而起争执动乱。

因此圣人修为自身的方法，就是不彰显自己的妄念而只追求基础的物质条件；不去强化因私心欲望想去“有所作为”的志向，而是珍惜自己的精力而去强健自己的身体。

从而使自己教化的民众（也像圣人自己一样）也能始终保持纯朴和没有过分欲望的状态。（通过这样的不言之教，）让那些自作聪明、投机取巧的“聪明人”也不得不依照圣人的样子去修为自己，如果能这样，就没有什么难题是不能治理好的了。

【臆论】

标准的副作用

不上贤，使民不争；不贵难得之货，使民不为盗；不见可欲，使民不乱。

不人为（因上位者的喜好而）设立所谓"贤"或是"不贤"的标准，人们就不会起争执之心（认为我贤你不贤）。不因（上位者）喜欢某些罕见之物而将它们当作奇珍异宝（而去夸耀），人们就不会（因附庸上位者喜好而不可得而）去偷盗（以获取难得之货）。不去彰显夸大（上位者）自身的喜好和欲望，人们就不会（因讨好上位者以获取上位者的关注）而起争执动乱。

第三章历来是最容易引起误解的章节。因为它常常被解读为老子是个赤裸裸的愚民主义拥护者。当然，从字面意思看，的确有通过控制人们的思想意识，从而使他们处于无知无欲的状态，不惹是生非，就能顺利管理了。可以这么解释，没问题。可我们换个角度来看，假设一个上位者需要长期管理，同时需要同步提高国力，我想最佳的方式就是人人都有发自内心乐于从事的事情，贡献自己擅长的技能，从而使得整个集体的能力获得最大幅度的发挥。从这个角度看，或许老子本章言说的对象，依然是君王，或是上位者/管理者。我们歪解这章的角度，就是从这点出发的。

"不上贤，使民不争；不贵难得之货，使民不为盗；不见可欲，使民不乱"。大意是：不人为推崇某些标准（贤、难得、可欲），从而弱化追求这些标准可能产生的副作用（争、盗、乱）。

我们为什么要特意强调"人为"这两个字呢？或者"人为"这两个字在原文中怎么对应呢？试想，"上（通"尚"，推崇、崇尚）"、"贵"、"见（通"现"，出现、显现）"这三个动词的主语是谁？显然是君王。有些人说是社会，那问题来了，社会推崇的动力来自哪？自然来自上位者。那么，这三个动作应该都是上位者发出来的，所以我们推导出这些标准都是上位者（古代则是君王）本人推崇的。放在当代，则是某个公司或是企业的总经理、董事长或是创始人推崇的世界观、人生观和价值观，即上位者自身的三观决定了他认识这个世界的方式和途径，从而借由他对这个世界的解构和理解，塑造了这个企业的生命个性，苹果的乔布斯是个典型的例子。

这章的重点，在于对标准的解读要控制在合理的范围，不能过，更不能天真地认为某一个人的某一个标准会恒久不变。实际上这章是承接着上一章（有无相生、难易相成……）下来的。当一个上位者推崇“贤”时，我们首先会问的问题是，到底什么是“贤”？当我们推崇某一个“难得之货”时，也会问为什么这货是“难得”，而另外一个同等性质的就不是呢？当一个上位者彰显推广某个可以通过过度努力而获得某个优待条件时，往往会引发出另一个问题：为什么彰显这个而不是那个？（这个概念涉及后面老子提到的“有之以为利，无之以为用”的方法论，实际上跟道的“返动”（反响运动）的特征有关。）

老子在第一章中提出了“混同”是道；第二章中提出了“有无相生”（混沌无序但动态平衡）是道的一种存在方式，我们不能偏举偏废一端；第三章中就落地，提出了管理上，不能因为某个人（君王）的标准去过度推崇某一端而激化另外一端（因为道是混同平衡的，一端的加码，自然会引起另外一端的同步加码）。

我们现在反着来推导这三句话的另外一层意思。道家从来不走极端，就如同太极拳一样，从来都是舍己从人、逢转必沉、随曲就伸，在矛盾中寻求平衡，以和谐求功成。它并不要求人“无私绝欲”，而是提倡“少私寡欲”，就是可以有私心有欲望，但尽量控制（小毛病不少，大毛病没有）。从这个角度来说，老子在这三句话中的意思，可能是“作为君王，你可以有个人对贤与不贤的标准，但不要因此而让所有人来认同你，搞得人人皆知，都试图取悦你而不断去争夺你的注意力，让你认为那个获得你注意力、让你满意的人是个贤能的人，而那些不去取悦你的人就不贤能（实际上可能是因为他们没空去表现自己）；作为君王，你也可以有小小的嗜好，喜欢些难得之物。但你不能为了获得某个仅仅因为你喜欢的东西而耗费巨资去获得它，从而搞的整个国家都为了获得你开出的巨资奖赏而去争夺那个难得之货，使人们不安于他们自己的工作（房子？）；作为君王，你自然也可以有自己的欲望，喜欢喝个茅台或是五粮液都没问题，但别走到哪就要茅台五粮液，时时刻刻强调茅台五粮液的档次和品味，使得下面的人也处处效仿你，为了接近你的标准而胡乱去追求超出他们能力之外的事物。酒也罢，美色美食也罢，你有这个欲望，随遇而安，碰到今天有茅台，你就偷摸摸地多喝点；碰到二锅头，你就少喝点，最好是人前都不喝酒，私下场合敞开喝（“不现”你的嗜好欲望，不代表你不能有欲望嗜好，而是不要搞的人人皆知而去跟风乱了本质工作）。”

从这三个方面看，老子不仅尊重人欲（君王和民众一般无二），更认可私心（“不上”、“不贵”、“不见”的前提都是“贤”、“难得之货”、“可欲”的存在）。由此，我们作为一个有追求的自然人，负担会轻减不少，不是吗？了解了这点之后，我们应该把管理工作的中心引导到哪里去呢？

实干兴邦，空谈误国

我们分析了老子关于上位者推崇个人标准可能导致的副作用的理解。那么在老子眼中，上位者（君王）应该有的治理方式应该是什么呢？承接昨天的“不上贤，使民不争；不贵难得之货，使民不为盗；不见可欲，使民不乱”，老子接着就提出了他对“圣人之治”的理解：

是以圣人之治也，虚其心，实其腹；弱其志，强其骨。

因此圣人修为自身的方法，就是不彰显自己的妄念而只追求基础的物质条件；不去强化因私心欲望想去“有所作为”的志向，而是珍惜自己的精力并去强健自己的身体。

这段话其实字面意思很好理解，大意就是圣人的治理方式，就是“虚弱其心志，强实其骨腹”，把那些跟主观心理活动相关的精力尽可能减少，而把精力放在实实在在能够有反馈且当下可以去做的事情上，也就是我们现在常说的“空谈误国，实干兴邦”。我们尝试着歪解一下“虚心实腹、弱志强骨”。

本段老子仍然是对着上位者、管理者讲的，而不是说要去愚民，让人们不要有任何非分之想，而是吃饱肚子就行；不要有任何志向，而是把精力放到强健身体上。既然是管理者、上位者，那么势必跟一般的群众不一样。我们历来也会有通用标准去评价某位管理者的表现，是不是雄才伟略、经略有成往往是不可或缺的一个标准。为了符合人们对上位者的期望，很多管理者也就想大干一番，或是推倒重来，或是干脆来来回回喊口号、提倡新的理念等等，得到的结果就是想让人们认可自己作为管理者的地位和身份。但这么做或许是不符合实际情况的，也就是高喊口号、空谈治理，但落地的肯行性不大。或许管理者本人并不是有意去强化这个“志向”，他的出发点或许是好的。但往往这样一来，大家的心就不专注在做事情上，而是去“展望”、“憧憬”、“规划”业务上去，忘了去做实实在在能够保障业务发展的根本行动上。因此，老子提到要圣人“虚心”（接受目前不可有所作为的现实）、“弱志”（抑制住自己想有所作为的冲动），而是把主要精力放在“实腹”（关注当前的首要人物、主要矛盾、现阶段的第一要务）和“强骨”（进行根本性、原始性质的积累和强健）上。

更深一层歪解下去，或许老子观察到的现象是，一旦人处于上位者、管理者、资源分配者的位置上，想干一番大事业的心是充足、充分，甚至是过于强盛的；另一方面，上位者对基础性、根本性的工作的关注却往往不足，导致后续发展的乏力，难以支撑事物正常健康的发展壮大。因此，老子才要强调“虚”和“弱”对强盛有余一方的作用，以及“实”、“强”对于不足欠缺一方的价值。

读老子的时候一定要注意，跟孔子不同，他的言说对象都是已经有一定基础（往往是个烂摊子）的管理者、上位者，意味着他的言说对象要解决的问题不是0到1的问题，而是1到N，或者是如何维持1的问题。从今天这段文字看，圣人面对的对象物“心”“腹”“志”“骨”都是既成的，只是圣人善于把握平衡，补不足（“腹”和“志”）而取有余（“心”和“志”），这同老子在后面的章节中提到的天道相符合【“天之道，损有余而补不足。人之道则不然，损不足以奉有余”（77章）】。那么，老子也就提醒管理者，要注意抑制自己过度的雄心壮志，关注根本性的本职工作，才能治理好一个组织、一个国家。

为什么圣人“虚心实腹、弱志强骨”就能有较好的治理效果呢？

本职工作的重要性

我们谈到，圣人之志的特征，就是抑制过盛的“心”、过强的“志”，而是要把握和解决最基础的物质需求和身体条件。这么做的原因，就是防止上位者“有为”的心态作祟。问题来了，难道作为管理者想精进、想有所作为是件消极的事情吗？这里注意一下，管理者个人的有为，不代表能带来整个机构和组织的有为。除此之外，管理的“有为”心态往往会导致一些阶段性的强盛，而当管理者热情减退之后，这股强盛衰败的也快。所以老子才会强调要去要抑制“过盛”、抑制“过强”，抑制的对象是“过”，而不是“盛”或者“强”，这完全符合老子“无为无不为”的思想。如果管理者做到了因循事物发展规律，不刻意去强盛、去发展，而是能够“虚心弱志”地安于“实腹强骨”，在管理层面上能带来的好处，就是民众“无知无欲”，进而让那些“有为”亢奋者不敢不敢不去按照圣人的样子抑制自己“有为”的心，从而使得整个组织和机构能出于同一个企业文化之中：因循事物的发展规律而安于本职工作。

恒使民无知无欲也，使夫知者不敢弗为而已，则无不治矣。

从而使自己教化的民众（也像圣人自己一样）也能始终保持纯朴和没有过分欲望的状态。（通过这样的不言之教，）让那些自作聪明、投机取巧的“聪明人”也不得不依照圣人的样子去修为自己，如果能这样，就没有什么难题是不能治理好的了。

道家出了很多有意思的人物，其中就有杨朱这么个人，他就认为“拔一毛以利天下而不为”，就是说即使拔他杨朱腿上以跟腿毛就能让天下万物得到好处，他也不愿意去牺牲自己的这跟腿毛（“一毛不拔”的典故出在这里）。表面上看，杨朱太自我、太吝啬、太极端，没有为天下考虑。仅仅是根腿毛而已，为什么就不能牺牲呢？如果我们仔细看杨朱的学说，他说提倡的本质，是人人顾好自己的事情（做好你该做的），全天下顾好全天下自己的事情，哪会需要别人的牺牲来成全他人呢？理性的分析，杨朱是对的；感性的看，我们都拔高了自己为众人牺牲的意愿，从而在道德上去批判杨朱。可惜了杨朱一片赤诚到头来得到个“自私自利”的评价。

在组织中，我们虽然强调团队精神、团队合作，但团队精神和团队合作的前提是团队中的人都能彼此做好本职工作，大家凑在一起才能发挥最大的效果。团队合作的前提是没有猪一样的队友，没有找各种理由推诿本该他做的事情却要让其他人为之买单的行为。团队合作中，分工的不同就会导致对工作方式和工作内容的不同。一般一个团队中会有领导者、管理者和执行者三个分工类型：领导者负责制定远景、讨论未来的可能性。他的主要任务就是尽最大努力去描述未来，站在未来去引导当下的工作，一句话，就是定方向；管理者的重点则是确保当下制定的规则能够运行下去，他的主要工作是维持现状不出错，并时时观察当前的规则运行过程中值得注意的地方；而执行者的重点则是落地规则在组织架构中的行动，通过执行行动要求来完成整个流程和规则的落地。这三者的分工不同，对格局观的要求以及处理事务的视角也会不同。假若一个公司或是组织里面的最高决策人总是去关注执行层面关注的事情，那么要么这个组织和机构难以稳定的发展，要么企业的发展过程中难以留下核心的人才。这个现象，早在2500多年前，管子就曾提出“君忙臣闲国将亡；君闲臣忙国将兴”，这倒不是为君王开脱，以此为借口不去做事，而是说君王的主要工作是定方向而不是去关注执行层面的细节。一旦一个管理者开始关注执行层面的细节（比如考勤），底下的执行层面的员工就会开始紧张，不能安心地根据事情的特征和自己擅长的方式去解决一线的问题，而是要去考虑站在一线的领导者给出的反馈和意见，进而不能发挥他们作为“专家”的作用，只能发挥作为“听话”员工的角色。

另一方面，管理者“虚心弱志”的结果，就是给管理层和执行层创造了更大的空间可以根据一线的业务进行自主决策。只要在大方向上处于平衡发展，那么微观上的授权就能起到很好的激励作用。所以，老子在本段中说的“使民无知无欲”并不是说让人们没有知识、知觉，没有欲望，而是说让人们能安于自己擅长、能自主做好的事情上，而不是脱离他们的本职、天赋去做一下“别人认为”他们可以“更”好发展的事情。

而在组织中，始终都会有一部分自认为能够掌控全局，总想着跳起来做些“改革”，总是在还没消化完组织意图和组织目标时边提出不同意见。他们或是批评当前的组织战略，或是消极怠工以彰显自己的特殊之处，或是利用组织变革过程中流程不完善的地方以达到私人目的。更有甚者完全忽略组织的价值而去强调、夸大个人对组织的贡献，认为仅靠某人就能完成组织的使命和目标。这些人自认为聪明、有志向，所以总是想一步登天、一蹴而就。老子在这段文字中，把这类人称为“知（智）者”（自以为是、自以为知的人）。而当上位者、组织领导者通过自身的实践，营造出一种“各复其根”（各自发挥其本然天成的天赋）、“无知无欲”（安于本职工作、无急功近利之心）的组织文化，那么这些“知者”也不敢不浸润在这个文化氛围中，久而久之也能逐渐“虚心弱志”，从而完成团队文化的营造和团队精神的培养，使得团队合作能够更加具有默契，进而能够无望而不利，达到“无不治”的状态。

四、道冲章

道冲，而用之又弗盈也。渊呵，似万物之宗。【挫其锐，解其纷，和其光，同其尘（疑五十六章错简混入）。】湛呵，似或存。吾不知谁之子也，象帝之先。

【歪解】

道涌动而出，施行于万物却没有穷竭的时候，总有空间持续地运行。道是如此的深邃，就像是万物都从它这边生发而来。【它没有锋芒，即使有，也会自我消弭；它没有纷扰，即使有，也会让这些纷扰自我平衡，混同一体；它没有耀眼的光芒，即使偶尔光芒过于耀眼，也会自发收拢使之变得温和；它不托大，即使偶尔出现托大的情况，也会自我收敛，同万物浑然一体。】道又是如此的形影无踪，就像不存在似的。我也不知道道因何而生、来自哪里，只是觉得在有天帝之前它就已经存在了。

【臆论】

老子在本章中对“道”存在方式做了模糊的描述。与其说他是在描述"道"的存在方式，不如说他是根据自己的主观体验总结了他所感知到的"道"存在和运行的方式。那么"道"存在的方式是什么呢？

老子说，"道"总是存在着，且永远不会消失。这里面我们看，这个"用之而弗盈"，不间断地去补充利用"道"，却始终不会有实质性的变化。"盈"按照上下文理解，可以直接理解为"因为持续施加影响而期望产生的一种预期变化"。比如杯子持续加水直到它盈满之前都是一个状态，即"未满"。如果加的水刚刚到杯口，就是"盈满"；如果过了杯口，就是"溢出"。而老子眼中的"道冲"，就是持续不断地运动但不改变其运动的属性和状态，一如既往地存在和发展着。

紧接着，老子就说，"道"的运动状态并不像我们所能观察到的物理世界中存在的现象一样，有个开始，有个结束。"道"的这个存在和运动没有开始也看不到结束，最重要的是，他的运动方式是你难以确切去量化和描述的。这就像古希腊哲人说的，变化是唯一不变的永恒。你好不容易觉得"道"是尖锐的，它没一会就开始消融这个尖锐；你感觉它似乎乱成一团没有任何规律和条例，一眨眼它就开始分解这份混沌让你觉得刚才对"道"一团乱麻的感觉是个错觉；你感到"道"是光明耀眼的，不一会那份光耀就变得柔和异常，让人舒服；你也会觉得"道"的至高伟大让人敬仰，似乎不是人间的事物，转瞬间它就如同是尘埃一般，实在没什么让人觉得它有任何优越或是特殊的地方。来来去去，翻来覆去，总之一句话，"道"的变化无时无刻不在发生，我们所能描述的"道"的某一状态，或许就在我们信心满满、言之凿凿地泡沫横飞时，"道"就已经变化成为另外一种状态。最重要的是，所有对"道"的运动所做的表述和尝试，都是若即若离，似是而非的，因为"道"始终的运动是它的属性之一，变化的不可预测性就是无规律运动的最大特点。

那么"道"这样的运动方式到底是怎么来的？为什么会有如此

难以捉摸和描述，且涌动不息的发展方式呢？老子说他不清楚，你也别纠结了，就算“道”比我们所了解的最古老、最久远、最根本的那个源头还要早。老子为什么要提到这个？是不是说，有可能那个我们能够感知到并且确定的最早的源头，也是“道”作用下的产物呢？

五、天地不仁章

天地不仁，以万物为刍狗；圣人不仁，以百姓为刍狗。天地之间，其犹橐（tuó）龠（yuè）欤？虚而不屈，动而愈出。多闻数穷，不若守于中。

【歪解】

天地没有违背自然的情感，把天地把万物当作刍狗对待而不加任何（主观上的）干预；圣人没有违背自然的情感，他们把百姓当作刍狗对待而不加任何（个人主观上的）干预。天和地之间的构造，是不是很像风箱呢：中间空虚但充满着物质；一旦有能量催动这些物质运动起来，它们便会源源不断地越变越多。这就像圣人治理天下时，尽量避免过多地去言说、发明自己的教令，因为这样做已有的教令会被新的教令覆盖，从而已有的教令立马就会失去它原本应该起到的作用。于其不断地重复、言说自己的教令让百姓听到，还不如安稳地守住混沌态的平衡而让万物自然而成。

【臆论】

本章有三个点有点烧脑的问题：为什么天地要把万物、圣人要把百姓当作刍狗？天地跟风箱之间由什么共性？圣人治理天下，为什么要守中？围绕这三个问题，我们有必要解析一下什么是“刍狗”，“风箱”到底有什么特点，第三就是“多闻”、“多言”的解读。因为有太多的不同意见围绕着三个概念展开，笔者尝试着歪解一番，到底哪个正确，由读者自己来决定。

“刍狗”一般理解为刍草（一种用来喂牲口的草）扎成的狗的样子，在祭祀的时候当作献祭物贡献给神明。《庄子》一书中提到刍狗时，说它在祭祀时穿着花衣服、戴着高帽子，人前人后被人簇拥着，是地位最高的那类通灵物。而当祭祀结束时，谁也不会把它当作宝，随随便便就被扔掉或是烧掉。庄子用刍狗来比喻事物的功能属性会因为因缘际会的效果，呈现出尊或者卑，“尊”“卑”或是“用”“弃”只是天地、圣人依循大道自然而然的行为，并不是因为出于私心偏袒的结果。道家历来讲究因缘，“君子得其时则驾，不得其时则蓬累而行”，有机会就大干一番，时机不对就退出，这就是“因应变化而无为”的表现之一。

当然，另一种解释认为“刍狗”应该是指“刍蒿”星和“天狗”星，读作“以万物为刍、狗”。天上繁星不会因为乱七八糟的人为目的而改变它们运行的轨迹和时间，因此，天地把万物、圣人把百姓当作自然而动的对象不加干预，让天地万物能根据自性自发自动地去完成各自的使命和轨迹。

无论是刍狗是种草扎得狗也好，还是天上繁星也罢，重点是天地、圣人对待万物、百姓的态度就是“不仁”：没有偏好。“仁”，《素书》里的解释是“人之所亲，有慈惠恻隐之心以遂其成”，意思就是因为可怜慈悲而满足对方的要求、心愿。提倡“仁”，实质上就是放大个体的主观判断，将希望寄托在上位者的“慈惠恻隐之心”上面，因着这颗心而去成就对方。而如果人人都知道需要发动上位者这颗“私心”而不是按照事情本该有的样子去处理事情时，自然就不能“实事求是”地完成本该完成的事情。因此老子在这里提到天地、圣人是不特意强调“仁”的，而是根据事物应该有的规律、按照规律去处理对象物。“事来则应事去净，心如明镜不留影。众生之苦是我苦，众生得乐是我乐。”圣人不仁，是因为他该仁的时候仁，不该仁的时候不仁，完全是自然而为的结果。

“天地不仁，以万物为刍狗；圣人不仁，以百姓为刍狗”这一段中，“刍狗”的比喻应该是天地、圣人应时与事时，利用万物、百姓的状态。“不仁”并不是“绝仁”，而是不过分强调“仁”。天地因为四时运转、气机消息的规律，通过万物使天地之间充满能量，用某一物完成该物的功用后，则选择用下一物完成接下去的一环，而并不是因为天地不再偏爱前一物而放弃前一物，完全是因为事情的发展需要后一物才能实现。理解了这样一个背景，我们就可以顺利推导出圣人为什么要把百姓当作刍狗了。

我们说过，刍狗的作用是在祭祀时，用草扎的狗（或者其他牲口、动物形象）来献祭，衍生出来的意思大概是为了解决某个问题而使用的事或物。由于后面儒家对“仁”的阐释和衍生，即使放在21世纪的今天，我们依然将“仁”大致理解为“同情心、同理心、慈悲”，而不再强调“偏爱”或是“妥协后的成就”（如点“会哭的孩子有奶喝”的感觉）。昨天我们也提到，《素书》里对“仁”的定义，是“慈惠恻隐之心以遂其成”，那么这个“仁”的出发点就是“恻隐之心”，也就是发出“仁”这个念头的人，已经根据自己的判断标准对具体事物有自己的偏好了（恻隐）。而一旦圣人按照自己的判断标准（而不是尽量客观的标准）进行管理时，只能得到的治理结果就是“人治”：即具体的事物治理原则都是由处理事物的主管个人能力和好恶来决定的，不是按照某个流程、规律去办事情。

讲到这我们插一个歪解。我们将视角拉伸到老子说在的西周。那个时候贵族因为有封地，为了区别各自的封地，君主便会赐姓名，从而贵族便有了自己的姓氏。而一般民众更多的是以奴隶的身份存在的，无名无姓。我们是否可以间接地推导出“圣人不仁以百姓为刍狗”中，“百姓”有可能指的是已经有姓氏的贵族呢？而这些贵族进一步则可以衍生为“百官”呢？至少在孔子之前一般民众连受教育的机会都没有，更不用说去做官了。假设这个歪解成立，那么整句话在西周那个时代背景下就成立了：“君王啊，你也应该效仿天地对待万物的态度来治理百官，根据他们各自担任的官职来决定他们的活动，而不应该因你个人的偏袒私心而去扰乱本该按照官职体系来行事的“无为”状态（不以君王个人意志、按照系统规运行）。该由那个官职负责的事情就交给这个官职去完成。这个官职完成了它的本职工作，另外的事情就由另外对应的官职去完成，并不能因为你觉得某个人能力特别高，或是某个人特别跟你默契，撇开他们所担任的官职而让他们僭越其职责去做不该由他们职务负责的事情”。

按照上面这个逻辑去解释，则可以将老子用天道以证君道的主旨思想贯彻到本章开头的一段中，将天地不仁和圣人不仁解释为守住初心，不以个人偏袒私心为出发点去调兵遣将、因人设事，而是反过来因事用人，就事论事地进行管理。虽然我们觉得这个似乎是本来就应该的样子，可看看历史上或是我们的周边，是否不乏因君王或是上位者的个人喜好偏爱而成全的众多“小人”和“奸臣”呢？当一个人处在上位时，他有了更多的空间去膨胀自己的私心欲望，为所欲为的可能性就比一般人更大，那么老子提出“不仁”的要求，其实就是为了提醒上位者对某人某物，应该抱着事来则用、用完则去、再来再用的态度去处理自己的“私心”，成就他人眼中的“当红”标准。

天地之间，其犹橐（tuó）龠（yuè）欤？虚而不屈，动而愈出。

天和地之间的构造，是不是很像风箱呢：中间空虚但充满着物质；一旦有能量催动这些物质运动起来，它们便会源源不断地越变越多。

要把这句话理解清楚，很费劲。为什么呢？因为天地跟风箱有什么共同的地方呢？其实，古时候的风箱并不是近代我们看到的木质的风箱，而是用动物的皮做成的一个皮囊，一端插上一个出气口，另外一端绑上两个把手，然后通过张合两个把手，鼓动皮囊的收缩和扩张，进而产生吸力和吹力，形成一个鼓动出风的效果。这里面的关键点在于“虚”和“不屈”。

为了更好地理解这个“虚”，我们从它的反面“实”来理解。假设这个皮囊是实心的，那无论你如何张合它都不可能产生任何的吹力。正是以为它有中虚的空间，才能通过扩张和收缩内部的空气产生无穷的“风力”助燃外部的火焰，“不屈”就是“无穷尽”、“源源不断”的含义。

因为橐龠的中虚、中空特性，使得我们鼓动它所产生的能量可以源源不断，越鼓动风力越足，引起的连锁反应就是外面的火力就越旺！“虚而不屈，动而愈出”的效果就显现出来了。而“虚而不屈，动而愈出”这八个字，经常被中国的内家拳引为其“内练一口气”的精髓本质：将人身体的腹部想象成一个橐龠，进气口和出气口都为口鼻（为什么没有用腹部下面的两个端口，实则是另个不同的系统），一吸一呼之间变化生出无穷的气，而真气的运行又遵循着大小周天的规律，结合人体的经络运行和气息之间的协同效果，人身体就能产生出无穷的变化（细胞生老病死化生出来的种种外部大结构的生老病死）。道家的修真理论就是把人体当作天地来进行修炼，“练精化气，练气化神”，最后将精气和神明混同，使得身体进入最佳的轻盈状态。内证修真图里所描绘的人体内的“取坎填离”（将下丹田的肾水上引，同中丹田的心火相交，形成水火既济象）就很好的证明了天地如同橐龠一般的比喻。

因为天地的虚空所以创造了万物生长的空间；由于虚空鼓动可以创生无穷的力量，所以虚空本身已经包含万物。这个模型为后面引出圣人效仿天地做了铺垫。我们下一节接着分析圣人效仿天地时要避免和保持的状态应该是什么样子。

空杯心态

第五章老子在提出天地“不仁”、圣人效仿天地也应“不仁”，不应个人的偏好而对百官的留去进行干预，而是因事设人，根据事情本身来进行人才的安排。老子讲完天地不仁之后，引出一个比喻，说天地之间就像皮囊风箱一样，中间虚空，随着鼓动能源源不断地产生新的事物。最后，老子通过天道而引出人道（君道），即“多闻数穷，不若守于中”（通行本解释：当君王听闻太多的意见反而会加速自己的困顿，还不如安守于中虚的状态，从而效仿天地能“虚而不屈、动而愈出”）。

通行本中将“多闻数穷”中的“闻”改为“言”，从而引发出“数穷”的原因是什么。假设按照通行本讲，“多言”导致了“数（通“速”）穷”，那么就要求君王不要轻易发表自己的意见，而是应该尽量少说话，同时安于“中”的状态（不偏不倚、不多不少）。而“闻”则强调君王不应该听取太多的意见而导致自己无法形成独立的看法。那么到底哪个比较有道理呢？

我们试着歪解一下，一方面，假设君王的主要工作就是“不仁”（不偏、不私、不党、不群），始终要客观地去做判断。而君王“不仁”的对象是“百姓”（即百官），意味着君王在执行某一项政策之前，会听取百官的意见而进行决策。如果用“言”，意味着君王已经有了自己的看法，将这些看法当作教令、政策布置下去，并且不停地进行解释，好让群臣和人们能清楚自己的目的。从这个角度看，这么做的圣人已经“为天下先”的，有悖于老子“三宝”中的“不敢为天下先”的思想。而如果用“闻”，则代表君王在做决策之前，应该有针对性地听取意见，并应该防止听取过多的意见从而导致自己无法形成独立思考的结果。

“闻”的进一步可能则是“形成某种价值观”。为什么这么说呢？我们昨天提到，橐龠之所以能够鼓动产生吹力，是因为其中的空虚，而不是“实”。反过来，“多闻”的意思恰恰就是强调这个“实”，因为这个“实”而导致难以有贴切的意见产生。此外，假设这个“闻”不仅代表君王本人，还代表任何人（万物），是不是说假设人们动不动就听到君王的某个想法、某项创意，时间久了，会不会谁也不把君王的政令当回事呢？让老百姓听你说得越多，政令的效果消减的就越快，从而应该保持虚空的状态，不轻易地表达自己的想法和意见，从而干扰了人们正确地选择。

从橐龠的角度看，老子想表述的是圣人虚空的内心可以根据外物的情况产生相应的方案，而不是一开始就把经验和教训当作“内充物”，填满“内充物”的心灵，势必难以发现更多的可能性，也就意味着离道越来越远。所以老子才要强调“虚而愈出”（唯有当君王效仿天地如橐龠版内部虚空、谦虚时才能无畏无不为）对君王的重要性。

另外，老子在本章结尾时提出一个“守中”的思想。不确定这个“中”是不是完完全全可以和儒家的“中庸”中的“中”一个意思。但“守中”这个思想，恰恰是中华传统文化中的一个避不开的核心思想。对“中”的追求，上起尧舜禹，下达王阳明，始终强调“中”的本质类似于是“无为”。孔子也提倡“毋必、毋固、毋固、毋我”是不是也是为了排空所有的现有思维定式，防止过多的意见阻碍观察者（管理者）去解决具体问题呢？按照这个思路，我们可以总结出，老子第四章说到道体是深渊空虚的，进而在第五章提出天地如橐龠也是空虚的，最后落脚点在提醒君王应该保持中虚的状态，以不变（无定见）应万变（因循事物而随机应变）。

六、谷神不死章

谷神不死，是谓玄牝。玄牝之门，是谓天地之根。绵绵兮若存，用之不勤。

【歪解】

大道就像那幽深的溪谷一般，神灵奇妙、变化多端而不可言表，就像一个玄妙幽静的母牝。这玄妙的母牝就是生化万物的门户，也就是那个天地万物所产生的终极本源。它绵绵不绝、似有若无地创生着天地万物，始终化育着万物没有穷尽。

【臆论】

老子在本章中延续前一章对“中虚”的比喻，提出了“谷”这个概念。帛书本中“谷”字含有三点水，特质两侧有山、中间有溪水的山谷。歪解一下这个意向：山立两侧而中空，本是一副静态山谷像；谷间有活水潺潺，又蕴含动态像；若山谷中又孕育草木而生机勃勃，是不是就意味着这就是个小天地、小宇宙呢？第五章老子提到天地就像个橐龠，中间虚空但能量鼓动生出万物。本章老子提出谷神不死，就是玄牝。“神”一般理解为变化无端，已经进入不可测但无不准的状态。儒家也把事物分为四种状态：美、大、圣、神，“神”就已经进入化的状态，不可言表但作用无穷：

我们经常用“虚怀若谷”形容胸怀，或许这个“谷”也表示江海一般的处下包容的状态，这样的状态难以知道它到底是什么，因为处下不知道到底有多下，包容不知道能有多大容量，干脆就把它叫作“玄牝”：混沌无序、不可捉摸的母牝。“牝”一般指母牛的阴户、生殖器。这里可以解释为道的本性类似于母亲，生育、慈爱万物。那么万物化生出来的地方，就像是这个幽深、混沌的母牝。万物由此追本溯源，都可以归结到这个母牝，因此这个玄牝就是天地万物生育变化之根本。玄牝绵绵舒缓、有条不紊地化生着万物而没有穷尽。因为它无处不在、无处不含，所以我们习以为常而不能感觉到，只是知道有这么回事但难以描述。

玄牝就像触发一切的“奇点”，就像细胞发生裂变的第一个细胞核，无论后面这个物体有多大（大到整个宇宙云云），都是来源于这个点。而这个点发生跃迁变化之后并没有停止这个过程，而是还在进行不断生成的裂变，并且越变越广、越宽、越无形。整个变化如同宇宙创生时的大裂变，即使到现在，宇宙还在不断地膨胀着。而那么宽广无垠的宇宙也无非是当初一个小小的奇点产生的。那个奇点，虽死犹生（奇点本身不存在，但它膨胀爆炸之后产生的整个宇宙却在其中，就像滴水藏海一般）。

本章也跟上一章一样，被许多道家修真派理解为修炼内气的一篇文章：“谷神”即丹田，“不死”指气息运转。“玄牝”指口鼻，出呼入息即为化生人体这个小宇宙的根本运动。呼吸有节，似有若无，缓慢而不绝地进行吐纳，从而在体内形成源源不断的气机运行，带动整个身体各个脏腑的运动。《河上公老子道德经章句》中对此有更形象深入地解析，建议有兴趣的读者可以看看。

七、天长地久章

天长地久。天地之所以能长且久者，以其不自生也，故能长生。是以圣人退其身而身先，外其身而身存。不以其无私欤？故能成其私。

【歪解】

天长地久，天地之所以能长久，是因为天地生万物而没有私心，因而能长久地生存。因此，有道的上位者在（利用自己职位优势）分配利益时，总是能做到先他人而后自己，这样反而他的地位因此而在众人之上；在自身利益恐怕受到伤害时，有道的上位者总是能忘记自身的利益而奋不顾身地去承担领导者的责任救民众于水火，这样反而他的权威得到了长久的保存。这些有道的管理者之所以能够获得众人的拥戴而处于众人之上（“身先”）、长久地获得众人的拥护和信任（“身存”），难道不是因为他们无我（利他）的奉献吗？就是因为他们能真正保持“无我利他”的状态所以才能成就他们（“身先”和“身存”）的“私利”啊！

【臆论】

“天长地久”这个我们现在还在用的成语就来自《老子》第七

章，用来表示跟天和地存在的时间那样长，形容时间悠久，也形容永远不变。老子在2500多年前或许通过观察发现天地不以万物为标准去改变自己的标准（天地不仁），也似乎独立于万物而存在，并不需要像人或事常见的动物、植物一样需要从外界获取养分才能生存，所以他总结到“天长地久”。

那为什么天地能够长久呢？刚才我们说了，一般我们能观察到的事物其存在的前提就是获得必要的供养。人和大多数动物一样，需要获得空气、水、粮食、瓜果蔬菜等等才能生存；植物也需要获得必要的养分才能存活下来。似乎所有活着的动植物都需要通过向外界获得必要的基本物质才能存在。而天地却不需要靠外物的供养存在，反过头来说，天地因为不需要外物的供养而存在，那么它所做所为，自然也就没有“利我”的必要，所以它创生万物并不是为了使自己存活下去，完全是自发自动地去创生万物，又自发自动地去毁灭万物后再去创生。所以老子按照这个思路，总结出天地之所以能长久的存在，是因为它们不是出于自己的需要有目的、有私心的去创生万物，而是“不自生”：创生万物时无心从中谋取私利。

因为天地创生万物并不为自己，这样一来我们就可以至少总结出两个结果：不为物羁，完全可以按照大道去做该做的事情（无为无不为）；客观公正，获得众人的拥戴而具有权威性。如果不被事物所羁绊，那么行事就没有后顾之忧，也不会出现因为自己的利益被人抓住把柄而被人威胁，从而做出有偏颇的决定；因为可以做到没有偏颇，所以就能做到客观公正。而人和物都有其生存的压力，或多或少都会携带私心去看待身边的事物，有选择地进行区分做与不做（“有为”）。在这么一个“自生”的环境下，凡是“不自生”的就会被大家推举出来成为“法官”，去决生死，断阴阳。

所以我们可以总结到，天地无情但有情，天地无情是因为它们不以某个人、某个事、某个物的悲怜处境而表现出一丝的同情，进而对他产生“徇私枉法”的行为；天地有情是因为按照大道和规律去行事是对万物最大的公平，也是最深沉的感情。无私所以不会有因自己的喜好而让一方受损。而因为无私，自然有人褒扬你（因为你公正客观），有人贬损你（因为你没有袒护他们）。不去在乎他人褒贬，依照大道而行，所以能自行其道。因为依道而行，所以不仁，所以以仁为仁。

紧接着，老子对管理者和一般人之间的区别做出的最高明的总结。为什么圣人会“退其身”、“外其身”反而成就了圣人的“私”呢？如果不仔细去想，会给人感觉老子就是个阴谋家：为了“成其私”就需要先“退其身”、“外其身”，让人们觉得你“无私”，然后把你推上去，然后你就到了上位。这种理解，感觉就像有些父母告诉小孩：要对他人好，这样他人才会对你好，你才能更好。逻辑就是对人好的最终落脚点还是为了自己更好！我相信这是本末倒置、因果颠倒了！

我们知道，老子在前面六章一而再再而三地强调了圣人效仿天地而无为，生众生而不自生，那么圣人之所以是圣人，并不是因为他做到了这些才变成圣人，而是因为他首先是圣人才会那么去做。常人总把自己的收益和好处算的门清，总在怀疑看似自己占便宜的好事背后总带着不怀好意的虚伪。而老子在本章中提到的圣人因为做到了“退其身”和“外其身”（这是原因），所以事情发展到后面的结果就是“身先”和“身存”（这是结果）。为什么呢？这是因为圣人面对的抉择，远比普通人要更加多、更加具有诱惑力，更需要在作决定前排空“利己”的心。

之前我讲过，十几岁读《道德经》，总觉得老子是站着说话不腰疼，什么“退其身”、“外其身”，连“先其身”和“内其身”的机会都没有，更谈不上主动去退、去外了。等过了而立之年，身居管理岗位多年之后，才发现老子这段总结真是高明，因为普通人没有更多机会去进行“利润分配”的工作，而对管理者而言，管理的本职就是更加合理、有效地对利益进行分配，从而让组织处于最佳的状态。这是管理者职责对处于管理岗位的人的要求。但管理者作为人，毕竟逃脱不了“利己”心得作祟，更不要说可以利用职务之便捞到好处、打击对手，更有甚者干脆一不做二不休来个“李代桃僵”。这种情况，势必造成上位者由诸多的机会去捞个人的好处。但是，这些利用职务之便捞尽个人好处的管理者们没有想到另外一个问题：天长地久！

管理者除了要面对公平、公正、合理地进行利益分配工作之外，还有一个掌握这个权力的时效问题。一次的不公正分配或许不会造成短期内的消极变化，但至少会留下印痕。假设这个管理者持续地利用职务之便优先为自己获取私利，那么时间一长就会有个信任问题，底下的人开始不再信任领导者的为人，进而影响这个领导者意图的权威性和可信性，最终导致领导者失去群众支持而被赶下台来。反观之，若一个上位者有机会可以优先让自己的利益获得保证，但他真心选择先确保follower们的利益，最后才考虑自己；先保全下属们的生存再考虑自己的生存，我想时间将证明这个领导者的影响力已经远非物质可以衡量的了！而一个领导者的言行直接决定了这个组织的文化，进而塑造了这个组织的价值观。正是因为上位者的谦下和利他，才让跟随他的人们信任他，让他来决定利益的分配，并听从他的工作安排，从而让上位者能够处于众人之先、众人之上的地位。也正是因为上位者凡事能先确保员工的利益不被损害，之后再争取自己保全个人的利益，才会让跟随他的人相信一旦涉及利益分配，他们的利益会被优先保证；一旦有什么好事发生，他们会第一时间享受到福利，才会使他们能让这个管理者继续处于领导的位置为大家服务。因为上位者“无我利他”、“舍己利人”，所以众人才会跟随他，推举他让他处于上位，表面上看圣人就这样“成其私”了。这不就是“反者道之动，弱者道之用”的最佳例证吗？

这段总结和描述，另外一层含义或许是，假设一个有道明君要能稳住自己的领导地位，需要排空个人的私心去设计系统，而这个系统能够跳出针对某个个体，面向全体。有道明君要做的就是设计和维护这个系统，使得人人能安心做好自己的事情，因为他们相信只要做好自己的本职工作，由系统会在领导者的守护下保证他们的利益，是他们能够生存好、生活好，就能让整个组织处于一种“无为而治”的良好状态。种种的积极结果都是因为处于上位者做到了先人后己、舍己从人的“无我利他”啊。

八、上善如水章

上善如水。水善利万物而有静，居众人之所恶，故几于道矣。居善地，心善渊，予善天，言善信，政善治，事善能，动善时。夫唯不争，故无尤。

【歪解】

真正能够完全效仿天地“不自生”“无私”的，可能只有水啦！水就如天地一般，总是能够泽被滋养万物却能守住自己的恬淡清净，（虽有利万物）却甘于处在众人所厌恶的卑下地位，（这样的状态）就非常接近道了。（水）能够恰当的根据形势选择自身应该处于何种地势，能够恰当地将自己的主观意愿控制起来（从而防止因这主观念头去干扰万物），能够完全效仿天降甘露一样无区别地施予万物，对于自己说出去的话也是先确保这些话最终能够被信守，而任何的治理都出于保持正确的发展方向而不是出于自身的考量，能够把握好是否做一件事的前提就是能否将这件事情做完，又能恰当的根据时机和时势采取正确的行动来达到事半功倍的效果。总之，因为水能够放弃自身“用强”的冲动而采用“不争有静”的方式去处理自身和万物的关系，从而避免了任何因为“用强”而导致的过失。

……

“予善天”通行本作“与善仁”，此处笔者从马王堆出土的汉初帛书版《老子》甲、乙本版，认为“天”应该是符合上下文和第七章中的天地因“不自生”所以长久的概念相对应，强调作为有道之君，在施行教化、泽被百姓时应当效仿天地“不自生”的特征，做到“无我利他”。

【臆论】

全本《老子》中，本章也是最被人所熟知的章节，尤其开篇的“上善若水”四个字，经常被文人雅士、商贾巨富悬挂在会客厅，提醒自己要效仿水的美德。或许许多人都能将这章的内容背诵出来，也能言之凿凿的将经文的内容翻译成白话，比如要效仿水的“居善地”，就要不断地放低自己的姿态，“处下”才能“居上”等等。那么我们不禁要问，“上善若水”，这个“善”到底是“善良”、“完美”的意思，还是“擅长”、“效法到位”的意思呢？

放在上下文看，虽然将本章的内容单独成章，言老子是在通过描述水的美德来间接形容“道”也能说得通，但我们若把全本老子作为是一个前后章节、上下文义相同的“大论文”来看，是不是可以从第七章“天长地久”的原因是因为天地无私，从而推导出这第八章中的“水”实际上是在效仿“天地无私以利万物”呢？按照这个逻辑，那么全章中的“善”并不是一个名词，而是一个动词，“善于效仿天地”，包括后面的“七善”也并非指七种“好的”、“美善”、“优秀”之类的形容作用，而是指擅长于、真正掌握和了解之后的行为，这个“七善”其实指水真正掌握天地无私之后的效仿活动，应当按照“真正实质性地遵循和实践”的意思理解为动词或者副词。从这个逻辑出发，我们对于“七善”就能找到如何通过“无为”来达到治理的目的。

“居善地”可以理解为“善地居”，大意是说“合理恰当地（根据情况）决定应该以哪种位置来摆放自己”。毕竟老子是在对君王言说，那么作为管理者，很重要的一点就是能够根据具体的事物或是事情来调整自己的身段。这个看似“圆滑”的建议，其背后指的，仍然是上一章提到的“退身”和“外身”，将自己的身段放下来，让做事的人去按照他们的方式去做事。这个“善”，就是要求君王能够把握好自己的位置，不能总是高高在上。这个“善”，有要求君王能够审时度势地灵活调整自己的身段位置。作为君王，只要效仿天地无私而利万物这一条就行了，其他的都可以灵活处理。

同样的逻辑，我们可以得出，“心善渊”是“善渊心”，即恰当地隐藏和控制住个人的主观意图（即“有为”的冲动）。当君王时不时“心使气”而“用强”时，往往会进一步鼓励自己的“有为”的冲动，所以老子才会说要将“心”沉入深渊而不被人知。这个“心”就是指君王“使气用强”的“有为”之心。“予善天”则是“善天予”，在给予万物、利万物的时候，要以效仿天的给予方式。天是如何给予的呢？“天地相合以输甘露，民莫之令而自均焉”（三十二章），不用你要求我就自发自动的公平分配。下位者对于上位者最大的期望就是公正公平。这个期望不言自喻，因此老子才会提出来在分配利益时要效仿天地的无私，尽量做到公平公正。“言善信”，就是“善信言”，要理智地去说话，且说话之前先要内心掂量一下这话说出去以后能不能做到。或许在这里，老子并不是要强调“信”，而是要强调“言”，说之前和说之后都要仔细掂量。宋朝的司马光说，“诺不轻信，则人不负我；诺不轻许，则我不负人”，说的就是这个意思：防止失信的最佳方式就是不要轻易许诺。“政善治”大概就是“善治政（正）”，就是说，治理手段和行为的目的，是为了“正”。换言之，只有“歪（不正）”才有必要“治”。若没有“歪”就不要无事生非，若“歪”了则调整一下回到正途就行了。“事善能”，“善能事”，要区分哪些是可以做的，哪些事是不可以做的，然后选择哪些可以做且做得好的事情去完成。这个强调的也是行动之前的决策，不能轻易地就开始做一件事：“故慎终如始，则无败事矣”（六十四章），如果一开始就能够谨慎对待整件事情开始之后如何收场，并能够战战兢兢、认认真真地去对待，那就不会出现失败的情况（那些可能失败的事情已经被事先排除了）。“动善时”，就是“善时动”，强调的也不是“动”，而是“时”，即根据时机来决定“动”，而不是因为“动”所以去看时机。作为管理者和守业者，只有把握住这个“时”，做到“因时而动”才能“顺势而为”，这或许就是“无为无不为”的实质吧。

我们把传统理解的“七善”（七种美德）歪解为七种管理者应该把握的分寸，才能更好地理解为什么老子要强调“无为”。老子的“无为”实质上就是“顺势而为”，一切的“无”其本质就是在等候那个“时”和“势”的成立和发生，从而能够起到“无为而治”的作用效果。因为一切的治理都是合情合理、应时就势发生的，因此并不会产生任何的阻力，从而治理过程中也就不会产生过失和错误，达到“无尤”的治理效果。

九、持而盈之章

持而盈之，不若其已。揣而锐之，不可长保也。金玉盈室，莫之能守也。贵富而骄，自遗咎也。功成身退，天之道也。

【歪解】

双手已经捧地满满的了，却还想进一步往上添加更多的东西，我看还是算了吧。本已经把工具磨得差不多了，还非得进一步把它磨地极薄极锋利，我看这锋利的状态虽能保持一段时间，但终究不会长。屋子里已经堆满了金银珠宝，却还想把整个房间塞得满满当当，我看就算你一时能把屋子塞满，但你拥有这些金玉的时间到底能有多久呢？既然已经有了地位有了权，还有了足够的财货，你就消停点别瞎得瑟，觉得有权有钱就可以骄横傲慢不把别人放在眼里。真要是这样了，估计你也是在给自己留祸殃，坑都是自己挖的啊！但假设你把该做的做了，该帮的帮了，该成就的成就了，却给自己找个合适的机会急流勇退，这样就跟天道一样了啊。“事了拂衣去，深藏功与名”，难道不好吗？

【臆论】

沿着第八章的思路，老子还是在强调效仿天地就应该“适可而止”，应该“因时就势”地去采取行动。而正常人往往对于“时”和“势”有错觉，或者叫作反应迟钝，这是人的问题。反过来说，“时”和“势”的发生和逝去产生的作用结果，会有“滞后性”，即当时势发生时，人不知已经开始；当时势消逝时，人不知已经消退。若不正视和理解这类现象，就会陷在其中看不透。

时势（或者时运）来的时候，真是挡也挡不住，钵满盆满、金玉满堂、锐不可当、富甲天下，感觉自己不可一世，且这样的势头永不消逝。遗憾的是，一切的发生都会随着时势的变化而产生变化。当时势的风向转变时，事情或许就变得不那么轻松自在，更加不会变得顺理成章。从“走运”到“失运”，比从“失运”到“走运”难，但差别不大，都是大起大落。老子针对这种情况提出的解决方案就是：恰到好处的退！

为什么不是一味地退，而是恰到好处的退呢？因为要先把“功”完成了，将管理使命和责任完成之后，不要去留恋那个结果，而是关注那个过程和初心。一旦某项任务完成，自然就会有个结果。而明了“时势”在成就个人和组织功业时的重要性和决定性的管理者，会理智地去区分那些过程中产生的成果或许并非一己之力造成的，且这个“功成”也并非恒久永远的，都是阶段性的产物，自然就不会拘泥于是否被认可或是被歌颂了。管理者关注的重心应该是“因时就势”地完成该做的事情，完成之后就该去关注下一个过程，不应该纠结在成果的最终确认上。

天的功劳再大，也不会因为在某个地方下了场雨就停留在那个地方等着别人歌颂它。它的运行只是因为这件事情该去做它就去做了，并不是因为做这件事情可以被歌颂所以它采取做了。虽然最终表现出来的结果可能都是一样的（被歌颂），但内在的出发点却有云泥之别。

功成才能身退，就跟老子说“无为无不为”一样，都是过程和手段，目的还是为了“利而不害”。

十、载营魄抱一章

载营魄抱一，能毋离乎？抟气致柔，能如婴儿乎？涤除玄鉴，能毋有疵乎？爱民活国，能毋以智乎？天门启合，能为雌乎？明白四达，能毋以知乎？生之、畜之，生而弗有也，为而弗恃也，长而弗宰也。是谓玄德。

【歪解】

（君王啊，你能顺应大道）做到身心合一、精神不受外物吸引而游离在身体之外吗？（你能顺应大道）调和体内阴阳二气，使身体达到像婴儿初生般柔和吗？（你能顺应大道）时刻关注自己的内心使之保持如明镜般的质纯无邪吗？（你能顺应大道）在治国理民时做到无为自然而不借助智巧吗？（你能顺应大道）在听取意见、观察政事时保持柔弱处下、不去折腾生事吗？（你能顺应大道）在求证事理、体察万物时做到摒弃已知而能返璞归真吗？（你能效仿大道）化生万物、长养万物（而能去除己欲），虽然它生育万物却不以万物作为其私产；虽然它创造万物的生长条件而成就万物的发展，它却不以此自傲而自恃其功；虽然它为万物之长却不去宰制万物，这就是我想说的（大道）的“玄德”（玄妙莫测、不可描述但存在着的德）啊！

【臆论】

上一章老子强调"功成身退"，且"身退"的方式应该是到"功成"以后。也就是说，管理者要退的前提也应该在带领团队达成目标之后再重新选择。这个我们把它理解为"恰到好处"的"身退"。按照这一思路，老子在本章中就对"恰到好处"做了具体的展开。

首先，老子从思想层面上告诫管理者，不要三心二意、心猿意马的去做事情，应该是义无反顾地、一心一意地将事情一做到底。身心合一、专气致柔就是为了能够摒除一切目标以外的事物，能够"善始"并且能够"善终"【"道褒无名，夫唯道，善始且善成。"（第四十章）】。在整个"成就功绩"的过程中，作为领导者，应该始终摒除非必要目标的诱惑，能够始终如一地把握团队前进和发展的方向，时时刻刻去摒弃那些可能仅仅只是为了彰显自身领导力、但与完成领导使命无关的事物的干扰，从而能够避免一味地依赖个人主观的见解（"用智"）而忽略了群体智慧的作用。在掌握整个事物的整体方向和发展细节中，需要放开对自我理解的过度自信（"自见"），要以开明的状态去迎接来自各个方向和层级的反馈意见，并且能够客观理智地去处理和把握这些信息。

领导者能够以不自是、不自见的态度去处事，自然就能保持开明通达，所作所为也能够理智客观从而避免因为领导者个人主观臆断影响这个事物的发展。本章的最后老子总结道，作为管理者和领导者，虽然承担着倡议（"生之"）和引领（"畜之"）的责任，但归根到底应该从这件事情的目的和结果中跳出来，能够摆脱个人主观的束缚，即使事情因其而发生，也应该避免居功自傲；即使事情因其而成，也不能因此而自我彰显；即使众人因其贡献和价值尊崇其为领袖，也应该避免就此觉得自己天然地就应该是老大的思想。如果一个领导者能够将自身的行为同行为产生的结果做区分，关注行为本身而非行为的目的，最终就能够带领众人成就功业。从始至终，领导者的关注点从来就不是事情如何做好，而是如何确保自己所作所为能够给自己治下的人、事、物创造充分的空间让它们在其中自然发展。按照当下的话说，作为领导者而言，最重要的事情是思考如何给团队赋能，通过领导者的一系列行为，让其治下的人能够获得恰当的能力完成他们的使命和目的。最终，领导者通过成就他人和赋能团队，间接地收获了来自他人和团队的拥戴，从而成就了自己的功业。这个过程难以用简单的推论或是“唯一”的方式来描述，且过程充满各种不确定性，但总的方向就是通过赋能他人来成就整个团队，进而达到“圣人”自身的功绩。因为难以有固定的方法和方式，总是充满着动态的、因时就势的要求，于是老子把这种情况成为“玄德”——方向唯一，途径灵活的领导方式。

十一、卅辐同一毂章

卅辐同一毂，当其无有，车之用也；埏（shān）埴（zhí）而为器，当其无有，埴器之用也。凿户牖（yǒu）以为室，当其无有，室之用也。故有之以为利，无之以为用。

【歪解】

三十根辐条共同插在车轮中间的圆木上，恰当的控制制造过程中应该去除的部分和应该保留的部分，才能让车轴和车轮联动，从而实现车子的作用。糅制好黏土，在塑造器皿的过程中，要恰当的控制制造过程中应该保留和应该去除的部分，才能最终形成可以达到使用目的的器皿。开凿门户建造房屋，提前设计，并在建造过程中恰当的控制保留的部分和去除的部分，按照规划和设计展开合理的布局，才能最终建造出满足设计初衷和目的的房屋户型。

所以，君王创造/鼓励/强化某个事物/想法/政令/行为是为了让（他的治理）更加有效；而废止/抛弃/否定某个事物/想法/政令/行为是为了更好地达到他的治理目的。（因此，到底是保留还是废除，到底是强化还是弱化，都应该根据治理的目的和初衷，根据治理对象和具体问题，恰当的拿捏和控制程度，最终使得该强化的强化，该弱化的弱化，该保留的保留，该废除的废除，实现最终的治理。）

【臆论】

本章的句读，完全跟通行本不同。通行本的句读，往往将“当其无”作为一个概念，从而凸显出“无”要优于“有”，似乎所有的“有”都是因为“无”的存在。而我认为，老子的本意并没有可以强调“无”和“有”哪个比另外一个更强，而是要客观地根据目的，来把握“无”和“有”。因此，这个“当其无”应该同后面的“有”作为一个概念，句读为“当其无有”，这个“当”要念成四声，理解为“恰当”，这样一来，整个篇章就能理解为老子通过举例说明恰当的把握“无”跟“有”的关系为什么那么重要，因为最终是要“利用”（“故有之以为利，无之以为用”）。

历来对章的解释，是把“有”解释成为“有形”，“无”解释成为“无形”，大意就是事物的有形实体部分是使该事物成为某种器物的条件和依据，而它空虚部分最终体现它的功用来。引申出来的意思就是人们往往只看重有形事物，却忽略了有形事物对应存在的无形之用意。比如往往习惯于看书阅读，却只是为了读书而读书，忽略了读不到的作者希望通过文字表达他的用意和目的；上课是为了提高考试成绩，而忽略了这个成绩背后应该使或用所学知识的目的；设置了各种规章制度，却只是照章办事，往往不清楚设立这个章程的初心和目的。这么解释也是可行的，是把“有”和“无”当作名词或是形容词来解释，但似乎过分强调了“无”的作用，而忽略了“无”发挥作用的前提是“有”的存在（有无相生）。

而我认为，老子在这里，仍然是通过上面毂与车、黏土和器皿、门窗屋子和四壁，来证明有和无相互之间的关系是相等的，只是因事因时地去看待“有”和“无”的相互成就和相互作用。我认为，“有之以为利，无之以为用”中的“有”和“无”应该作为动词来看，即“有之”应该是“使……有”的意思，“无之”是“使……无”的意思。顺着“有”和“无”的衍生意义和对立统一的关系，我们可以大体推导出“有”“无”之间是此消彼长的关系。同时，老子的言说对象是有道明君，是希望通过“有无相生”来实现“无为而治”的管理，那么，我们就可以大胆地把“有”解释为“使某事物得到增强/增益/强化/存在”类似概念，而“无”则与之相对，可以解释为“使某事物得到减弱/弱化/消亡”类似的概念。为什么应该这么去理解呢？

我们看，不管是“车之用”、“器之用”还是“室之用”，都是有条件的，即有辐条、黏土和可供开凿的土坡或是四壁的存在，才能在这个基础上去创造“无”的空间。那么，一堆辐条放在地上而不是凑在车毂上，或是车毂是实心而不是空心的（即没有“无”），无论如何都不可能有车的用途。反过来，器皿的空间利用，也需要有器皿的杯壁给围起来才能创造出我们所期望的容量和容积，仅仅只是一个虚空放在那边，却没有有形的黏土去塑造这个器皿，也是不能起到作用的。估计老子所处的西周，在岐山、西安附近应该还是在山坡上凿窑洞。姑且按照这个画面去脑补一下：在一片山坡上去开凿窑洞，如果没有合适的土坡，估计即使有那么大一片虚空，也不能凿出一个房间来吧？（当然，庄子的逍遥说天当棉被地当床也是需要有天和地给他托着，才有了供他卧榻的空间啊！）。这三个例子，由于老子在论述时，怕我们容易看到有那么一些事物，就认为我们看到的事物就是事物存在的本质，所以就特别强调我们应该透过这些现象（即我们所能观察到的并不是事物存在的本质）去看事物真正的本质（发明创造它们的初心和目的）。如此这样，我们是不是能够将“有之”理解为“某物的存在是为了获得更好的（利）结果”，而将“无之”理解为“某物的剔除是为了更好地达到发明某物的初心”呢？

以上的推断，落实到古代的君侯治国理民时的实际情况看，就是执行或是有意识地引导某些措施以便能更好地造福人民（“无不为”），而停止或是弱化某些事物则是为了更好地达到治理的效果（“无为”）。因为道是因事因时变化的，所以在某个条件下或许发布某个教化政令时是符合当时情况的（有之），而当形势发生变化时，就应当优化现有的政令甚至废除过时无用的政令（无之），以便更好地就事论事地服务好民众。

就人生而言，“利”是“额外的好处”，就是好上加好，如同换房子一样，房子越大越好，是为了住着更舒服。“用”则是“满足基本需求”，切断所有额外的不切需求就能更好地服务“需要一个房子”的初衷和目的：有个家！若是一味强调“无”而忽略了“有”，一味强调“空”而放弃了对“有”的把握，最终就像房子无限大，但是找不到四壁，它也难以成为一个房子。

十二、五色令人目盲章

五色令人目盲；五音令人耳聋；五味令人口爽；驰骋畋（tián）猎，使人心发狂；难得之货，令人行妨。是以圣人之治也，为腹不为目。故去彼取此。

【歪解】

色彩斑斓、五光十色的确艳丽非凡，偶尔看看赏心悦目，但看久了就会使人两眼昏花而不能辨色。美妙音乐、喧哗不已，热闹的环境处久了往往让人耳朵难以辨声。山珍海味、珍馐美食固然让人食欲大开，但吃多了却能伤人肠胃而让人失去胃口。或骑马或驾车，打围狩猎固然刺激，但经常沉溺于此却让人心智狂乱而纵情放荡难以静处。贪求宝物美色而不知满足，时间久了却让人患得患失而不能随心所欲、逍遥自得。

因此有道之君在修为和治国理政时，把握事物的本质而不浮于表象（，总是能无欲无为而不累于外物，少私寡欲而能恬淡清净）。因此有道之君必定“取此”（即“为腹”：无为但得治）而“去彼”（即“为目”：有为且多欲）。

【臆论】

《老子》第十二章的文字相对比较好理解，基本上跟白话文差不多。可是一般读者常常会把本章理解为老子告诫君王要尽量不去参加娱乐活动，或是参加的娱乐活动要尽可能单调，五色、五音、五味、畋猎、难得之货似乎就应该尽可能避免，是这个意思吗？

我们之前提到过，道家既然崇尚自然，那么自然就不会去绝对，意味着即使是君王，也会照顾君王作为人具有基本欲求这个现实。因此，若将本章内容理解为君王应该完全戒除五色、五音、五味等等活动，显然有悖于道家“法自然”的立意点。所以，正确的解释应该是“适可而止、过犹不及”。

我想既然老子能够了解五色可能让人两眼昏花，自然他是经历过五色的；既然他知道五音会让人的耳朵反应迟钝难辨声音，自然他也是听过五音的。同理，老子在此处所描述的，应该或多或少基于他自己的经历总结出来的种种现象，暗示着过度沉迷于某些事物，不仅达不到一开始的目的，反而会朝着事与愿违的方向发展：本来五音是用来洗耳朵调情绪的，结果听久了却让耳朵失聪；本来五味是为提振食欲的，却因为过度沉迷口舌之快而让舌头失去了辨别味道的能力；本来驰骋（如同开车）是为了放飞自我的，却因为过度沉迷速度的感觉就变成了飙车（往往会酿成交通事故）；本来田猎是为了放松自己获得野趣，却因为沉迷其中导致嗜杀成瘾；本来难得之货是让你心心念念非常中意的东西，但过分惦记、依赖这东西就会让你魂牵梦绕、失魂落魄而走不动道。

说了这么几个例子，老子无非是为了引出后面的话：“为腹不为目”，“弱水三千只取一瓢饮”的意思相同，刚刚好才是真正的好！君王、圣人在对待五音这类事物时，就像只求吃饱，不求色香味俱全，点到即止，刚刚好就行了。而君王因为有太多的特权可以利用，所以老子在这里就特别强调，有道之君必定要能“无为”节制，所以告诫君王要“去彼取此”（抛弃过度，保守中虚）。

十三、宠辱若惊章

宠辱若惊，贵大患若身。何谓“宠辱若惊”？宠之为下也，得之若惊，失之若惊，是谓宠辱若惊。何谓“贵大患若身”？吾所以有大患者，为吾有身也，及吾无身，有何患？故贵为身于为天下，若可以托天下矣；爱以身为天下，若可以寄天下矣。

【歪解】

前人说“宠辱若惊”（得到宠爱和遭到羞辱都会让人感到心惊）和“贵大患若身”【重视大的隐患、祸患，要如同重视自己的身体（生命）一般】。为什么古人会这么说呢？怎么理解“宠辱若惊”呢？得宠是（有上位者）恩泽施予处于卑下地位者，所以（卑下者）得到宠信就可能感到惊喜，而失去（上位者给予的）宠信他又有可能感到惊恐、惊惧，得宠和失宠都会惊到人（指下位者），从而不能让他们清静无为做好本职工作），这就叫作“宠辱若惊”。那“贵大患若身”怎么理解呢？人之所以会遭受大祸患，是因为我们有私心（求名求利、优于他人获得好处）。一旦人没了这个“私心私我”，哪还会有贪功冒名的企图呢？自然也就没有招引大祸患的前提了啊！

所以，那些将天下看的如同自己的身体（生命）一般（公而忘私）的人，（君王）可以将天下全权交予给他管理；那些爱惜天下（众生）如同爱惜自己身体（生命）一般（先人后己）的人，（君王）可以让他尝试着管理天下。

【臆论】

说实话，本章的主旨有点难以说清。为什么难以说清呢？因为老子向来言说的对象是君王，从本章的内容看，似乎降格开始聊下位者的心态了。如果不是，那么作为有道之君而言，为什么会有“宠辱若惊”的经验呢？谁会“宠”君王，谁又会去“辱”君王呢？这是个矛盾点。

另外一个矛盾点在于，既然“贵大患若身”，“大患”和“身”（可以理解为君王做任何事情的根基）是等同的，而且后面老子说到“贵身”，反过头来是不是也要“贵大患”？“贵大患”的意义到底在哪？防患于未然？如果是防患于未然，为什么后面又说要“无身”呢？既然已经“贵身”了，为什么要去“无身”？难不成老子想说的是“否定之否定”，来个釜底抽薪，置之死地而后生？

通行的解释往往是说宠辱只是一种状态，并不持久，有被宠信的时候，也会有被羞辱的时候，这是常态，不要感到惊讶。我感觉这么解老子似乎有点别扭，因为思路太跳跃，有点像意识流状态下写出来的东西。后面又要“无身”，又要“贵身”，更是自相矛盾。怎么办呢？

于是，我们脑洞大开一下，取一个有趣的视角看看老子可能在这一章说什么。结合后世道家里面衍生出了像范蠡、韩非子之类的法家人物，很有可能老子在这章谈的是君主的驭人术和接班人问题！为什么会想到这一层呢？因为韩非子在他的书中专门就君王驭人提到两个关键的操作：赏、罚！（见《韩非子·二柄》）如果这个猜想是对的，那么我们就很容易解释老子本章言说对象仍然是君王，还原当时的情况可能是这样的一段对话：

引子：先生前面已经谈了不少大道和圣人的治身处事的原则。可否简单再概况一下先生眼中的圣人是如何治国理政的呢？

答：圣人治国如治身，虚心而实腹、弱志而强骨，为腹部为目，无为而治窍（《管子》中对无为的对象做了阐述：君王的七窍，引申为君王主观的干预冲动），百官各任其事而不敢弗为（《老子·第三章》）。

问：如何寻找合适的官长/君主候选人?

答：你听过“宠辱若惊”和“贵大患若身”吗？这是古人考察官长的两个角度和手段。第一个，用“宠”和“辱”去看候选人是不是能不为外界看法所动而始终初心不忘、专注做好本职工作。作为君王，你可以特别宠信某一人，看他会不会因此而改变他原有的办事状态（“惊”的本意是马受到突发的刺激而发狂，可以引申为因外界环境的突然改变导致行为上的反常）。当然，作为君王，你可以特意冷落某一人，看他会不会因此懈怠失意而怠于治民理政。“宠”和“辱”最直接的表现形式就是“赏”和“罚”。把握这两个就能考察出候选人是不是能不为外物所动而安于任事了。（【何谓“宠辱若惊”？宠之为下也，得之若惊，失之若惊，是谓宠辱若惊。】）

第二个考察候选人的角度，就是看候选人有没有人性的底线，或是顾忌。正常情况下，小病小灾什么的虽然会让人难受，但总有好起来的时候。只有在遭受到大病大灾，尤其是那种危及生命的灾病发生时，我们才会意识到灾病发生前自己所做的事情是不是真的有意义，是不是真的那么重要！2500多年后的心灵鸡汤文不总是说要把每一天当作生命中的最后一天去过吗？如果你所考察的候选人没有这样一个底线思维，总觉得自己可以肆无忌惮的为所欲为，那么事情可就要糟糕了！（【吾所以有大患者，为吾有身也，及吾无身，有何患？】）

问："宠、辱"和"赏、罚"很好理解，尤其对那些执行层面的官员应该是最直接的。可是，如果我们要找的是有更大责任的候选人呢？这个候选人已经超越能够被"宠辱"的级别，比如说下一任君王呢？一旦他成为君王，"宠辱"和"赏罚"不久不管用了吗？

答：没错，"宠、辱"只能对下位者有效。当我们考察一个潜在的上位者候选人时，更加需要考察这个候选人的敬畏心和底线。最理想的候选人应该珍视自己的执政根基，如果这个候选人能够像对待自己身体一样对待天下，充分理解和掌握自己作为君王应该无为无不为，无意识、自觉地管好自己（虚心实腹、弱志强身、为腹不为目），做好作为君王的本职工作而不肆意妄为，真要有这么一个人，那么你就可以放心地直接将天下交给他去打理。（【故贵为身于为天下，若可以托天下矣】）

次一等的候选人虽然也了解治身的道理，有意识地将这些治身治国的原则道理运用到实际工作中去，真要有这么一个人，那么这个候选人是可以培养的，你可以尝试着先让他代理国政，观察一下这个候选人是不是治国如治身，能够做虚心实腹、弱志强身、无为无不为。（【爱以身为天下，若可以寄天下矣。】）

十四、视之而弗见章

视之而弗见，名之曰微；听之而弗闻，名之曰希；播（mín）之而弗得，名之曰夷。三者不可致计，故混而为一。一者，其上不皦，其下不昧，寻寻呵，不可名也，复归于无物。是谓无状之状，无物之象，是谓沕（wù）望。随而不见其后，迎而不见其首。执今之道，以御今之有，能知古始，是谓道纪。

【歪解】

（道到底是什么样子的？很难说得清啊！）你眯着眼睛仔细看，想瞧瞧道长什么样子，然而道就是在你眼前你也看不见，它这种状态叫作“微”（“微”是比小还要无限小的状态）；你竖起耳朵仔细听，想听听道会发出什么声音，然而道就是朝着你耳朵洞鼓噪你也听不见，它的这个形态叫作“希”（“希”比小声还要无限小声）；你使劲去抓它、摸它，想感觉一下道是什么质地，然而道就是黏在你手上你也抓不住，它这种形态叫作“夷”（“夷”就是触觉小到你摸都摸不到）。这三个形态我也具体说不清什么时候道是“微”的状态，什么时候又是“希”或是“夷”的状态，只能混沌地统为“一”。

这个“一”啊，从前不知道它是什么时候存在在那的，今后啊也不知道它什么时候会消失，混混沌沌无法描述，只能说它就不是我们（利用已有概念/体验）所能描述的一种存在（无物：原意可以解释为没有实物，我觉得此处更多的是指基于我们对当前世界的理解，没有可以找到能够类比“道”的现存事物或者概念。）但它确确实实地存在着，只是无法类比它的状态，也没有可以描述它的形态，跟我们说的恍恍惚惚、混混沌沌有点类似。

你想尾随在道的后面，（看看它的末端在哪里。跟了半天你也）看不见它的终点在哪；你又想迎面跟它打个照面，（好看看它的发端/头在什么地方。结果等了半天你也）看不见它的起点在何处。（你只能看到你跟它的交点，就像圆环跟圆环之间的切点一般。）了解了道的这个特征，你就应该明白，我们只能根据当下道的形态去解决对应产生的“有”（各种呈现出来的万事万物），进而通过当下的“有”推知“有”的源头【就是“无”（有无相生）】，这就是道生化万物不变的规律啊！

【臆论】

本章老子有开始尝试着去形容一下道。从本章上半段的内容看，即使老子已经非常努力地去思索如何才能将道去描述出来，但得到的结果并不是一个“可以形容的道”，或者至少是一个“不能用我们已知的经验去描述的一种存在”。人认识事物的途径，无非就是通过五官，眼睛去看，耳朵去听，手掌去摸，嘴巴去尝，鼻子去闻。但老子说了，这些探索和感知的行为都是没有用的，因为道是超感官触觉的存在，看不加、听不到也摸不到，但它就是存在。听上去像是不可知论，但老子说了，道是通过否定现有经验而能验证它的可知性：比能看到的任何事物都要微小，比能听到的任何声响都要弱，比能摸到的任何东西都要细小。请注意，这三个形容道的词（“微”“希”“夷”）在中国文化中的出现频次非常之高，张三丰的老师就是被宋太宗成为“希夷先生”的陈抟（相传活了118岁）。【视之而弗见，名之曰微；听之而弗闻，名之曰希；捪（mín）之而弗得，名之曰夷。】

即使是这三种形态，也彼此之间否定了道就是其中一种形态，并且通过描述着三种不同的形态，来说明道可以以任何一种我们所不能察觉到的方式存在着。老子干脆来了个“乱炖”——“微”、“希”、“夷”这三个状态彼此分不清，混在一起的形态就把它叫作“一”吧！很多人由此认为“道”就是“一”，“一”就是“道”。可是老子从来没有在本章中说“道”就是“一”啊，只是说“一”是道的各种形态的概述。从后面的“道生一”也不能理解，因为“道”的存在所以有了“一”这个概念，“一”就是道各种存在方式的集合。【三者不可致计，故混而为一。】

这个“一”啊，混混沌沌你也说不清，但它就是存在在那。怎么办呢？方便起见，我们用更现代化的表述：“一”就是“混沌无序但又充分平衡的状态”。那么这个“混沌无序但又充分平衡的状态”是从什么时候开始，又会在什么情况下结束呢？至少老子认为它已经存在了很久，也将永久存在下去。它是一种动态的平衡状态，时时刻刻都在汹涌滚动变化着（“道冲而用之有弗盈也”）。你也不能确定肯定以及一定得去定义这个“一”的名称，即使绞尽脑汁，你也不能从现有的词汇或是经验中找到一个类似的物体去说明“一”，“一”这种状态无物可以同它并称，也没有一种可以观察到的现象去定义或是类比“一”。最后我们只能放弃利用现有的词汇和经验，把“一”这种不能类比的状态和形态，只能说“一”是一种“混沌”。【一者，其上不皦，其下不昧，寻寻呵，不可名

也，复归于无物。是谓无状之状，无物之象，是谓沕（wù）望。】

老子在第十四章上半段中描述“道”的不可描述性、没有先验性，这就带来了一个问题：我们如何才能依道而行，去把握大道？老子在后半段做了一个非常漂亮的形容，并将这个道落实到了人世间我们如何依道而行。

道除了在形态上有这混同的性质之外，那么在维度上又有什么特性呢？老子说，你跟道并肩而行，却始终看不到它的背而忽视尾巴；当你跟它相向而行，却错过了跟它迎面相对的机会，难以看到它的起点在何处。打个更形象点的比喻，这就像你站在一个圆形轨道上在等一列火车，而这个火车的每一个车厢都是装载着发动机的车头，它沿着轨道不停地在运转着，你能说它的头或是尾是哪个车厢吗？每个车厢都可以是头，也都可以是尾，更可以是“不是头也不是尾”，于是，你所能看到的就是你要登上去的那个车厢，而一旦你登上这个车厢，无论是在车厢内同火车运行轨迹同向而行，或是逆向而行，你都不可能找到这个火车的头或者尾。你唯一能把握的，就是当下所在的这节车厢里所存在着的事物。

道家因循时势，不以定法为要，而以用法为要。一切的解决方案都不做任何的预设，任何的预设又都是基于当时当下的条件和目的所采用的措施。事情一结束，所有的现成经验也一并地失效。下次事情发生了，再根据具体因缘寻找适用于该事件的解决方案。这或许是对“随而不见其后，迎而不见其首”的另外一种解释吧：“执今之道，以御今之有”，根据当前的具体目的、目标、条件、对象、时空、主客关系等等来应对把握当下的万事万物。把握了当下的万事万物的生发、运行、生灭规律之后，我们以此可以推导出万事万物开始酝酿时的种种状态，归根到底，都是万事万物在那时那刻根据当时的因缘际会依道而成的结果。而“道”在万事万物生发过程中就像是一条永恒存在着的线，永远串联着万物变化生灭的过程，这就是老子眼中的“道的主线”作用，也是道存在古今、万物中的线索和准绳，万物发展规律的标尺和参照线。

最后，引用林毅夫在解释他的结构经济学时用道家的“本体”和“常无”来印证“执今之道，以御今之有”的实际应用：

总的来说，分析问题时，不以任何现有的理论和经验作为出发点，而是以“理性”原则为出发点来分析，看谁是决策者，面临什么问题，要达到什么目标，有何种可能的选择，那种是对决策者来说是最好的选择，这是经济学的“本体”，每一次都从“本体”出发，而不是现有的理论或经验出发，重新构建对问题的理解，这叫“常无”。

十五、古之善为道者章

古之善为道者，微妙玄达，深不可识。夫唯不可识，故强为之容，曰：豫呵，其若冬涉川。犹呵，其若畏四邻；俨呵，其若客；涣呵，其若凌释；敦呵，其若朴；旷呵，其若谷；混呵，其若浊。浊而静之，徐清；安以动之，徐生。保此道者不欲盈。夫唯不欲盈，是以能敝而不成。

【歪解】

上古时代那些善于循道而行的人，或是在微观层面善于在精微细小处体道而为，或是在宏观层面深远旷达地按照道的方式应事理物，所以往往难以简简单单地去描述说，某人就是为道者。正是因为描述他们非常困难，所以我只能勉强描绘一下这些为道者们的特征：他们处事应物非常之谨慎，如同在冬天踩着薄冰过河面一样，生怕一不小心就出事故；他们遇事都会左右衡量，就像任何一个动作都会引起他人的误解，导致四面受敌；他们对人对事恭谨严肃，如同是来访的宾客在主人家一般（客随主便）；他们在治国理民时习惯有条不紊地进行，如同冰凌消融一样悄无声息地就将事情化解；他们又很敦厚朴实，如同那些未经任何加工的原木一样；他们格局又非常之大，如同空旷的山谷一般；他们处事看上去毫无章法、混沌无序，就像泥沙混杂的河水看不清水里面到底有什么。

但是浑浊的水你要让它静置不再搅动，水就会慢慢地变得清澈；而静置的水你缓慢而有节奏的搅动它，它就会慢慢地形成漩涡自己转动起来（静和动的作用就像无为和无不为一样，都要伺机而动）。为道者们了解这个现象中所蕴含的道，并在治国理政时践行这个道，凡事控制节奏而不求速成。因为他们依道而行并不急功近利（而是在于应对得当），所以看上去他们总是在现有基础上修修补补而不是致力于推陈出新。

【臆论】

本章老子对于古时候的为道之人做了尝试性的描述，试图把为道者们的共同特点讲述出来。为什么叫是“尝试性”地进行描述呢？这是因为古时候的为道者们往往在运用道处理事物时，总是不显山不露水，“于无声处有惊雷”的状态，大事小事都是在微妙玄达的状态下处理完成。

为道者的特征经过老子的口总结出来，让我们看到这个为道者的形象不是在谨小慎微中如履薄冰，就是遇事琢磨规划、前后推演多次才会有所行动。总之，为道者在“为”这件事情上相当之谨慎，生怕自己未能依道而行而多生“有为”之心。与此同时，这些为道者们无论是处事还是接物，都质朴无华、虚怀若谷。

本章的最后一端，引出了一个反逻辑的词“敝而不成”，字面意思就是“使事物保持旧貌而不去成就它”，很反常是不是？似乎老子在反对创新，反对改革啊。事实上是这样吗？我看不是。我们把本章中点题的那句拉出来歪解一下。

“浊而静之，徐清；安以动之，徐生。保此道者不欲盈。夫唯不欲盈，是以能敝而不成。”

浑浊的水只要静置，就能让水中其他物质分层，进而区分出水（清水）和混在内部的杂质。要达到这个效果，有个变化的过程，就是“徐清”，也就是需要时间的作用，并且这个过程不是一蹴而就而是缓慢发生的！我认为的题眼就是“徐”这个表述时间和发生过程的字。同理，如果把一个处于静置状态的事物（比如还是一杯清水）缓缓地搅动它，而不是猛然之间使用骤力让它失去平衡的状态，那么随着搅动这个动作的持续，水便能随着搅拌棒缓缓地、慢慢地生出漩涡来，到一定程度抽出这个搅拌棒，水自己也能随着生成的漩涡继续旋转流动。整个生发过程也需要时间的作用，并且也是缓慢发生的。从这由动而静、由静而动两个例子，我们可以推出一个道理来，就是任何事物转换生发都是缓慢发生的，“浊、清”之间的相互转变，“安、生”之间的转变，都是“动、静”在缓缓地发生着作用。而这“动、静”不也和“无不为、无为”能对应上吗？老子顺着这一点就总结到“保此道者不欲盈”。“此道”不就是对“无为无不为”的把握吗？“盈”不就是“极端”吗？因为不走极端，也不试图一蹴而就、毕其功于一役，这样就在时间和空间上为事物的自我完善提供了必要的空间。由于这些为道者们总是在缓慢地随顺事物本身发展规律发挥着作用，不强调功成圆满的状态，因此在不为道者们眼中，似乎为道者们总是保守着现有的“陈规”而对“新规”抱有怀疑态度。

老子在第十四章中提到，为道者应该是“执今之道，以御今之有”，那为什么我们在第十五章中看到的却是“不欲盈”、“敝而不成”呢？我估计老子还是在强调任何事情如果过了就是问题，如果一味强调“执今以御今”，会不会让“今人”以此为借口而肆无忌惮地去否定现有的、约定俗成的仍然在起作用的事物、教令呢？并不是所有新的东西、当下发生的事情就是最好的（即“今之有”）。所以老子才要强调“徐清、徐生”这两种状态，“徐徐而清”、“徐徐而生”才是“执今御今”的正确操作途径。“古之为道者”的经验就是“敝而不成”，今之为道者也应该“保此道”以“不欲盈”，通过“浊以静之、安以动之”、动静结合的方式，达到“徐清”、“徐生”的“不盈”状态！

十六、致虚章

致虚，极也；守静，笃也。万物旁作，吾以（此）观其复也：天物芸芸，各复归于其根，曰静。静谓复命。复命，常也。知常，明也。不知常，妄，妄作，凶。知常容，容乃公，公乃王，王乃天，天乃道，道乃久，没身不殆。

【歪解】

作为君王，应该将内心的私心杂念摒除干净不留一丝一毫；时时观照自己的内心使之能时时刻刻处于清静无为的状态。天地间万事万物都在生发、发展、衰老、消逝，而我则通过“致虚守静”去观察事物周期性的运动发展轨迹（以此来与道同行）。

自生自长的万事万物生机勃勃地各自生发，但无论其发展壮大到何种程度，都会反方向发展最终回归到它的生发点。我把这个现象叫作“静”。

我们也可以把静理解为“众生万物返回到它自己的发展轨道”上（即“复命”）。万物各自纷扰生发最终返回各自的轨道、还是该怎么样还怎么样，这是世间事物发展的常态啊！知道了万物发展的轨迹实际就像圆环（起点就是终点），那么处事的时候自然就不会迷糊而没有方向感、困惑感，反而能洞悉事物的变化规律以导之。但如果不明白万物周期性环形发展的规律是正常态，而是生出“有为心”要去打破这个规律，我看这就是痴心妄想啊！这一旦妄图拖离万物运行的规律而胡乱行事，往往这事不会成，甚至还会适得其反。

体察到这个“万物各自根据自身发展进行着周期性变化”这么一个道理后，便可以处乱不惊、豁达大度而不惑；豁达心态自然能有更高更宽的格局观而进入“无我”的公正状态；这个“无我”的状态就能让天下众生信服而愿意追随他；被天下所信服而拥戴，便能开始效仿天道“不自生而利生”，这就跟道混同合一了。一旦与道混同、依道而行，就能长治久安，君王则能始终处于安全的境地而不至于遇到危险。

【臆论】

第十五章老子提出了“不欲盈”“敝而不成”的状态是为道者的特征。而为道者（往往指有道之君）们的做事方式，就是徐徐渐进地通过张弛有道、动静结合的渐进式改革来实现其治理的目的。由此，老子在第十六章继续这个话题，在十五章提出“浊以静之，徐清；安以动之，徐生”之后，进一步阐述了老子眼中为道者（有道明君）应该以何种方式去看待发生在自己身边的事情：“致虚以极，守静以笃，可以观复”。

也有版本的老子中，将“致虚极”写为了“致虚恒”，也有道理。老子的言说对象既然是君王，那么时刻让君王觉知自己的心是否有了“成见”，是否有了“有为之心”是很关键的！我们在解第一章时提到，老子的“无”、“有”可以是在“欲”的基础上来产生变化，进而观察道的种种玄妙。在这里，我们可以把“虚极”等同于“无”，即排空君王内心任何已经有的成见，进而给即将发生的各种情况腾出足够多的空间去应对。“应无所住”的状态就相当于“致虚极”，只有“心无所住”，排空一切执念妄念，进入到极度的虚空中才能包容各种实际中发生的情况。等内心的成见和有为之心都排空了，那么就需要将这种状态时时处于放松警觉状态，即“笃”（时刻关照）的状态。虚空以静，老子将这种“虚极”等同于“静”，也就是后面他提到的“归根”的状态。

好，现在我们已经将内心的欲望、成见、念头都已经排空，并且试试提醒自己需要保持这种虚静的状态。这种虚空的状态就能让我们观察到身边发生的种种变化，都有其自己的规律。但总的一条根本性的规律，就是“复”，即“返”。如果把生发和归根连在一起，则万物发展规律就是周期性的往复运动。

万物既然来来回回地在进行周期性的往复运动，就像我们这个世界的每个事物都有其生发的轨迹，而这个轨迹就如同无数个圆、无数个球，相互之间虽有相交，但整体上都是基于自己的圆心和半径在做圆周运动。而圆周运动一旦确定圆心和半径，剩下的就只是时间问题：当这个圆的起点在圆心和半径的作用下开始运动时，它便进入了开始，也进入了倒计时的阶段：起点表面看是落后在了圆周轨迹之后，新的轨迹会离圆周越来越远，但只要一过起点对应直径的另一点，便开始了回归运动，即轨迹（圆周）会越来越长，但运动着的点会离起点越来越近，最后重合，形成起点即为终点的现象！这个起点就是终点，终点又是下一个圆周的起点的现象，老子把它当作是“复”，把起点、终点重合的那一刻叫作“静”。起点、终点重合之后再分开的过程，就是“二次运动”，也就是“复命”（“复”有“往复、往返”的意思，当然也有“再次”、“二次”、“重复”的意思）。“复”的内容是什么呢？就是“命”，也就是事物发展的轨迹，且每个事物的轨迹都会因为各自的特性而不同。

起点、终点重合的刹那就是“静”，“静”的状态随着下一刻的发生就进入“复”“命”的状态，即“再次”“按照规律来一次”的状态。这种周而复始的运动，如同一个圆环一样，找不到起点也找不到终点（随之不见其尾，迎之不见其首），这个运动规律就是常态，意味着永恒不变的就是这种有规律的变化。顿悟到这种规律存在于任何事物之中，便具备了洞悉万事万物生发规律的能力，就是“明”；漠视这种规律的存在，试图证明这个规律的特例，这就是脱离实际的空想。如果再想去打破这个周期性普适性的规律而去人为地迫使事物改变其周期生发的规律，便有了凶险。

有道之君明了了这个这个“复命”是中常态规律，就能虚怀若谷、包容各种处于运动状态的事物，淡定地去看待身边万物的生老病死直至各自回归其初始状态的现象。既然能够不困惑于某事某物生发的某种状态，也能明了自身的各种状态无论好坏都要回归到一开始的起点，轨迹即使化的再大再圆，也只是起点、终点的重合，所以君王可以放下自我而以公正的态度看待万事万物。君王秉公执法、大公无私，就自然会被天下人认可和信任，获得他们的支持和爱戴，那么就可以成为天下人的王。既然受到天下人的爱戴和信任，并且没有私心而是更多的“利他”，那么就跟天地“不自生”的运行规律相一致，最后也自然能和天地一样“天长地久”，并且始终处于被天下人所信任的状态而不至于遇到下台的危险。

十七、太上章

太上，下知有之；其次，亲誉之；其次，畏之；其下，侮之。信不足焉，有不信。犹呵，其贵言也。成功遂事，而百姓谓我自然。

【歪解】

有道之君所施行的管理、教化教令，最好的状态，应该是让执行层面的人能明了有这么一个教令，按着这个教令照章办事去执行；次一等的管理者则注重强调政令的奖和赏的作用，让执行层面的官员（因为看到做这个事情的好处而）都说这个教令出台的好，纷纷想去按照这个教令执行而得到好处（却忽视了政令出台的目的）；再次一等的管理者就要强调不执行政令的惩和罚效果，一旦如果绩效考核不及格则要重罚，使得执行这个政令的官员们纷纷迫于对惩罚的畏惧而去执行这个政令；最糟糕的管理者则动不动就对底下的人进行人身攻击，使得下面的人（内心也对这个管理者）愤恨不已。

（管理者为什么会有不同的管理效果呢？这是因为管理的效果来自于管理者对政令的执行是否到位。）朝令夕改导致的结果就是导致该政令的权威性受到质疑，政令的执行效果因此大打折扣，管理对象自然也会屡屡不按这政令要求来做事。作为有道之君最好发表意见或是政令之前慎重考虑，前后推敲，尽量能够一语中的、目标明确地推出其经过仔细斟酌的政令。依照这样的政令将事情办好办成，且达到了预期的执行效果，那么底下的执行层面的人就会意识到这是“我”作为上位者依照管理的客观规律，基于具体的事务和预期，完成了管理者应该完成的管理工作（而没有越俎代庖）。

【臆论】

第十七章历来大部分注家都理解为老子对管理者的境界做了区分。也有小众注家认为这是对为道者的资质做了区分。其实毕竟是两千五百多年前的典籍了，具体的背景和提出这么几个概念的情景已经很难去还原。但是有一点，无论是对管理者的境界描述，还是对为道者资质的区分，都忽略了本章中老子最后结尾时提出来的“百姓”和“我”的理解。

假设本章内容还是在春秋战国奴隶制为主的环境下，这个“百姓”更可能是代指百官，或者说是政府各级行政单位的主管。“百姓”还在“天地不仁”章中出现，说“圣人不仁，以百姓为刍狗”。那么，顺理成章的，我们说“百姓皆谓我自然”中的“我”，有没有可能是指代君王本人呢？如果这里面的“百姓”不是指现在语境下的老百姓，而是指百官，而“我”指代“君王”，那么本章一开始的“太上，下知有之”，是不是可以将这里面的“下”理解为“百姓”呢？整篇的主旨还是在告诉君王如何去看待同百官的配合上：最好的方式是百官各司其职，如果有矛盾决定不了，她们可以以靠处于上位的君王，由君王行使仲裁权，但一般到不了这个阶段，君王只是个最高形式的存在，或者通俗地说，为百官行政做最后兜底的裁决。次一等，百官的公正执法是能为他们赢得来自君王的亲誉，也就是来自上位者的褒奖和夸耀，用精神方面的肯定去驱动整个机构的运作。第三等管理状况就是通过严苛的法律条文，通过严格的执法来惩罚那些乱纪的官员，由此大家都害怕犯法而按照法律去进行管理工作。最次一等的管理状况就是出现了各种阳奉阴违，当面一套背后一套，甚至是直接推翻上位者的权威。

这并不是对管理者的管理境界进行了区分，而是对不同的管理状况进行了总结。或许同一个管理者/君王针对某个方面是处于“太上”的状态，而另几个方面或许处于“亲誉”、“畏”或是“侮”的状态。同一个管理者针对不同的管理议题出现不同的管理结果和状况，这都是因为没有确立好可信任的基础或者系统。百官难以根据某一个标准去判断自己所做的事情是否合理、被支持和肯定，或多或少都跟缺少对上位者判断标准的把握上。换位思考一下，是不是也可以理解上位者如果由清晰、决绝不妥协且一以贯之的决策依据，百官是不是就不会担忧根据某些规则去做的判断会为他们带来麻烦。那么有道之君一旦明确了他所执行的底线和标准，底下的人自然就不会多想，做无谓的琢磨。这里面要解决的正是“信”（有规律可循的、依照规律可以推导出一致结果的行为）的问题：君王的标准变来变去，自然底下的人无所适从，所以难以达到通过设立下层管理者达到管理预期的效果。如何办呢？就是尽量“言出必行”，只有当你认真了，大家才会认真。君王要解决的首要问题，就是解决“言有宗，事有君”，治民理政都有据可依。如此，百官因为可以依赖君王的“信”，通过各司其职，达到治理目的，实现预期管理效果，最终自然对上位者的评价就是“他做了他该做的事情（没有干预我们的工作）”，这就又回到本章一开始的“太上”的状态：下面的执行层知道有君王的存在，而君王的存在是为了维护“道”（这里可以理解为“有形成文的律典，或是无形但约定的规则”）。本章逻辑相互呼应上了！

十八、大道废焉有仁义章

故大道废焉有仁义；智慧出焉 有大伪；六亲不和焉 有孝慈；邦家昏乱焉 有贞臣。

【歪解】

因此，君王不能依照大道运行的规律去治民理政，离大道越来越远，这个时候往往会开始强调“仁义”这类人为的概念。而君王开始强调人为的有心机、有意识地去通过投机取巧，利用信息不对称做短期的投机行为而想达到管理效果时，就会有摸清君王脾气的大奸大伪之人假模假样的去迎合君王的心意。国不宁自然家不安，六亲开始互相各自去为自己争取利益而大打出手的时候，就会开始有人标榜某些子孝母慈的榜样（因为大家都不孝慈才有标榜孝慈的可能。如果大家都已经把孝慈做到自然而然地行为，人人都把孝慈当作日常，谁还会去强调孝慈呢？如同空气的价值一般，只有当空气受到污染，才会去强调新鲜空气的价值，不是吗？）。同理，如果一个国家或是组织已经出现了混乱的局面，偶尔出现那么几个还秉公执法、公而忘私的好官员、好员工，自然是需要好好地鼓励标榜一下的。

【臆论】

老子本章通过反问的形式，再一次利用他擅长的“有无相生”，指出矛盾之所以存在，是因为矛盾的某一方占据了主导地位。上面的四组概念（“仁义”、“智慧”、“孝慈”、“贞臣”）的出现，都是因为他们对立面的存在。而当我们强调某个事物时，恰恰说明这个事物已经变得弱势，而它的反面即处于强势地位。若我们能从现有的矛盾强弱势出发，提前根据矛盾转换的规律做好准备，或许就能达到“自然无为”的状态，用最小的力，达到最好的效果。

十九、绝智弃辩章

绝智弃辩，民利百倍；绝巧弃利，盗贼无有；绝伪弃虑，民复季子。此三言也，以为使不足，故命之有所嘱：视素保朴，少私寡欲。

【歪解】

（君王）若能抛弃利用小聪小慧而不是光明正大地进行管理活动，或是避免用巧言令色、强词夺理的方式（为自己的管理行为进行辩护），如此，便能对民生有百倍的好处；（君王）若能抛弃投机取巧的心态，或是杜绝唯利是图的行为，那么民众偷盗抢劫的违法行为自然就会消亡；君王若能以诚相待，抛弃口是心非、权谋诡诈的沟通方式，民众就会（将心比心）恢复到小孩般的淳朴天真而同样以诚相待。

（但是）仅仅靠着上面三条措施和原则去治国理政以期达到管理效果是远远不够的，还要告诉君王特别注意要“视素保朴，少私寡欲”，就能（把握事物的本质、守护做事的初心、尽量控制自己的私心、减少不必要的欲望）。

【臆论】

有人会问，为什么上一章老子原文怎么跟通常见到的不一样？老子目前大致可以看到三个时间点的版本：战国楚简（目前能找到的最早）、汉初的帛书版（最接近通行本结构的全本）以及魏晋时期王弼注的版本（即后世的通行本）。歪解的对象既然是老子，那么尽可能找最接近老子生活时段的内容看老子。目前楚简能够清理出来的内容大致相当于通行本的一半左右。未见于楚简的内容参考帛书。这么一来，第十九章的内容可以从楚简中找到，且没有所谓老子批判儒家“仁义”的说法（通行本作：“绝圣弃智，民利百倍；绝仁弃义，民复孝慈；绝巧弃利，盗贼无有。此三者以为文不足，故令有所属；见素抱朴，少私寡欲；绝学无忧。”）

在本章中，老子总结了管理目的和管理手段/途径两者之间的相互作用仍然逃离不出“道”的运行规律（即十六章中的“复返”）。老子眼中的君王，应该依循大道而行，而不是可以强调某些速成的手段和途径，利用自身处于上位的信息和资源优势来占下位者的便宜。此处，“智辩”、“巧利”、“伪虑”所强调的，正是由于信息不对称才会产生的短期效果。比如可以通过信息不对称，利用某些预设的条款创造出对管理者有利而对执行者、下位者有害的不公平现象；通过投机取巧类似于赌博的行为算计管理对象，或是利用资源优势进行有目的的倾斜以获得最大的私利；又可以通过为了达到个人的目的而伪装自己的目的，利用对方对自己的信任而占尽对方的便宜。假设管理者为了满足个人私欲而通过机巧、小聪明或是虚伪等等非公正的手段使民众受损，换来的恶性结果就可能是民众有样学样，创造出一个“上行下效”的伪善、算计和自私自利的组织文化。一旦这个文化形成，造成的直接结果就是本该可以双赢的局面，逐渐演变为双输。

杜绝某些事物毕竟是当事物已经发生了的补救措施或是教训，如同反对某些事物毕竟也会强化某些事物，如同心理学中“凡是关注的都会被强化”。特瑞萨修女曾经说过，“如果你们反对战争，请不要叫我；如果你们颂扬和平，务必让我参与”。同样一个事情，可以强调不希望看到的现象（比如战争），也可以强调希望达到的结果（比如和平），反战毕竟是强调战，而和平则更加让人关注做这件事的目的。那么老子在强调完负面的措施和手段之后，话锋一转，就开始对君王言说正向的做法，那就是：视素保朴，少私寡欲，绝学无忧。

何谓“视素”？就是关注事情的本质而不是外面花哨的旁枝末节，做事行政直达实行措施的根本目的。何谓“保朴”？就是要始终将做事的初心放在心上，时时刻刻对初心是否依旧保持觉知。无论外界变化是否顺畅，都应该始终将一开始发愿做某件事的初心好好守护住。何谓“少私”？少即不比正常的多，延伸出来就是要适当的控制自己超过正常的私心。该拿的不放，不该拿的不要。作为君王因为有很多先占机会，但未必每个先占机会都是符合自己身份和本职的。因此，老子提出“少私”的概念（“少”是个动词哦！），减少去除多余的不必要的私心。何谓“寡欲”？同理，“寡”在这里是个动词，使欲望变少变单调，意即尽量控制自己的欲望在可控范围内，并且越少越好，如此就能专注在正确的事情上而不至于心猿意马。何谓“绝学”？“使学绝”，所有迎合他人而于己于事无益的事情都尽量不要接触，安于“无为而治”的管理方法，不要一会德鲁克，一会阿米巴的一阵一阵地学习新的理念但做着无用的动作。何谓“无忧”？就是要让自己从负面情绪中解脱出来，对任何未发生的事情不做预设。事情发生了，就按照事情发生时的前因后果进行决断；事情未发生，就不对事情有可能发展的负面情况做过度的担忧而忽略了当下能做的事情。这八组概念就是告诉君王只要牢牢把握住本质问题，其他的都会迎刃而解。管理的本质就是管理者/上位者能够活得明白透彻，仅仅把握最重要的事情，其他的都会“自化”，这就是“无为而治”吧。

本章的内容仍然是从前几章顺承下来的：十四章为政治民要“以今御今”；十五章提到改革做事要循序渐进“徐清徐生”而“敝而不成”；十六章提出事物发展的规律就是周期性，并且会反复进行，因此要虚心以观复；十七、十八章将管理状态和管理中现象的矛盾/有无本质做了描述，进而提出管理者要尽量少出台未经审慎过的政令；十九章就提出管理者要守住初心、把握本质，无为而治。我们从这几章和前几章都可以看到，老子的“有无相生”、“阴阳互长”思想始终贯穿在他的行文逻辑中。

二十、绝学无忧章

绝学无忧：唯与呵，其相去几何？美与恶，其相去何若？人之所畏，亦不可以不畏人。恍呵，其未央哉！众人熙熙，若飨于太牢，而春登台。我泊焉未兆，若婴儿未咳。累（léi）呵，如无所归。众人皆有余，而我独遗。我愚人之心也，沌沌呵。俗人昭昭，我独若昏。俗人察察，我独闷闷。沕呵，其若海。望呵，其若无所止。众人皆有以，我独顽以鄙。我欲独异于人，而贵食母。

【歪解】

杜绝任何功利性的学习行为、不去思虑力所不能及或是时机不对的非分之事，就能确保产生不必要的忧虑和问题。（为什么这么说呢？你看，）被人恭维抬举，或是被人训斥苛责，两者之间有什么区别呢？被人赞美传颂，或是被人嫌弃诋毁，这两者之间也没什么区别吧？（因此，）若他人敬畏你，并不代表你就可以（利用这份敬畏而）不敬畏他（被人敬畏和敬畏他人说到底也差不多）。这世间发生的事情，混混沌沌、恍恍惚惚，我也说不清到底如何表达它，只能说这过程就像是漫无边际的水面一般还在不断外延。人们热热闹闹、兴高采烈，就像是去参加盛大的筵席一样期盼，或是像在春天登高远眺心情大好。可我呢？我却淡定到没有任何情绪，就像刚出生还不会笑的婴儿一样（，对外界的刺激没有丝毫反应）；（思考着这大道，）使我郁闷心累，就像是熬了个通宵一样疲惫不堪。但看看那些普罗大众，人人都表现的积极的不得了的样子，反倒是我不怎么兴奋，远远地被他们甩在后面。我真是个蠢人，心里面混混沌沌地也不知道有个确定的主意要去做些什么。（为什么这么说呢？）你看看大家，似乎人人都踌躇满志、信心满满地要去成就点什么，而我呢？反而一个人待着也不知道具体我该做些什么。你再看看，人人都似乎精明地心里都有个算盘一样，唯独我不愿跟人交际套近乎，一个人沉闷地待着。这世间万事的广大，就像广阔的大海一样；这世间万物生息消长的变化，就像辽阔的海洋一样汹涌澎湃、激荡不息。人们总是精心算计自己的得失，确保始终能占到便宜，我却顽固地跟个石头，又像个不开窍的傻子一样。算了，反正我也没啥特殊追求，干脆跟这个社会的主流价值逆向而行，回归本质，守住初心，循守于虚静的自然无为之道吧。

【臆论】

同十九章一样，这一章老子还是在强调相对比较的概念都是因为领导者有“私心”，也叫作有“有为之心”。为什么这么说呢？十九章中老子说得很明白，领导者要能够把握住自己内心的动向，对做事之前发生的心态和初衷要把握到位，能够因时就势地去“无为而治”，从而以最小的管理投入获得最大的管理效果。这个过程，就是要摒弃一切已知的价值判断，完全根据治理对象和事情的实际情况来决定以何种方式处理。因为没有现成的、绝对的、唯一的价值标准，而是根据具体人、事、物、时来判断应对的方式和方法，因此也就不可能出现所谓的“标准”适用或者不适用的情况，只能就事论事地去解决实际问题。

那么在这一章中，老子以第一人称的口吻，劝诫领导者要勇于摒弃现有的条条框框和价值观，并且要尽量避免被“众人”（即大众的判断标准和价值观）所绑架而做了不符合“道”的事情。什么样的事情是不符合“道”的呢？就是功利性的短视行为、不去思虑自身能力而贸然行动的行为，以及违背时机和形势而采取的非分之事。这些行为的产生往往都是因为有先例可循，且先例似乎还是积极的（“学”的本意就是依葫芦画瓢、模仿不走样！）。只有放开了对过去的价值判断、完全依照眼前的实际问题，以实事求是的心态去处理问题，即使这个过程充满了来自各个层面的否定和非议，也应该能够自我坚定地走下去。因为大众评价的标准总是以自己眼前看到的、体会到的直接经验为主，而管理工作往往以领导者内心的思想创造作为基础展开的。让一个“不知秋”的人去想想冬天的情景，想必也是不可能的事情。

说一万到一千，老子除了在本章中自我安慰之外，更重要的是想告诉所有的领导者在做事的整个过程中，一定要把握事物的本质而尽量忽略细枝末节的表象。只要把握住了事物的本质，即使过程充满了误解和非议，最终的结果仍然可以收获开始时设定的目标。做事的整个过程，考验的就是作为领导者是否具备足够的“战略定力”，义无反顾地执行到底。

二十一、孔德之容章

孔德之容，唯道是从。道之为物，惟恍惟惚。惚兮恍兮，中有象呵；恍兮惚兮，中有物呵；窈兮冥兮，中有精呵；其精甚真，其中有信。自今及古，其名不去，以顺众父。吾何以知众父之然也？以此。

【歪解】

那些依循大道而身有大德的有道明君都可以用一个特点来形容他们，那就是他们行政教化只是依循、顺从大道而已。（那么大道又是什么呢？）“道”这个存在的特征和属性，实在是恍恍惚惚难以言状。然而，这恍恍惚惚、似有若无之中却又可以感觉到的物象存在着，仿佛之间确实又有实实在在的具体的事物存在着。即使在那些深不可测、官不可感的深幽的地方，“道”也在发挥着它的功用，并且这功用非常真切具体，确实可以指望它遵循规律而不至于毫无章法、虚妄无所琢磨。从今至古，“道”一直都确定无疑地存在并作用着，并且经历了世间万事万物从始至终的发展和变化。天地万物莫不由“道”开始，也在它的的作用下完成自己的生命的轨迹。我是如何认识和了解这个“道”的呢？就是根据这些（天地万物生长变化、此消彼长、消息生灭的情况及其所反映出来的周期性的客观规律啊）！

【臆论】

本章的内容跟第十四章有点类似，老子尝试着去描述自己对“道”的体悟（体验和感悟）。与此同时，本章中老子又点出了一个“德”的概念，并且加了“孔”去修饰形容这个“德”。我们尝试着歪解一下这章中老子到底想说什么。

与通行本《老子道德经》将《道经》放在《德经》之前不同的是，马王堆出土的帛书《老子》却是将《德经》放在《道经》之前，因此《老子》一书更有可能是《德道经》而非《道德经》。许多研究老子的学者们都在讨论到底是道在前还是德在前，各有各的道理。但是按照老子写书提出概念之后就会解释或是类比这个概念的习惯，可能《德经》在前是正确的。为什么呢？因为《德经》开篇就是“上德不德……”对各种形式的“德”进行了比较论述，而若《道经》在前，那么本章中出现的“孔德”就难以理解，因为老子没有就这个“德”做后续的解释和说明，直接就说“无所不包、不所不容”的“德”也是“道”的小跟班，将“道”作为自己的唯一正确引导和来源。于是我们就有理由说，在老子眼中，“道”是高于“德”的，最广泛包容的“德”，也要跟随“道”、依循“道”才能证明自己是“孔德”。

老子在确立好即使最高层次、最广泛包容层次的“德”（“上德不德”中的“上德”）也要跟着“道”走之后，那么什么是“道”呢？老子接着结合自己的体验和感悟，就尝试着去形容。无论是十四章也好，本章的各个角度描写“道”也好，老子都不敢板上钉钉的说“某某就是道”。为什么呢？因为即使老子本身也只是感知到“道”的这个混沌之中包罗万象，但万象又不是“道”本身一样；激流涌动是“道”的运动作用结果，但这个运动作用结果又不是“道”本身。这个怎么了解呢？我估计老子是怕自己一旦将某个“象”或是“物”同“道”画上等号，那么俗人就可能反推过来，将“某象”或者“某物”就是“道”，除了这个“象”或是这个“物”，其他都不是“道”！正因为如此，老子才不断用“恍惚”、“混沌”、“窃冥”之类的模糊词语去表达自己在体道过程中的感觉。或许道本身就是“混沌无序但平衡”的一种状态、一种存在、一种阶段性的时空状态，但无论“道”以那种形态存在着，都肯定是存在着的（“精”同“情”通，可以理解为精微，也可以理解为“存在的情态”），而“道”的所有情态都是有规律可循（“有信”）的。

正是因为“道”无所不在、无所不包，已经超越了时间跟空间的描述范畴，所以老子就说至今到古，从古至今这个“道”一直存在运行着，且万事万物的发展都是来源于此。通过观察当下这个时空的万事万物的生发消长，就能推测出贯穿古今的规律性作用。老子也就是通过这样的一个体悟途径，得出了“道”的存在以及它是如何运作于古今的万事万物。

二十二、企者不立章

企者不立，跨者不行；自视（是）者不彰，自见者不明；自伐者无功，自矜者不长。其在道也，曰余食赘行（形）。物或恶之，故有道者弗居。（通行本第二十四章）

【歪解】

（像跳芭蕾一样）用脚趾头站立是不可能站很久的，（像跨栏一样）叉开双腿大跨步往前走估计也走不了多远就得累着。若你固执己见、不可一世，这样绝不能理智地看清楚情况；若你自以为是、不听不看不调研，估计也不可能把事情原委曲弄得明明白白。若你好大喜功、自我夸耀而自我吹嘘，估计你也难以真正取得伟大不凡的功劳和业绩。自我尊大且自吹自擂的行为是不可能让人们跟随你、拥戴你，让你成为他们的领导。这些“自见”、“自是”、“自伐”、“自矜”的行为按照体“道”的角度看，就像是残羹冷炙、腹部脂肪赘肉一样多余无用，正常人都觉得恶心无用，依道而行的有道明君自然远离这些行为，尽量避免自己落入其中。

【臆论】

老子在本章中列举了四个“自”（自是、自见、自伐、自矜），出发点都是从自身出发，将自身的利益和见识放在前面。这“四自”的内涵，是不是说当时机和条件不成熟时，任何的自我宣扬和自我肯定都会适得其反呢？而实践和条件成熟是不是可以有意而为之的呢？否则如何才能让自己的功绩彰显于世呢？

我想凡是抱着通过老子达到自己功利的目的之人，都是装的，都在用“有为”（或者更确切地说是“有伪”）的心态看待“无为”的自然之道，就像西方谚语说的：“All things start with a premise. If the premise is wrong, the conclusion cannot be right.（任何事情都是从一个前提开始，如果前提是错误的，结论就不可能是正确的。）”老子眼中的圣人，应该已经超脱对他人认可的追求。他们做事，完全对自己所认可的道负责，而不根据他人的评价或是肯定负责。道家的这种态度，也被很多人认为“绝情”（天地不仁）。但反过头来想想，假设人人都能依道而行，难道“道”会跟你过不去吗？

老子为了更形象化地描述“四自”的负面作用，在开始讲解这“四自”前，形象地举了两个例子：比谁更高、比谁更快：“企者不立，跨者不行”。踮起脚尖站着（是为了比别人更高）、大跨步向前走（是为了比他人走得更快）。但无论是踮着脚尖站着，或是180度一字马一样夸张的往前走着，因为脱离了正确的站立姿势和走路姿势，自然难以长久的维持下去，到头来还是要脚踏实地、老老实实地走好每一步。

作为官长（君王），很多时候由于信息接触和资源分配上的优先地位，常常混淆该有的和不该有的、是他的和不是他的这些“界限”性问题，总是希望能有更多的人来认同认可自己，做一点本职工作就希望他人对他歌功颂德，唯恐自己做的事情会被人遗忘。然而，当目的性太强了之后，往往就会忘了当初起心动念时的初衷了；当地位和实力逐渐增强时，往往去追求速度而忽略了对根基和本质的把握。无论作为官长或是作为君王，其本职工作就是顺应万事万物发展规律，通过自己的能力去成就万事万物的事业，而不是反过头了牺牲万事万物去成就自己的功业。一切有为的行为在老子看来就像是过夜的饭菜、多余的脂肪，非但于身体无益，还得占着本可以用来支持他人的资源。这就是浪费啊！

对这样的有为行为，即使是普通人也会尽量避免，让自己能安于自己的本职工作，心无旁骛地去完成自己的使命。那么作为有道明君而言，自然是时时刻刻去端正自己治国理政的心态，对自我膨胀类的问题是一刻都不会松懈的，最终都会对以“自我”出发的行为离的远远的，反而是将“无为利他”作为自己坚守的处事原则而奉行之。

二十三、曲则全章

曲则全，枉则直，洼则盈，敝则新，少则得，多则惑。是以圣人执一为天下式。

不自见，故明；不自视，故彰；不自伐，故有功；不自矜，故能长。夫唯不争，故莫能与之争。古之所谓「曲则全」者，岂语哉！诚全归之。（通行本第二十二章）

【歪解】

善于把握妥协的时机，往往能够得到一个圆满的结局；善于容忍一时的被人误解，往往能够在时机成熟时获得机会陈述自己的真实意见；常常感到不足时才有成长的动力逐渐获得更多；不因循守旧总是能明智的否定过去才能不断地自我革命、推陈出新；轻装上阵才能放手一搏而有所收获；顾虑太多却往往让人难以当机立断。因此有道明君总是把大道“无为自然”的态度作为治理天下的法则，使万事万物处于混沌无序但平衡的状态。

不执着于自我表现，淡化外界对自己言行的评价，就能够始终保持理智而避免限于迷糊状态；不自以为是，主动听取更多不同的意见，就能让自己的教化更大程度的被人所知；即使推动成就了功绩也不主动夸耀自己的贡献，反而能让他人记住你的奉献和作用；不自大自满，才能让更多的人拥护你，让你成为他们的官长。以上种种都是有道明君的处事风格，总结一句话，就是做好本职工作，避免同其他人去争夺不属于你的事物。因为有道的明君总是能做到“无我利他”，他人自然愿意同他和平共处，不去侵犯他的权威。古时候的谚语“曲则全”难道是开玩笑的一句话而已吗？这的的确确是懂得妥协而最终能获得圆满结果的至理名言啊！

【臆论】

如果我们从《老子道德经》全书中用几个概念去总结老子的中心思想，我想这三个肯定会在其中：有无相生、阴阳互长、返者道动。从第二章中老子提出有无相生等一系列辩证相生的概念，到本章中的六对反向作用的概念，都说明老子在全本中一直提倡的“观妙”的法门就是“欲”之“有无”。“欲”就是起心动念时的初心，这个“初心”可以往“有”的方向走【比如儒家的很多观念即使确立了这个初心（价值观等也算在内）之后，就“虽千万人而吾往矣”了】，也可以从“无”入手，比如道家更多地强调不预设前提条件和摒弃现有认知的方式去处理问题（意思就是所有的存在的问题首先应该当作一个全新的问题去看待）。无论是“有”还是“无”，两者都因彼此的相互存在而彼此成就。那么老子从上一章的“四自”，延伸到本章中从另外一个侧面（做大不“四自”）去论证一个“有道者”的行为方式。我们从上一章和本章中可以得出这么一个总结，即道家非常重视辩证法在治国理政中的运用，并得出事物的两个极端或者说对立面会在一定条件下转化，比如下面四种情况：

事物对立面具有相辅相成的关系：有无相生、难易相成、高下相倾、前后相随等，都是因为一方的存在才有了另外一方的价值。因此老子提醒我们在关注你想要的结果时，看看成就这个结果时必须要付出的成本、代价，或是妥协。相辅相成的情况往往是对立双方已经势均力敌、彼此之间已经在“道”的作用下处于一种平衡的状态时的现象。

事物对立面具有相互包容的关系。当事物的对立面处于生发的状态时，其对立面就是极强的状态。这个时候，在极强状态的一面中，就会孕育该状态的反面。而这个反面脱离不了极强面而独立存在。这个时候，这个极强面内孕育着将来平衡自己的因素，而这个平衡因素也会包含极强面的基因。于是就形成了内部包含的动态平衡状态，即此消彼长的存在。

事物对立面具有“跃迁转换”的关系（物极必反）。这是动态平衡发展从一开始某方极强另一方极弱的状态发展到极强方濒于质变的状态（不一定是消亡，有可能是性质的改变，比如谈判时底线的妥协）。这个时候就进入到另外一种状态：即极弱方的生存壮大已经被之前的极强方所认可，且极强方妥协出足够多的空间给予弱方发展。这一状态仍然是动态的，最终会向某一方往极强方向发展的状态（有可能是之前的极强方灭亡而极弱方成为极强方。也有可能极强方“死灰复燃”恢复到之前的极强状态）。无论哪种变化，都会形成一种跃迁的效果，即使是极强方在暂时失势后的重新强势，仍然已经不是之前的那个极强方了（类似于“否定之否定”的跃迁效果）。

事物对立面随着发展会呈现循环往复的关系。上述三种状态都是某一时刻的定格状态。拉开视角进入更长远的动态角度我们会发现，这些对立面是按照混沌发展的轨迹运动者，且发展的轨迹只能大体描述为周期性的。至于这个周期有多大，可能无限大，可能无限小，但无论大小它都在周而复始地运动着，最终趋于形成一种混沌无序的动态平衡状态。

基于上述四种事物发展状态，儒家选择的是基于过去来预测将来，就像大部分作计划和规划是先看看过去的数据和情况，然后结合现在的资源来规划将来。而道家则选择基于未来来规划当下应该做什么，至于过去发生的事情都已经过去了，没有多少借鉴价值。由于这两个视角的不同导致很多行为方式不同，造成了诸多冲突。实质上不管是儒家还是道家，本质上都是为了更好地利用当下的资源以便获得更好的将来。儒家纠结在同一维度上去治国理政，而道家则完全从更高一个维度，或是维度的下一阶段去设计在当下这个维度能做的事情，格局观更高更广一点。老子在本章中提出了一个超级牛的口号：不争而莫之能争！“不争”是在同一维度上不去争，因为一旦你超越了竞争的维度，在另一维度去规划当下的谋篇布局时，自然你的对手难以同你争，因为你做事的方式和方法，以及做这些事情的目的都让对方难以理解（维度和格局不同，定义的关键点自然就不一样了！）。因此，老子最后用古谚语说“曲则全”的老话说得真对！为什么呢？因为只有在同一维度做了妥协，才能保证你的时间、精力和资源更多地被分配到更高维度和格局上去运作，最终的结果就是“顺势而为”，因为你已经提前预测了到“势”，或者你已经将“势”缔造完成，剩下的就是时机的处理上了！这个就如同打仗，并不是每场战斗都需要胜利，甚至高明的军事家会故意丢掉某些在敌方眼中的关键战斗，从而为赢得最终战役的胜利获得更大主动权。某些方面的妥协是为了更高更全面的功绩，这或许就是“曲则全”的内在含义吧。

二十四、希言自然章

希言自然。飘风不终朝，骤雨不终日。孰为此？天地，天地而弗能久，又况于人乎？故从事而道者同于道，德者同于德，失者同于失。同于德者，道亦德之。同于失者，道亦失之。

【歪解】

少言寡语才是应该有的样子啊！你看那狂风总不至于刮一整天，那暴雨也不会没完没了的下。这什么在催生这狂风暴雨呢？是天地啊！即使伟大如天地都不能长时间的让风雨持续地猛烈下去，更何况我们普通人呢？（不停地搅动本该清静的环境，没事有事总想搞些新奇玩意，不停地打着“有为”的旗号折腾下位者和老百姓，难道这样的折腾会一直持续下去吗？）所以那些依照大道的原则治国理政的人自然已经成为道本身（因为道通过他们的行为体现出来了）；那些追求德的人们自然也就是德的化身了（因为德通过他们体现出来了德的属性和特征）。同理可能，那些以无道失德作为他治国理政的依据自然也就不能守住自己的身位。治国理政能够合于大德，他自然也就与大道合二为一了；那些行为本身就是无道失德的人自然也就与道无缘了。

【臆论】

随着《道德经》上篇《道经》逐渐完结，老子也在章节中更多的提及“道”之外的概念，比如“德”。从之前的“孔德”，到本章中提到的“同德”，越来越“接地气”了。理解好本章的中心思想，有便于我们处理好下篇《德经》中实操层面的理解。

老子谈到“道”的时候，大多数时候都是语焉不详，换句话说，因为“道”生万物，万物中即含有“道”，所以很难用某一类事物属性去反推“道”的属性。因此，老子就只能不停地类比“道”为某一类事物具备特征，然后立马否定这个特征。反观老子对“德”的描述则更加具体（甚至对“德”的层次进行了区分）。二十四章的文字前后有点逻辑衔接不上。一开始说“希言自然”，到底老子意思是“尽量少说话才是（君王）符合道的行为”呢，还是说“关于‘道’的描述本身就很少见？”，更或者说“自然就等同天地”，天地因为不会喋喋不休（飘风、骤雨不可持久），所以圣人效仿天地不会喋喋不休地去说教呢？不管怎么解，“希”字突出的就是“少”或者“听之不闻”的状态，“说了也听不见的言语才是本真、随顺事物自身规律的状态”。这么解释，“言”就被突出来了。估计老子的意思是，“言”若不加“希”，则就是“有为”的表现（与“希言”对立的应该是“多言”吧？），“多言”就会“数穷”，“希言”则符合道的规律（“自然”）。

老子拿“飘风”和“骤雨”为例子，到底是补充说明“希言自然”的，还是开始了另外一个概念呢？我想这个例子跟前面的“希言自然”是弱相关性，不可能用来补充说明“希言”的表现。“自然”在《道德经》中更多的同“自然状态”、“无外力作用下、无顾虑负担条件下的自我生发的状态”，而不是我们现在语境下的“自然”界云云。那么“飘风”和“骤雨”或许强调的是君王在治国理政时的突发情况、非常手段，老子拿它们是为了突出“不久”（即不可能恒常不变），是为了让君王明白应该放弃任何人为的政令都应该在它们完成历史使命之后终止，放弃可以一劳永逸的使用某一个政令或是教令就能长久地解决不断变化着的形势。

紧接着，老子就提出了一个很有意思的概念：道是否有偏心？为什么这么说呢？因为老子说，“同于德者，道亦德之；同于失者，道亦失之”。我们基于此我们是否可以推测出，如果君王不能依循道的运行规律去治国理政，其结果自然不会得到“道”的有益帮助，反而是逆向的：你越偏离“道”，“道”的反作用力就越大，直至最后你失去了“从事而道”的机会。由此，老子就可以说，凡是依照“道”去治国理政的，“道”就会作用在他的行政结果上；如果君王是依照“德”去治国理政的，那么“道”也会按照“德”的标准照顾和作用他；如果君王完全是乱弹琴、根本就没有依照客观规律去治国理政的，那“道”也就会不按君王的预设目的（绝大部分情况是为了个人目的和欲望），而是进行反向作用，使君王失去“行道”（执政）的资格。所以老子本章中的“落地建议”就是：

“故从事而道者同于道，从事而德者同于德，从事而失者同于失”，“从事”的对象决定了你的结果。

二十五、有物混成章

有物混成，先天地生。萧呵寥呵，独立而不改，可以为天地母。吾未知其名，字之曰道。吾强为之名曰大。大曰衍，衍曰遭（zhān），遭（zhān）曰反。道大，天大，地大，王亦大。域中有四大，而王居一焉。人法地，地法天，天法道，道法自然。

【歪解】

有那么一种混沌无形的存在状态，在还没有天地的时候就已经产生了。它寂静无声啊，它虚无缥缈啊，从古至今超脱无碍的一直存在着，周而复始地一直运行着，永远不改变它的运行轨迹，咱们可以把它看作是天地万物创生的根本和起点。你问我它叫什么名字，家住哪里？老实说，我也不知道。你若非得让我描述一下它，我也只能叫它“道”，实在没办法也只能勉强用“大”这个字去表述它。“大”是因为道无所不包、无所不容；“大”也可以按照“衍”来理解，繁衍创生而无所停顿，万事万物都是基于“道”衍化而来；“衍”又跟“遭”相近，螺旋转动着，或旋转上升，或旋转下降，生化万物；“遭”呢又跟“反（返）”有相似的地方，都做着圆周运动、周而复始地运行着，过了某个点或者临界状态，就开始往反方向运动了。

整个我们所关注的对象中，道、天、地和王都发挥着举足轻重的作用。“王”作为人君，他的作用不逊于道、天、地的存在。作为“王”的人主会效法地，地又效法天，天则效法道，而道的运行规律和表现特点是“自然”（因此这四类发挥作用的因素都以“自然”作为它们的特征而存在着）。

【臆论】

老子在本章中，将“道”描述得宏伟大气，寥寥数笔，就将他所体悟到的“大道”形容的浑然一体：混沌中孕有万物，独立运行、周而复始而无穷竭，存在之早只能用天地之前来形容（天地寓意为“已知的可用于最初状态的根源”，“道”比这个根源还要早、还要先、还要充满能量）。凡是已经可以名状的事物都已经有了各自的名和指代符号，但是老子想要描述的这个“混沌先天而生”的状态，或者事物，或者能量，或者规律，却没有一个已知的概念能够描述它。因此，只能用“道”去给它贴个符号，然后用“大”去无限趋近地形容“道”。“大道”由此而生。

“道”的作用即是循环往复、周行不殆。我们可以把它想象为一个核心不断旋转，随着旋转甩出来无数大的、小的、粗的、精的能量来。这些能量已经深入到万事万物之中而难以察觉到，就像鱼在水中难以有水的概念，人在地上难以对空气有直观了解一样。“大道”因为这个属性，老子就用“大”去形容它。而随着能量的扩散，逐渐扩散在各处各物上的“道”的能量因子也衍生出各自的能量场来，由此形成一个广大的能量场。而这个不断衍生扩大的能量场也开始根据“道”周行不殆的运动轨迹，开始转动起来，继而形成一个以“道”衍生出来、并且完全复制“道”的运动轨迹的能量场，最终随着时间的推移，每个复制出来的能量场都按照“道”以及“道”的运行方式复制着它的生命，由此，每个依据“大道”形成的能量就又形成了一个“迷你道”（或者相似的能量场）。这就是“道”运行和规律性经营自己的自然现象。由于“道”的无所不包、无所不容，那么，宇宙中的四个能量场道、天、地、王，自然也就承袭了“道”的“基因”，“王”作为“道”和“德”的落地实践主体，自然应该具备“道”的基因而成为“道”在人世间的显化代言人，“王”的地位和作用跟“道”、“天”、“地”是一样的。

“王”的状态，是“人”根据“道”运行的规律，实践“道”在人间治国理政的作用。如何实践呢？就是“法地”、“法天”、“法道”，而“地”、“天”、“道”的精髓就是“自然”，“自己然也”，就是不以个人主观喜恶而进行的干预，而是依据世间万物自我更新运作的规律而随顺成事，这就是“人”成为“王”的途径：效天、法地、循道！“大”“衍”“遭”“反”都可以用来形容“道”的某个特征，但都不能完全覆盖“道”的特征。而“道”具备了“大”“衍”“遭”“反”的特征，天、地也具有这些个特征，而作为“王”的有道之君，法天效地，依道而行，治国理政自然也应该按照“大”“衍”“遭”“反”的规律和法则行事。天地万物都或多或少依存“道”“天”“地”“王”这四种存在而有所依靠，借助着“道”“天”“地”“王”的运作而各自依照自己的规律生长发展壮大消亡，这中间“王”也是重要的一环啊！既然“王”是创生万事万物生发的重要一环，有道之君就应该效法“天”、“地”、“道”，为“无为自然”之事，行“不言自然”之教啊！

二十六、重为轻根章

重为轻根，静为躁君。是以君子终日行不离其辎重。虽有荣观，燕处超然。若何万乘之王而以身轻于天下？轻则失本，躁则失君。

【歪解】

稳重地治国理政，时间长了就能驾轻就熟，达到举重若轻的境界。但这举重若轻的境界恰恰是因为有了持重的修为作为它的根基啊！应物处事难免会有急躁难以保持冷静的时候，但若平时就有意识地让自己处于虚静无为的状态，即使情况再怎么棘手迫人，都可以用理智清净的心态去掌控局面。明白这个道理，就像是君子离家远行总是始终都不会离开他赖以生存的粮草辎重一样；无论他住宿的地方是荒凉无人，还是繁华富丽的宫殿馆驿，他都能平心静气地安然而居而不会乱了分寸，超然物外而不被一时的境遇而感到迷茫。

现实中我们见过多少强大国家的君王们，因为自身的私心贪欲和对自身欲望的缺乏控制引导，而将自己个人的欲望凌驾于国家之上，以至于置家国天下而不顾?

治国理政时不能持重守中而是一味地按照自己的私心欲望为所欲为，这迟早会让君王失去作为君王的资本和根基；而动不动就因为自身的喜好和判断就调整国家的发展战略和政策，这就等于脱离了君王应清静无为的基础。无论是轻率随意地治理国家，还是冒进多为地教化民众，这都将让君王失去行政的基础和权威啊！

【臆论】

老子在本章中仍然在用辩证分析法去劝解君王任何情况下都不应该丢失自己的根本。那么什么是君王的根本呢？老子用了两个常见的比喻：轻重的对比和静躁的对比。说轻重虽然都是相对应的，但一旦这个对应关系成立，往往是重的一段是轻的一段的根基。为什么这么说呢？估计老子通过观察大自然看到的现象轻的漂浮在上面，而重的落在下面，如同树木一样，随风摇曳的都是枝干树叶，而树根却藏而不露、不动声色。同样的，即使再轻的事物，比如蒲公英的种子，伞盖随风而起，最终因为种子的重量而落下来，生根发芽。种种现象都被老子总结为重是轻的根本。这个比喻并没有批判轻而可以强调重，而是借总结性的描述，提示君王在处理国政时要守住决定性的根本问题和核心矛盾，其他的都是次要的操作问题，这是不是现在说的“抓大放小”呢？同样道理，急躁也好，暴躁也好，这样的状态时不可能保持理智而做出明智的决策。因此，在安静平和的状态，排清诸多干扰使得自己内心清明时，才可能去做重要的决策。如果再放大一点，是不是说那些能够清静无为的人会是那些莽撞急躁者的长官呢？君王也罢，官长也罢，总之老子是要求有道者能够结合轻重、躁静而持守住辩证关系中的主要方面。

为什么要持守住这个主要方面？因为治国理政就像是一个没有终点的长途旅行，你不知道下一个休息站和加油站在什么地方。那么，省着点用或者时时补充物资油气岂不是最根本的吗？若带的钱财、食物等辎重不够，或是半道被人给劫了，还能接着往前走吗？这个辎重，是不是暗示着君王治国理政的根本呢？这个根本是不是前面说的“持重”“守静”呢？如果君王守住了这个根本，那么就可以达到“手中有粮，心中不慌”的状态，不管前面是五星级酒店，还是破落招待所都不用再去担心，因为有了这个根本，剩下的就是走下去。

作为手头有足够多钱财货物的君王，或许让他们意识到“持重”、“守静”的根本性地位是很难的吧？老子都不得不去感叹，为什么那么多实力强盛的君王们，总是将个人的私心私欲放置在天下前面、常常做些本末倒置的事呢？这无异于放着自己随身携带的辎重不管，而是一心地去偏离主道去看那山间的野花啊！如此轻率的行为自然不能持重守国，急急忙忙被眼前所见之事搞得内心骚动不安，也是迟早丢掉他人的拥戴和信任，完完全全地丧失领导者地位啊！

想想当前我们所处的环境，似乎越来越多的人开始进入到“轻浮”和“急躁”的状态，无论是工作还是生活，都是越快越好，恨不得一步到位省略中间多余过程。然而事物的发展规律却总是要去完成整个周期，跳跃性的成就或许不少，但若阶段性成功之后就觉得这种状态会持续下去，我想也是属于“离了辎重”同类的行为。干该干的事情，做该做的善行，总之，“持重”而不贸然“轻率”地做些急功近利的事情，久而久之就会丢掉后续发展机会的根基和根本。把握好事物发展的核心本质，守护好起心动念时的初心，这才是成就功绩的基础和本质啊。

二十七、善行者无辙迹章

善行者无辙迹，善言者无瑕谪，善数者不以筹策。善闭者无关楗（jiàn）而不可启也。善结者无绳约而不可解也。是以圣人恒善救人，而无弃人，物无弃材，是谓袭明。故善人，善人之师；不善人，善人之资也。不贵其师，不爱其资，虽智乎大迷，是谓眇（miǎo）要。

【歪解】

善于驾驭马车的人很难看到他驾车时会留下明显的驾车痕迹；善于建言的人当他提交一份建议时，往往思虑周密，很难挑出遗漏点和不足点来；善于计算规划的人，他们往往心中有数，不需要借助外界的算筹或是工具就能做到算无遗策；那些善于制作机关锁具封闭屋室的人，即使设计出来的方案不需要门闩顶杠之类的机关巧器，你也是打不开的；那些善于用绳捆绑东西的人，往往不需要将绳扣打死，就是这样，你也解不开那些绳结。所以有道之君往往擅长于救助他人、成就他人的功绩。在他们眼中，人人都可以被成就、人人都有其价值可以培育发展，因此他们不会随意放弃任何人，就像他们眼中的物件都有其价值而不可随意丢弃一样。有道之君们的这类行为，就是“袭明”（传承下来的依道行事的智慧）啊！

（如何获得这个“袭明”呢？）那些已经精通于事物内涵的道并且了然于胸的人，就是后来想从事于此道的人的老师啊；而那些本想从事于道、但最终难以精通此道的人们，则为后来事道者们提供了反面可以学习的案例。那些妄想着不学习先人宝贵的经验和体道的心得而有所得，或是对那些失败的经验嗤之以鼻、不屑一顾，即使这个人天资聪颖、不学就会，我看也是迷糊不得道的啊！（无论是正面的可以承袭的经验和心得，或是负面的失败案例，都是有道之君所珍视的。）这就是我说的“眇（妙）要”（玄妙深奥的精要道理）啊！

【臆论】

本章内容主要是强调作为效法大道进行治国理政的“圣人”，其出发点和本质就是为了“救人”，即为民众创造生存的条件和空间，引导民众过着符合大道的生活。老子开篇所举的几个例子，不管是擅长于驾车的还是擅长于建言献计的，不管是擅长于计算规划的还是擅长于设计机关或是使用绳扣来捆绑事物的，都有一个特点，就是能够透过自己所做事情的表面现象而直接掌握事物的本质。掌握本质之后，这些人所表现出来的特点就是“不符合常理”：对于善于驾车的人而言，有没有车轨供其行车已经无关紧要，不管有没有车轨方向，都不会让他难以行驶；对于哪些擅长于建言献计的人而言，他们所提出的方案都会做到周全且事无巨细地考虑充分，绝不会草率且有漏洞；那些擅长于计算的人心中自有应该关注的主次和轻重，因此计算的时候并不需要像常人一样借助算筹才能得出结果；同样的，擅长于制造机关去锁闭事物的人则会把所有的关键点都隐藏起来，表面看毫无机关锁具，你就是打不开；看似没有绳结露在外面你就是解不开那些个被捆绑的事物。为什么他们能够做到这个程度呢？因为他们掌握了事物的本质，可以根据他们的任务和使命，根据对象来调整自己的手段和方式，从而将自身施加在对象上的影响同对象物统一起来而不会被他人所察觉。

掌握了大道的管理者也会在无形中完成他们“利而不害、为而不争”的管理目标，在整个管理和治理的过程中没有明显的区别。因这些管理者而受益的人没有所谓的“该”或者“不该”，都被一视同仁地对待和影响。整个治理和管理过程中，事事物物方方面面都被完整而全面地影响和引导着。这个就是圣人治理过程中的特点：察觉不到但却是存在的影响力（“袭明”）。

对大多数管理者而言，那些真正的管理大师们是其学习和效仿的对象。应该借助前人的有效经验来完善和提高自身的管理能力。而那些在治理过程中出现过过失、治理结果并不理想的案例，则应该当作宝贵的资产加以认真分析和自我比较，防止自己出现类似的错误。如果一个管理者既不效法那些有效的管理经验，也不去避免那些失败的前车之鉴，即使这个管理者自认为当前没什么大问题，也会一直原地踏步走不出来，本可以更好地管理结果也会因此难以被实现。懂得从前人和他人的得失中获得适合自己的管理经验和教训，这是成为真正的管理大师不为人知的“公开秘密”（“眇要”）。

二十八、知其雄章

知其雄，守其雌，为天下溪。为天下溪，恒德不离。恒德不离，复归于婴儿。知其白，守其辱，为天下谷。为天下谷，恒德乃足。恒德乃足，复归于朴。知其白，守其黑，为天下式。为天下式，恒德不忒。恒德不忒，复归于无极。朴，散则为器，圣人用则为官长，夫大制无割。

【歪解】

明了依道而行会有积极进取的时候，更应该要持守住为道时的雌柔守静，如此就能成为“天下溪”（而使万物归心）。让自己处于“天下溪”的状态，就能同“德”始终合二为一。始终能同“德”合一，就会复归到如同婴儿出生时的“无知无欲”状态。

明了依道而行会有光耀千古的时候，更要持守住循道而为时或许被人耻笑诟病时的坚守，如此就能成为“天下谷”（而能虚怀若谷、包容万物）。让自己处于“天下谷”的状态，就能始终让“德”保持充盈圆满的状态。而“德”始终圆满充足时，就会达到如同未雕饰的木头一般的真实自然状态。

明了依道而行时振臂高呼、身处人前的需要，但更要安守身处人后、默默奉献的状态，如此就能成为“天下式”（天下人的范式、模仿的对象）。成为“天下式”，那就可以长久地保持“德”

而不产生动摇。“德”若能长久地保持而不发生变化，就能达到（没有固定运行规律、混沌无序但平衡）“无极”的状态。

没有“有为”之心的自然状态，可以根据万物发展的需要随时调整适应自己而帮助万物成就其各自的功绩。圣人通过运用“无为自然”（获得众人拥戴而天下归心），成为天下人的官长。而圣人所做的治国方针和策略，浑然一体和谐自然，完全看不出有什么违和或不合理的地方。

【臆论】

《老子道德经》反反复复一直都在拿辩证现象来说明混同的必要性。在本章中，老子又提出了一个跟“德”有关的概念：“恒德”。我们不得不问，老子文本中的“德”到底是什么。我们在前面章节中曾经引用《素书》中对“德”的论述，“德者，人之所得，使万物各得其所欲”，说的不就是“各安其位、各得其所”的意思吗？那么“恒德”是不是指的就是这种“复归于无极”而各安其命的现象呢？作为君王，为什么“恒德”，或者干脆说“有德”非常重要？这里我们歪解一下。

老子通过本章中的几对辩证关系，无非想说明“恒德”对君王的重要程度不亚于“恒道”。如果“道”是宇宙万物运行的推动力，那么“德”就落实到我们人能够践行的标准了。君王由于地位特殊，依照自己对事物的理解来对国家和臣民进行管理。若君王是一位有抱负的帝王，比如秦皇、汉武，他们的出发点或许就是“毕其功于一役”，能够一劳永逸地解决民众的困苦。但无论是秦始皇，还是汉武帝，都在最后他们最终的时光中意识到自己所追求的未必是对国家和民众最好的。所以秦始皇在临终会立以仁义宽宥出名的扶苏继位，汉武帝则发出历史上第一份君王自责的《罪己诏》，并进一步肯定了汉初黄老学说引导下政府对民众的积极作用。“德”既然是“各安其命、各司其职、各复其根、各得其所”，那么“恒德”就是劝诫君王不能因为自己的抱负和能力，忘了其治下的国民诉求。

作为君王，始终都会处于“聚光灯下”，“雄”、“荣”、“白”都是积极的、正向的，而老子却说君王只要“知”这些现象就行了，要守住的却是他们的对立面“雌”、“辱”、“黑”，都属于负面、柔静的状态。这说明什么？说明老子向来认为君王需要控制的是自己的“有为”之心，并且君王能够安守本职工作（不在辩证因素之中，而是高于辩证因素；或者说属于辩证因素中的混同状态，即属于阴，也属于阳，而不是纯阴、纯阳的状态）。如果君王站队了，那么势必就会让某一个辩证因素得到强化，使事物往某一极的极端发展，最后打破平衡使事物失去了“各得其所”的可能。君王的柔弱处下、清静无为恰恰为万事万物的生发创造了空间；君王受天命对国家和臣民进行管理，“无为而无不为”，则应该因循大道去调适万物发展的轨迹，使他们符合“道”作用于他们的发展方向。如此，君王并未按照个人意志去改变事物发展的方向，而是使自己的意志与大道同频率，让自己等同于大道，让自己的决定等同于大道的决定，由此创造出最佳的治理效果。

“恒德”同“恒道”是一体两面，都是“混同”，高于任何一对矛盾，不受辩证现象的约束。这或许就是对君王最重要的一个要求吧。

二十九、将欲取天下而为之章

将欲取天下而为之，吾见其弗得已。夫天下神器也，非可为者也。为之者败之，执之者失之。故物或行或随，或嘘或吹，或强或羸，或培或堕。是以圣人去甚，去泰，去奢。

【歪解】

若想要通过有目的地操作来占有天下，进而为满足自己的私心妄念发号施令任意而为，我看这肯定是行不通的。天下这个概念是神圣而不可亵渎的，是不可能凭某个个人的喜恶来拿捏把玩的，通过可以作为来取得的。那些任意妄为的人必将逐渐失去活力而最终导致失败，而那些执意要把持天下为己用的人们则会逐渐离他们的目的越来越远，最终被天下所唾弃。

万事万物总是不断地动态转化着，有看似占得先机的却最终处于人后的；有看似不急不躁、缓缓发生的，却演变成急躁不可耐烦的（嘘：缓缓呼气；吹：急促吹气）；有强盛不可一世却以羸弱无力收场的；也有看似得到神助无往而不利的但最终却急速衰败而功亏一篑的。

所以有道明君总是循守着恒道而顺乎自然，摒弃那些过度的、夸张的、极端的行为（从而始终让自己处于中虚无为的状态）。

【臆论】

为什么天下不可为？为什么为者会败，执者会失呢？老子在本章中的思想是沿着上一章中“知雄守雌”、“知白守辱”、“知白守黑”的思想而来的。第二十八章中我们解释老子所谓的“恒德”是让事物各自按照自己的生发规律运行，而圣人不以个人的喜好去调整万事万物发展的方向。圣人应该不在辩证矛盾中，而是要超脱这个辨证矛盾关系，高于辨证矛盾关系而存在，如此才能尽可能做到无私无我而以“利万物”的状态治国理政。本章中老子进一步解释了为什么要超脱这个矛盾关系，说白了就是事物始终是动态发展的，不可能一直处于某种状态不变。尤其是“天下”这个“神器”，是有着自己的发展规律的。这个发展规律就是“天地不仁，以万物为刍狗”，不以个人的意志为转移，更不会因某个人的手段而产生“利一人而害天下”的情况。

放在当下的语境下，这个“天下”可以是某个组织（比如某个公司）、某个机构、某个团队，甚至是某个家庭，都算得上一个个“天下”。为什么这些“天下”是“神器”呢？因为这些“天下”是博弈下的平衡状态。任何博弈中的一方想要用强权手段改变这个平衡，势必会导致三个发展方向：另一方受损严重而放弃这个平衡，“天下”灭亡；另一方积极地同步升级，“天下”达到下一个更高层级的平衡；另一方通过积极发展，颠覆发起打破平衡方，从而寻找另一种状态下的平衡。任何一个“天下”就像是“共同体”，“共同体”中的各方都是“共生”关系，都在不断地发展中实现动态的平衡，很难说某一方会一直处于亢奋的状态而限制其余各方的发展。如此，老子才提出来，既然是多方因素互相纠缠混合的事物，自然不可能用强力来维持它的平衡。如果一旦有人妄想通过强权或是自身某方面优势限制这个“共同体”仅往自己有利的方向发展，则时间一长，如此行为势必被新的动态平衡所打破。那么发起这个行为的，要么完全衰败掉，要么失去当初通过强力获得发号施令的权力而沦为同其他各方一样的待遇。

为什么“天下”这个“神器”如此复杂？这是因为万事万物的发展总是按照“道”的运行规律，在“道”的作用下进行的。“道”的规律是什么？前面我们提过，“天道圆圆，各归复其根”、“返者道之动”，也就是周期性发展规律。“道”的作用是什么呢？后面我们会谈到，“弱者道之用”，弱化某个达到顶峰或者极端的事物就是“道”的作用。老子在本章中举了几个例子，比如有些事物一开始的确具有了先发优势，但往往这些事物到后面会落于人后；或者一开始不急不缓的运行着，最后却要没日没夜地赶工；又或者一开始表现得非常强大有力、不可一世，最终却落得被人欺辱而无还手之力；也有得势时似乎无往而不利，但失势时却一落千丈的例子。这些都说明事物发展过程中，没有任何一个事物或者人能够长久地处于一种状态，或好或坏，都会随着事物发展而转化。

从中我们能学到什么呢？老子说了，要“去甚、去泰、去奢”，就是避免极端，避免过度，避免用力过猛而矫枉过正。“甚”就是极端的、极度的状态，将事物逼到差不多崩溃了；“泰”则强调顺境、如意的状态；“奢”就是远远超出实际所需、实际所求的状态。老子说作为圣人，或者作为有道之人，要尽量避免自己处于这三种状态：做事太极端了容易遭到“反噬”（物极必反、过犹不及）；处境太安逸了容易丧失应对危机的能力（所以要“居安思危”、“未雨绸缪”）；欲念超过了实际承载能力，或是实际所需，则容易陷入“苦求而不可得”，往往进一步会导致做出心智混乱的行为。老子强调避免这三种状态，就是让圣人处于一种“执两用中”、“知雄守雌”、“为腹部为目”、“视素保朴”，处于“守中”的状态。

三十、以道佐人主章

以道佐人主，不欲以兵强于天下。（其事好还。师之所居，荆棘生焉。大军之后，必有凶年。）善者果而已，不以取强。果而弗骄，果而弗矜，果而弗伐，（果而毋得已居，）是谓果而不强，其事好长。物壮而老，是谓之不道，不道早已。

【歪解】

用道来治理天下的君王，不会想着通过强大的军事威慑力而称霸天下。【因为靠战争称霸天下的，最终还会因战争丧失天下，类似的事情总是有反作用力。所以有道之君往往将军队驻扎在生满荆棘的地方（以便不让他们随便出动），同时他们也不轻易发动战争，因为大战之后往往会有连年的歉收或是瘟病而让人口锐减。】

那些明白战争并非好事的君王们，即使发动或者参与战争，也只是为了取得预期的成果，并不是想用武力来证明自己的强大。通过战争达到目的之后，有道之君不应感到骄傲自满，也不应感到自以为是，也不应自我夸耀而沾沾自喜，更不应产生想要永久占领攻占的地方（而扩大自己的版图）。这就做到了战争是为了达到预期效果，而不是为了逞强使气。君王如能这么看待战争，那么他所倡导的预期结果便能良好的持续下去。

事物发展壮大到极盛的时候就会开始后继乏力、逐渐进入衰老的阶段，（一味逞强使气而加速事物的衰老过程）是不符合“道”的行为的啊，而不符合“道”的行为势必很快就会提早消亡！

【臆论】

本章很罕见的老子谈起了对战争的看法。古代对一个国家（或者君主）而言，最主要的就是主持祭祀和决定是否主动发起一场战争。对于祭祀，似乎老子说得并不多，只是在有些章节或多或少地通过描述为道者与道同体之后，后代子孙会通过祭祀他而让他永久地存在下去（“子孙祭祀不绝”）。

而本章中的“以道佐人主，不欲以兵强于天下”的理念，多少不让人怀疑，《孙子兵法》会不会是《老子》的延续？假设真像有学者推论的一样，老子收了不少“流水徒弟”，那么孙子会不会是老子的徒孙？这个我们现在很难去确定。但无疑，老子不好战的思想再一次地说明道家通过辩证分析，提前完成了对战争这件事情的全程推演之后，发现战争的周期并不是以某一方获胜作为结束点，而是以某一方获胜作为战争的转折点。什么意思呢？我们往往认为战争无非就是分出胜负，只要有一方宣布战争胜利，另一方宣布战争失败，双方签署停战协议，这个过程就算结束了。但在老子眼里，这只是整个战争周期中的一个转折点，或者一个界点，紧接着会进入后一个阶段的发展，即“返也者道之动也”，事情开始往另外一个方向发展，开始将战争的反作用力变现出来了。

这就是老子思想的深入啊，就像下棋一样，一般人只能提前想到三步两步怎么下，而老子已经将整盘棋都推演完并完成了复盘得出了结论：“其事好还”！战争并不是件单向发展的事情，而是迟早会反噬的！正因为如此，所以老子就说，那些用“道”来指导、辅导自己治国的君王们，势必已经了解了战争的反作用力，因此并不会主动发动战争攻打他人。这是因为他们明白，发起战争的这一方，终究自身也会被战争所拖累，没有百分之百的便宜可以独占。因此，老子接着描写了两个跟军队有关的现象：“师之所居，荆棘生焉。大军之后，必有凶年”。对这句话，常见的解释是：军队驻扎的地方因此不能再种庄稼，而让荆棘生长、杂草丛生。大部队开过之后，必定紧跟着凶年（歉收或者瘟疫）。我倒是认为既然老子在一开始就说“以道佐人主”不想主动发动战争，因此必定会限制对军队的炫耀，约束军队的行为。因此我猜测可能是要把军队驻扎的地方同其他生产劳作的区域区分开，用荆条和带刺的草将驻军基地围起来（类似现在的铁丝网强？）。而“大军之后”应该指的是“大的战争”之后，不管胜败如何，都会因为死伤导致劳动力的缺失而没能及时进行耕种收粮，最终难以获得丰收，饿死的人不会少。若再碰上因战死尸体的处理不当，直接导致瘟疫的盛行，则死伤的人数更加难以预计，由此才会那么肯定地说“必有”！这些种种，都让我们看到老子眼中的战争是何等的可怕。

那既然战争如此可怕，那是不是绝对不能主动发起战争呢？显然按照道家的哲学，没有绝对，只有合适。所以老子接着提出了他对发起战争的目的的描写。我们明天接着歪解。

老子在论述完依道治国的王侯，不应该试图通过军事力量、战争来逞强。但若是战争难以避免，或是根本底线被挑战而遇到了生死攸关的时候，是否就不能主动发起战争呢？老子于是接着提出了战争的根本性目的：达到预期目标和结果！

什么是预期目标？什么是预期结果？显然是高于战争本身的战略目标。由此老子提出来，哪些善于运用军事力量的王侯，并不是真正的好战（第三十一章有相关论述），而是善于通过强大的军事力量达到威慑效果。如果非得开战，那么肯定也是按照达到预期结果之后即可停止战争作为出发点而开始一场战争的。《孙子兵法》有着更加生动的例子：“不战而屈人之兵”！战争或是兵事不是目的而是手段！通过运用多种手段（伐谋、伐交、伐兵、攻城）达到发起或是参与战争的目的，这是老子的观点。反过来说，强大的军事力量并不是为了逞强使气、想打谁打谁，而是为了服务更高层级的目标。

既然是为了更高层级的目标，意味着这个目标是超越王侯本人的，而且是王侯依循大道不得不去达成的目标。这种情况下，王侯出兵就是“替天行道”，就是“道”的代言人。由此，战争胜利之后，有道之君并不会觉得战争胜利的成果会跟自己有关，因为他并不是因个人逞强使气而发动战争的。由此，老子就说，战争胜利之后，跟所谓的骄傲、喜悦、自夸、自大等等个人或者国家的情绪应该没有任何关系，存粹仅仅只是为了“替天行道”，并不是为了证明某个人或者某个国家的实力！同时，若战争胜利并达成预期效果、获得预期结果之后，应该尽快恢复到战争前的平衡，而不是一味地压制、占有失败方的利益。这样做的目的就是避免因战争胜利而产生“得陇望蜀”的“有为”之心，坏了“无为而治”的效果。如此这般才能让王侯依道而治国的事情长久地顺利下去。老子的这个理念，是不是跟儒家在《大学》里的“知止而后有定，定而后能静”有异曲同工之妙呢?

老子在点出战争只是手段而不是目的之后，接着点出了为什么要尽量避免“强”的原因：“物壮而老”，这不是“道”运行的规律，势必早衰。这个点仍然是承接着第二十九章中“圣人去甚，去泰，去奢”，避免将事物引导向极端方向发展的思想是一致的。

那么，为什么“物壮”就“不道”呢？老子或许观察到，大道运行的规律既然是周期性的，并且很可能是个圆周性质的运行状态，那么不管事物如何发展，势必发展到一定程度之后就不能继续按照一个方向持续发展下去，而是开始往另外的方向发展。假设当事物根据“道”运行的规律调整发展方向时，人为地推动事物保持原来的发展方向，寄希望于通过强力可以维持事物持续发展的势头而不改变事物的方向，那么就是在拧着“道”发展的趋势，跟规律对着干。本来可以顺道而为、无为而成的事情，现在非得费全力去拧巴着推动，时间一长，后力不济，最后功亏一篑。这一现象直接体现的例证就是战争。军事力量的发展，从一开始的没有积累到有所积累，从有所积累到满足需求，从满足需求到具有必要的威慑力之后，若进一步想保持绝对的威慑力而不断地将军事力量推到极致，势必会妨碍其他事物的发展资源，时间一久，或许军事力量已经到了巅峰的状态，但维持这一力量优势的其他因素或许就开始衰败（由于资源不足或是重视程度不够等），最终将直接或间接地引发军事力量的衰退，最终触发全盘的崩溃。

事物发展最有活力的状态，就是它始终都有成长的空间，且不费力地去成长。等事物达到成熟、鼎盛的时候，不管是事物内部条件，还是事物外部条件都会进入一种巅峰、无空间继续增长、成长的时间点。一旦这个时间点处理不好，或是难以找出一下段发展方向的话，随之而来的便是无力感和衰败感。本身事物发展的这个规律或许会持续很长时间，然而若人为地一味用强，希望能尽快促成事物的成熟，不断地将事物推到极限，或许强盛会出现，然而若事物总体发展阶段是守恒的，那么成熟的阶段提前了，势必衰老的出发点也会提前，最终的结果就是全过程提前，也就是早熟导致早衰。而无论是早熟还是早衰，都不应该是事物本然发展的结果。

老子在本章最后提出的这个事物早衰、早亡的原因，是为了进一步来劝诫王侯，不管是为政理事，还是动用兵锋，应该尽量避免在执行过程中忘了初心而进入一味逞强使气的境地，从而导致王侯本应可以成就的功绩因为人为用强而过早地衰老衰败。

三十一、兵者不祥之器章

夫兵者，不祥之器也。物或恶之，故有道者弗居。君子居则贵左，用兵则贵右。故兵者非君子之器也，不得已而用之。铦（tiǎn）袭为上，弗美也。若美之，是乐杀人也。夫乐杀人，不可得志于天下矣。是以吉事尚左，丧事尚右。是以偏将军居左，上将军居右，言以丧礼居之也。杀人众，则以悲哀泣之；战胜，以丧礼处之。

【歪解】

戈、矛等兵戈利器是不详的器物。普通民众都会厌恶动刀动枪的事情，更何况有道的君王呢？他们自然绝不会认为兵戈是好事，而是远远地避免使用武力来解决问题。

君子日常生活是以左为贵的（左代表着“阳”，“阳”又主生，这里用来说明君子尊阳贵生、成就万物各成其功），但碰到用兵打仗的情况则以右为尊（右代表“阴”，“阴”主肃杀，这里用来说明君子主阴而贵死）。所以戈、矛这些兵器并不是君子日常应该保有的东西，只是事情迫不得已时才不得不使用它们。若最终不得不对阵军前，那么就（忘了君子平时贵生的准则，而）应该以精锐之兵快速突袭对方，并以最终战胜敌方为用兵的目标。（用精锐部队出其不意地打击敌军而获胜）并不是一件值得炫耀夸赞的事情。若君子因此而沾沾自喜、夸耀自美，这就是喜欢杀人的节奏啊！而那些以杀人为乐事的人，是不可能得到民众的拥戴而实现治理天下的愿望！

因此，处理吉事时，我们崇尚左位；而处理丧事时，我们则以右为上。所以（行军打仗时）不拥有杀伐大权的副将站在左边，而手握生死杀伐的大将军立在右边。这么安排是在用处理丧事的方式来对待战争啊！

战争中杀人众多，所以要用悲伤哀痛的心情面对它；即使战争获得了胜利，（也不应该感到高兴而大肆宣扬，）一定要以办理丧事的礼仪规程来处理它。

【臆论】

老子学说强调清静无为，一直以来以“无为而治”被人所熟知。很大程度上，“无为”似乎意味着不要有任何人为的因素用在治国理政上，似乎一切跟主观能动性相关的行为都不应该是老子所认可和鼓励的。但二十九章、三十章、三十一章从“取天下”这个话题入手，进入谈到用兵的方法和原则，以及老子认为的战争策略，无疑将“无为”的理解又进一步延伸了。

首先，我认为老子的无为不以是不是“人为”或是谁主动、谁被动，或是谁先谁后作为评定标准，而是要看是不是符合“道”的运行规律。可以这么说，对为道者而言，顺道则无为，逆道则有为。那么，“道”本身是不是已经脱离了顺和逆，只是客观的一种存在呢？这些“顺”、“逆”的概念，也是我们人所发明总结出来的呢？毕竟“天地不仁”，天地都不会因为万物而改变其运行施化的原则，更何况“道”呢？所以，“无为”的一个角度可以是“该出手时就出手”、“改为则为，该隐则隐”，也就是说对于为道者而言，“无为而无不为”——一切的“无为”和“无不为”只要是依道而行的，都属于“无为”。由此我们可以推论出，为道者只对“道”负责，不以外界对其评价或事多数人、少数人，或自私无私来评价自己。只要他的行为是符合“道”的，那么剩下的就只是“为”的形式和过程了。

第三十一章让我们了解到，老子眼中的战争实际上是个必然的事物，也是君子（或者圣人）应该有所准备的事物，甚至从“君子居则贵左，用兵则贵右”可以看出，君子的日常行为中，“用兵”已经占了一半。很显然，老子眼中的君子，应该是无为无不为，任何事情都应该随机而变，并且依道而行。为道者的修行，除了必要的修心之外，也包含了治世的各项能力，其中就包含了行军打仗的能力。为什么这么说呢？

老子说，行军打仗这种事情虽然是不得已而为之，实在没有其他和平解决途径的时候才会出兵。但一旦出兵，则必须确保能够以最小的代价获得预期的结果。这里，老子特意提到了一个策略，那就是“铦袭为上”。“铦”，原意指的是金属利刃的刀锋，用来形容兵器的锋利和速效。“袭”在这里特指轻兵简行的快速攻击，往往指的是偷袭或者突然袭击。两者集合，类似于现在经常说的利用特种部队突袭对方已取得战争的胜利。我们不得不问，早在2500多年前，老子为什么就谈到要用精兵搞突袭呢？

老子的用兵原则是“铦袭”，即用精兵部队对敌方进行突然袭击以取得战争胜利。我们知道，古代的战争都是“阵战”，即两军对峙，先各自列好阵营，然后约定好信号之后冲击对方阵线。冲击之后列阵再战，如此往复，直到一方退败。这就像是打群架，一次不行打两次，两次不行打三次，直到一方的人员差不多都打趴下来才结束。这样的战争形式，比的是谁人多势众。人多的一方胜算就会大一点。而当作战双方都以人多来压制人多，最终的死伤自然也会是“人多”，无论是战胜还是战败，都不能脱离杀敌，也就是杀人！杀敌越多，就是杀人越多！

为了避免大规模阵战导致大规模的死伤，老子提出应该用精兵部队搞突袭、偷袭，以最终战争的胜利作为最重要的目标，而不是以杀人多少为战争的目标。所以在三十章中老子就指出，掌握战争艺术的人，只会将战争的预期结果（胜敌止杀）作为他开战和参战的目的，而不是以杀人炫耀作为战争的出发点。按照老子的观点，战争既然不是杀越多的人越好，而是为了战争对方使得对方能够认同己方的诉求。那么，使用精锐部队就可以避免阵战，同时搞突袭就能一击命中，让对方屈服从而达到“胜敌止战”的结果，这不就暗合道家“贵生”的价值观吗？

如果将领的战争目的就是为了杀人，并且以杀敌人数的多少来评价自己的战功（古时候的军功基本上就是按照杀敌人数的多少来决定的），那么他就是颠倒了战争的目的，并且将杀生作为了自己的乐趣。如果将领因杀敌众多而被褒奖，并且大肆宣扬他以杀人众多而被认可的战功，君主也将连带着给“杀人为美”做了背书。那么根据老子的观察，一旦一个君王以杀人为美、对于杀人多多益善为好时，无论这个君王有多么高尚、无私、利国利民的志向和追求，都将失去天下人对他的拥戴和信任，最终不能使得自己的志向在天下得到实施和实现。这就是为什么老子一而再再而三地要强调“依道佐人主”的重要性了！

我们从本章的前两个分析得出，虽然老子一再强调要以“清静无为”的状态来治国理政，可当战争难以避免，就需要“以战止战”，用最小的代价、最快的速度出奇制胜，减少阵战的可能，从而减少伤亡人数。

然而，战争是一个国家除了祭祀之外最重要的事情，也是难以避免的事情。因此，老子说，处理祭祀这类吉祥的事情时，以左位作为上位来确定仪式的尊位。而处理战争这类丧事时，则以右位作为上位来确定仪式的尊位。古时候，位于左侧的，或是左边的都有“阳”在其中。“阳”又代表着生发、动力、上升，所以处理祭祀等让人怀有希望的事情就以左边的位置作为上位。反过来，处理死丧之事，不管是出兵还是出殡，都是让人联想到死亡这类没有希望的事情，则将象征着“阴”的左位作为主位来处理这类事情。而跟死亡有关的征战类行为，自然就以左位作为上位，因而有生杀予夺大权的上将军（主帅）在出征仪式上是位于左侧的，而偏将军（副将获释副帅等处于从属地位的将领）则立在右侧，以表示出征这件事情就跟出殡和办理丧事是一样的，是准备以死亡来换的最终的有利结果，也象征着部队开拔就是向着死亡前进，士兵们则以“向死而生”的态度迎接即将展开的战斗。

一旦战争开打，必定会有死伤。如果死伤太多，不管是战胜方还是战败方，为道的君王都应该以悲伤的态度看待战争的结果，为战死的我方军士和敌方军士表达哀思。这又是道家“贵生”的一个表现，不管战争结果胜败如何，因为战争的结果往往是以大规模兵士的死亡换来的，都不是一件让人喜悦的事情。而更为难得的是，老子说，即是战争的胜利归属我方，我方的主帅和君王也要在部队凯旋的时候按照丧礼的规则和仪式来祭奠战争，而不应该因为我方的胜利和欢呼雀跃，大肆宣扬战争的成果。这难道不是人道主义的一个表现吗？儒家说“老吾老以及人之老，幼吾幼以及人之幼”，估计在老子那个年代，类似的思想已经是个对君王普遍的要求。即使是对战胜国，也会有为战败国哭丧的案例。这充分说明战争这件事情，于己于人都不是件双赢的事，而是双输的事情，是不得已而为之的事情，应该能避免就该尽量避免的事情。

三十二、道恒无名章

道恒无名、朴，虽微，天地弗敢臣也。侯王如能守之，万物将自宾。天地相合以输甘露，民莫之令而自均焉。始制有名，名亦既有，夫亦将知止。知止所以不殆。譬道之在天下也，犹小谷之与江海也。

【歪解】

“道”永远无行而难以名状、质朴纯真没有任何人为的因素，所以它虽然微小细弱，但即使强大如天地也不能将“道”臣服而控制它。侯王如果能够坚守住质朴无名的“道”，那么万事万物就会自动因其“无为质朴”而主动地归附他。天地因为“道”的作用使阴阳之气调，从而产生滋润万物的清甜雨水。民众在有道之君“淳朴无为”的教化下，不必去命令他们具体做什么事情，他们也会自发自动地彼此协调和顺地去完成各自应该负责的事情。

（道产生出有形的万事万物之后，圣人）于是就开始为万事万物设立名分和归属。等圣人依据“道”因应产生的事物属性设置好名字、份位、次序、流程之后，就应该让身处其位的人或事知道彼此的职权范围边界，不可越俎代庖。万事万物如果都能恪守各自的权责适可而止，彼此不做越轨的行动，那么整个系统就会有条不紊的顺畅运行，不需要人为再去干预它。这样一来，这个系统就不会陷于被动危险的情况下了。

打个比方吧，“道”的作用在天地之间运行，“道”就像是化身为小山谷之间的溪水，默默地作用在细微之处。但无数的细微之处聚集在一起，就像是无数的山间小溪汇聚成江河一样，势必会形成一股巨大的力量。（圣人明白了这个道理，就会默默地从细微之处入手，逐渐地促成民众各自的小小成就。等民众的小小成就数量积累到一定程度，势必形成质变，使整个国家也因这无数的小小成就而成就一个大大的功绩。）

【臆论】

本章第一句历来有不同的句读方式。我们在这里歪解一下，将“道恒无名朴”句读为“道恒、无名、朴”，补充完整之后，这句话应该是“道恒、（道）无名、（道）朴，”，如此，我们第一段就可以有个比较清晰的版本：

“道恒、（道）无名、（道）朴。（道）虽微，天地弗敢臣也”，大意为：大道恒常变化不息，难以确切地用现成的名称来指代称呼它，而它又是推动事物发展、发生的最根本的那个原始因素（或者原始动力）。大道的原始作用力覆盖万物、无处不及，看上去都是在细微之处起着看似无关紧要的作用，但浩大如天地者在“道”面前都不敢说自己是老大，反而是要仰赖大道的作用才能存在。

我们从这个地方推测出“道”的作用是在极细微处进行的。“道”因为作用在万事万物上，反过头来万事万物都是道的某个方面、某个功用的一个折射，拼凑出“道”在万事万物上的点点滴滴作用，也未必能得到“道”的全貌。“道”可成万物之行，可任万物之用”，从本章后面的论述中我们也不难得出，“道”的作用是通过促使万物按照既有规律自发自动地进行，它在微小细弱的地方来确保整个系统能够自动化地运作，从而使万物各自安心于各自的本职工作而不脱离本位谋非分的事情。

因为“道”的作用总是在最宏大处着眼、最细微处着手，直接导致的现象就是看不到、听不到、摸不到但你又能感觉到“道”的作用。如果君王能够效仿“道”的这种于“大处着眼、小处着手”的本质精神，使自己成为推动万事万物各证其功的原始动力，那么天下万物自然就会因此而听从有道之君的差遣和安排。万物通过有道之君的安排和管理，可以发挥万物协同、各成其功德效果，使得个体在有道之君的带动和作用下，享受到因全体、整体协同所产生的效果。

那么，“万物自宾”的效果产生的前提就可以倒推出来，就是侯王必须脱离出整个系统的利益分配关系、高于整个系统而存在。或者说，侯王的利益分配应该是整个系统利益分配中的客观一环，不应该有任何的优待和特别之处。从这个角度看，老子对侯王的忠告“无己利他”仍然是有道之君处事的一个基准。只有将自己置身事外才能更客观地发挥自己作为官长的作用，使得自己管辖范围内的整个系统发挥出最大效应，让系统内参与运行的各个子系统享受到因大系统运作顺畅而带来的利处，从而更好地发挥各自的能力，成就各自的功绩。

“道”的作用是在最细微处、不显眼处推动事物的发展和生化，如同物质运动的最原始的那一股动力。因为它是最原始、最本质的动力，所以它自身是难以显现出来的，而是通过它所推动的万事万物表达“道”的功用和特征，但这些功用和特征总和起来，也不能完整地描述“道”是什么，所以我们说“道”可成万物之行，可任万物之用”，但“万物之行”和“万物之用”都不是“道”。所以老子接着就举了一个例子。他说，在“道”的作用和推动下，天地之间的阴阳二气相交，就会化生出甘露来滋养万物的生长。那么推动天地之间的阴阳之气的动力是什么呢？就是“道”这个元动力。

那么上文中君王若是能够依道而行，效仿“道”的作用方式，在最细微处不显山露水地推动事物发展，维护系统的顺畅运行，会出现什么局面呢？那就是民众如同天地自发自动地相合产生雨露滋润万物一样，民众也将会以自发自动的方式，在各自该有的正确方式上尽责尽力地去完成属于自己的使命和作用，从而确保整个系统（比如个体所在的组织、人民所在的国家等）能够自动化地运作。

虽然老子以天地相合化生雨露和民众莫令而自均其事两个例子来说明“道”的作用是无形的，但是我们还是能够从这两个例子中推测出，道的作用就是超越所有个体系统本身的，是高于系统而作用于系统各个细节中，最终使整个系统和流程，以及系统/流程中的各个环节自发自动地运转，达到最终的系统自动化这个管理最佳态。

那如何才能依道而行、达到这个自发自动、自我管理的最佳态呢？我们明天接着解下面的内容。

“道”是通过在细微处推动个体发挥协同作用，以个体联动创造整个系统，而整个系统按照“道”的规律形成一个混沌但平衡的流程。在这个流程中，个体的作用被全体协同放大，从而使得这个流程/系统中的个体因为整体的作用而获得个体贡献的价值最大化。这个价值最大化使得系统中的个体受益，进而进一步产生为整体/全体贡献作用的意愿和行动，若所有个体都有相同强度的意愿和行动，整个系统就会在没有外界推动下而自动运转起来，实现自动化效应。

因此，老子针对如何设计和合理管理这个自动化系统做了说明，他说，“始制有名，名亦既有，夫亦将知止。知止所以不殆。【（道产生出有形的万事万物之后，圣人）于是就开始为万事万物设立名分和归属。等圣人依据“道”因应产生的事物属性设置好名字、份位、次序、流程之后，就应该让身处其位的人或事知道彼此的职权范围边界，不可越俎代庖。万事万物如果都能恪守各自的权责适可而止，彼此不做越轨的行动，那么整个系统就会有条不紊的顺畅运行，不需要人为再去干预它。这样一来，这个系统就不会陷于被动危险的情况下了。】”

这个自动化效应产生的前提，是整个流程在流程设计者的主观中先设置好各个功能点和流程关键点。然后按照整个流程设计，规划功能点要求和流程点描述。作为各个功能点，不能多也不能少，不能过好也不能过坏，都得按照具体要求完全执行。每个环节处理好了，整体流程就能发挥超过各个功能点和流程点的作用，达成系统性协同效果。

而各个功能点之所以要对各自的权责负责，是因为它在整个流程中不是孤立的，而是跟它的上手和下手有直接的相互作用。一旦某个环节异常（过高或过低），直接就会影响前序和后续的工作，从而导致整个系统的崩溃。“道”的作用就像是超越天地、但天地依赖于它的一种存在。有点类似于流程的创造和设计并不是流程本身；流程关键点的操作手册并不是操作本身；流程优化和改良的过程并不是优化和改良动作本身，但上述的种种具体的操作行为离开了流程描述（主观存在字面化后的具体可见的“思想”）就会使整个系统流程运行不畅。所以老子指出，确定界限和范围，并对这些界限和范围内可能存在的越界行为保持警惕，使所有的活动都能在规定的范围内进行，那么，整个系统就可以避免崩溃。

老子的书比较难读、难懂，是因为他的“道”总是“变”，一会成为天地万物的起点，一会又变成了数字“一”，一会又具备了弥盖天地的一种存在，一会又变成了治国理政的法则和规律。总之，老子眼中的“道”，完全就是在描述他所看到的“道”的某一部分而不是全部，也不能完整的给一个定义。甚至很多时候我们读老子，会因为老子描述“道”时的前后矛盾和逻辑问题搞得我们不知所措。其实，就像老子在第十四章所描述的一样，老子和我们对于“道”的感知，都是片段式的存在，因为“道”“迎之不见其首，随之不见其尾”。所以，在第三十二章中，老子又拿“道”跟溪流、大江做了个比喻，只是这个比喻跟我们常规认识有点出入。

我们一般认为，既然“道”是“天地之母”，一定是高高在上，不会是小到无法描述。然而，老子说大道作用在天下（万事万物）中，就像是小谷（山间的小溪流、小山涧）作用在大江大海一样。问题来了，很多人都说老子在这里似乎是写错了，应该是万事万物跟大江大海搞错了，大道应该像是大江大海，而万事万物应该是小溪小涧。我感觉联系本章中的上下文看，老子的说法没问题。

老子在本章中说到“道”的一个特点是本质、无华，且精微细小。它的作用是推动万事万物朝着自我发展、自我成就的方向，若万事万物都能自我运行，那么彼此之间又能形成一个大的系统。而“道”的作用就像是某个工程师脑中的无形的流程创意，天下就是这个系统环境，各处的小溪就是流程系统中的各个环节点，大江就是整个流程协同后的巨大效果。重中之重：“道”是超脱于任何系统的存在，它又是系统各个功能点起作用的说明和要求，所以它不是任何事物，同时也可以是任何事物；它是整个系统，又是超脱于任何系统的一个存在。而“道”的作用就像磁铁所产生的磁场一样，磁场产生磁力作用在万事万物中，然后根据磁场的强弱产生有规律的运动，由此造成整个系统的有序发展和运动！往往我们将“道”本身理解为是个系统，然而，老子的这个比喻却说明，“道”不是这个系统，而是推动这个系统运作的动力！

三十三、知人者智章

知人者智也，自知者明也。胜人者有力也，自胜者强也。知足者富也，强行者有志也。不失其所者久也，死而不亡者寿也。

【歪解】

那些能够透彻了解他人的思想行为、把握他人行为动机，并能够因势利导控制局面的人，的确算得上是聪明人啊！而那些能够正确认识自身的优缺点、强弱势，并能不断地完善提高自己的人才算得上是有大智慧的人吧？那些能够战胜敌手的人算得上孔武有力了，而那些能够战胜自我缺点的人才算得上真正的强大。有知足之心的人往往总是能处于一种富足的状态，而那些不屈服于自己的私心欲望、坚持依道而行的人算得上是有强大志向的人了。那些无论处于什么境地都不忘自己是谁的人往往能够获得他人长久的信任，也是那些虽然已经死去但仍然被人铭记在心的人才能算得上真正的长寿（永垂不朽）啊！

……

本章内容不言而喻，很多语句已经变为我们日常都会引用的成语。这章往往被人解读为老子是在强调自知之明。其实不然。从整章内容看，老子只是在客观地陈述事实，不管是“智”也好，“明”也罢，都是在陈述知人和自知之间的范围应该是互相包含的；“力”也好，“强”也罢，指的都是胜人和自胜都需要主观上去提高自己的能力。只是最后两句比较费解，为什么老子要强调“强行有志”呢？什么叫作“不失其所”以及“死而不亡”呢？

【臆论】

老子的哲学很少强调“用强”，一般我们看到的都是反对用强、用极，违反事物自然运行的方式来达到目的。但本章中老子却对于“志”用了“强行”来描述。要知道，老子的哲学广为人知的一点就是要“虚其心、弱其志”，为什么在这要去说“志”呢？我们可以从两个方面尝试着分析一下。

首先，老子在本章中只是说“有志”，并不是说“强志”。之前我们也说过，道家本着清静无为、顺其自然的法则来因循事物的生发，并不是完全地禁绝欲望或是志向，而是将欲望和志向控制在合理范围之内。欲望这个我们讲了很多了，老子也从不同层面来讲“少私寡欲”才是王侯和圣人应该有的状态。那么在本章中，老子讲的是如何才是“有志”，即保佑志气、志向，或者换句话讲，“志”是不是存在着对这个客观世界进行主管改造的想法和冲动呢？又或者说按照自己所理解的方式对身处的环境进行影响呢？从“志”这个字看，“心”上有“士”，就是具备“士”的“心”？而“士”的“心”是什么？就是对其家主的忠心，引申为对某个理想的执着。老子在本章中说，“有志”的人的一个表现，就是“强行”，也就是“明知不可为而为之”，通过主观能动性完成对自我价值的实现。或许老子在这里是在暗示某个曾经的流水学生？不得而知。

其次，我们看现实生活中的“志向远大”这个词经常跟“白日做梦”很接近。那么“志向远大”和“白日做梦”之间的区别在于哪呢？在于“强”和“行”，即自发自动地去行动起来！志向跟白日梦之间的区别恰恰就在于抱有志向的人可以自发自动、百折不挠地去实现他的志向；而白日梦往往就等着奇迹地发生，如同“守株待兔”的那个农夫一样，一次偶然的好运对他而言是恒久好运的开始，梦想着天天都有送上门的兔子！老子点出的“强”，更多的是对自己用强，在懈怠的时候可以自我激励，在被诱惑松懈的时候可以保持对志向的坚持，在丧失希望和信心是可以通过憧憬来继续上路，这个用“强”的对象就是自己的心志啊！而有了坚持、自我要求的精神准备，剩下的就是百折不挠的“行”。我们由此可以间接地得出，老子眼中的为道者，并不是抠抠搜搜在家里缩着，一味地闭门造车，而是要在现实生活中去行道、体道、悟道，最重要的是要坚持对道的信心，在没有外界驱动因素的情况下自发自动地去践行心中的“道”，这才是“有志”的人啊！

老子第三十三章似乎是老子本人对他人生阅历的总结。也有人说这一章是老子摘抄的，是从其他典籍中汇总而来的。不管是总结也好，摘抄也罢，总之，这一章的每一句话都能够给人一种震慑心灵的力量。昨天我们说，志向必须在自我要求、自我驱动下去践行才能称得上志向，否则就是空谈。紧接着，老子就提了一个更加显而易见、但经常被人忽视的现象：不失其所！

老子说，“不失其所者，久也”，大白话可能是说，那些能够守住自己的根本、自己的根据地、自己的核心价值的人，往往能够撑到最后。似乎是大白话，人人都知道，为什么老子要把它记录下来、写出来呢？我们看看身边的事和物，就能发现，这个看似谁都明白的道理，往往很难被关注到。

首先，你得清楚自己的“所”在。这个“所”，文章中的直接意思可能是人所居住的房屋、位置、家国封地，后来引申为某人所处的位置，比如工作内容、责任以及需要履行的功能等等。在老子那个时代，或许流离失所是非常常见的现象。而流离失所的原因很多，最有可能的原因就是王侯不能做好他应该做的事情（爱民护生），从而导致底下的百姓民众失去各自的生存地。那么，老子在这里提到的“不失其所”，是不是暗示作为君王应该守住无为自然的治国方针，不要贸然地因一时的顺畅、一时的意气而调动国家资源满足自己的私欲呢？这个私欲不管是征服他国还是满足个人欲望，都或多或少地偏离了清静无为的准则，是不是间接地就会产生反作用力，导致君王逐渐失去民众的支持和信任，最后提前结束他的管理地位呢？

另外，即使在当下这样的社会中，我们也会看到很多心理问题都是源于“这山望着那山高”、“吃着碗里的惦记着锅里的”这样的心态。问题是，我们的精力、时间、资源、能力等等，都只能支持我们“吃碗里的”、“在这山上”，不允许我们去吃“锅里的”、爬到“那座山上”。一旦我们不能安驻于当下，就失去了我们真实可靠的自己，让自己处于妄想的状态。“求之不可得”就有可能为这个目的“无所不用其极”，最终往往都是以悲剧收场。

老子通过“流离失所”的例子，是想说明我们应该始终都把握好我们的根本。这个根本可以是为人处世的原则，也可以是发心做事的初心，更可能是工作生活中的本职工作。只有将这些基本的事物把握好了，才能长久地让自己处于顺遂的状态啊！

老子在本章的最后说到，那些真正长寿的人，是那些虽然人已经死了，但是他们的事迹、故事、传说、教化还被人传颂的。这个话似乎是说，依道而行的人因为辅万物、成万物，不为自己而是顺从万物自然，因此他们成了践行大道的范例。大道通过他们得以传播，由此他们跟大道也能长生。

不过也有人说，老子在这章强调的是修真，就是说通过静坐冥想或者其他类似的修炼，让自己处于死和亡之间。这听上去有点悬啊！《庄子》曾经也提到过类似于“形如枯槁，心如死灰”，说修道的人的样子就应该是看上去就跟干枯的木头一样，但是心里面却跟表面上已经灭了、但内在还有火苗的灰一样。要搞明白这个，我们还得分析一下“死”跟“亡”是不是一回事。

现代语境下，“死亡”是一个词，一个人死亡了，就是说这个人去了另外一个世界，至少在这个世界中他不能跟我们再有互动了。而古时候，“死”跟“亡”是两种状态：“死”指的是人刚刚过世，至少他的直系亲属都还知道有这么个人曾经做过些什么事情；而“亡”往往指的是已经死了很久了，至少已经隔了一代，也就是说孙子辈的人是不是还记得他，意味着至少要过三四十年，跟这个死去的人由亲近关系的人都死了，还有人能够记得这个人的事情，那么这个人就还没有被人忘记。《大戴礼》记载的一段话：“宰我问于孔子曰：予闻荣伊曰黄帝三百年。请问黄帝者人耶？何以至三百年？　孔子曰：劳勤心力耳目，节用木火财物，生而民得其利百年，死而民畏其神百年，亡而民用其教百年，故曰三百年也”，大意是说一个叫作宰我的人问孔子，容伊说黄帝治国有三百年，于是宰我很好奇，说黄帝究竟是什么人，能够有三百年可以折腾。孔子说，黄帝一生勤劳，治国殚精竭虑，教导民众节省物资财力，所以黄帝活着的时候民众已经因黄帝的统治而获益一百年；死后民众敬畏黄帝就像敬畏神一样，因此不敢更改黄帝制定的典章制度，由此又获益一百年；而当初跟随黄帝的人逐渐死去，但民众已经因黄帝制定的规章典籍获益许久，虽然很多人已经不能很清楚地回忆起黄帝具体是个什么样的人，做过什么样的事情，或许已经记不清那些让他们获益的规章是不是黄帝做的，但是仍然遵循着这些规章典范，由此又因着黄帝当初的治理而获益一百年，这加起来不就是直接教化民众并让他们受益了三百年吗？

估计老子也是“死而不亡（通“忘”）”来说明按照恒道的法则来治理国家，因为道的作用是恒常的，由道衍化出来的圣人的教化也因此是恒常的。那些按照大道治理民众的，自然也会因着他的治理而让民众受益，从而使民众牢记他的功绩，常常将他的事迹传递给下一代，一代一代下来，总是有人知道圣人的所行之事，由此，即使过了很长时间，圣人还是不会被忘记，因此可以长久地存在下去。这或许能解释为什么历史长河中如此多的生命，唯有那么一些人物被牢记和传颂吧，老子自己也在其中。

三十四、道氾章

道氾呵，其可左右也，成功遂事而弗名有也。万物归焉而弗为主，则恒无欲也。可名于小。万物归焉而弗为主，可名于大。是以圣人之能成大也，以其不为大也，故能成大。

【歪解】

“道”就像水一样四处漫溢，可左可右随意流动，弥漫在天地而运化不已。它成就万事万物各自的功绩，辅助万事万物完成各自的使命，却不以此而自我邀功。万物都归附于“道”，但它却并不因为万物对其的依赖和归附而将自己当作万物的主宰（从而驱使万物）。“道”永远这样的无欲无求，可以说它的的确确是卑微渺小到极致了啊！万物主动归顺但“道”又不主宰万物，从这个角度看，“道”又的的确确可以说是那么伟大！

因此，圣人能成就他的伟大，正是因为他取法“道”的不自大、不自夸，因而能最终成就他的大业啊！

【臆论】

老子在本章中又开始感叹道的精微和伟大。似乎在老子眼中，

“道”跟水有着非常相似的特性。比如水可以是我们常见的液态，也可以是固态和气态。那么本章中老子说，“道”四处满溢，左右流动，弥漫在天地之间，充盈于时空之中，无处不在，无处不有。这感觉如同我们身处空气之中，无感于空气的存在，但却间接地感到空气阻力，或者空气流动时产生的风压。有似乎是我们漫步于浓雾之中，混混沌沌、迷迷糊糊不辨方向，似乎没有下雨，但衣襟却逐渐沾湿。迷雾不像雨一样清晰可见，但却同样可以湿润大地，滋养万物。老子一开始的描述，就将道无所不包、无所不在的状态描述的非常形象。

如同空气无形能够托起飞机，浓雾无状但可以沾湿衣襟一样，“道”作用于万事万物，辅托于万事万物，整个过程万事万物并没有感觉到“道”的存在，也没有在意于“道”的作用。而“道”也并未因它承载万物、功成万物而有所诉求。辅万物、成万物就是“道”的本然，并不需要敲锣打鼓去歌颂“道”的伟大。作用于最细微处不被察觉，充塞于宇宙之中大而无形，这或许就是“道”的存在和作用的状态吧！

老子在讲完“道”充盈着整个宇宙，推动着万事万物的发展而并不宣称这是自己的功劳。紧接着，老子又说，万事万物归附于“道”的现象，但“道”并不因此就觉得万物就是自己的附属产物，或是自己的仆从而对万物有所掺杂私欲的指示，而是一如既往地运行推动着万事万物；也并没有因为万物对它的依附产生任何的念头和想法，而是做着“道”应该做的事情，清静无为，按照既定的规律运行着，毫无亮眼之处，也没有彰显的地方，微乎其微，跟万物没有什么两样。“道”的这种特征咱们就用“小”来形容吧（无所突出、无所特殊，完全就跟正常态一样）。但是不可否认的是，万事万物还是依然需要借助“道”才能各自自证其功，才能良好地发展自己，朝着成就自己的方向发展着。只有最终归附在“道”之上，按照“道”的运作规律，才能全面地发展自己。从这点上来说，“道”的作用和功绩又不得不用“大”（无所不容、无所不包）来形容。

因为“道”无所不在、弥漫宇宙之中，作用于万物生发之际又毫无外显特征，从具体作用力方面，的确是精微而不可查；但万事万物又归附于它，除了“道”没有其他存在可以覆盖全部事物，这又不得不肯定“道”的作用范围广袤无垠、无所不及啊！由此我们是不是可以歪解一下老子，认为老子眼中的“道”，从具体的作用力上，是一件一件事情、一个一个事物的最细微处入手；从它的作用范围上，是浑然一体、无所不包。从“道”的角度看“道”，它只是在最小处做着它应该做的事情：辅万物而成其功；从万物角度看“道”，它无所不包、无所不容，且能善始善成而没有分别，它的作用范围不可谓不大啊！这或许就是“以小为大”的一个特征吧：作用于小事，让小事们自己成就它的大事。衍生一下，是不是有点“做好自己的事情，剩下的顺势而成”的意思呢？英语中有个谚语，说Do your best, God will do the rest（须尽尔之全力，余下皆有神助），我们改一下，do your part，Dao will do its part，是不是也可以呢？

我们说，“道”作用在最细微处，在微小不为人知的地方推动着事物的发生发展。同时，“道”的作用力无形不可见，但充斥着整个时空、宇宙之中，如同某种力场一样无所不包、无所不容、无所不在，于是从“道”的作用范围内，它已经超越于我们所认知的一切存在，而独立运作着。

那么作为“道”在人世间代言人的圣人如何效仿“道”这种特征呢？老子接着点出了全篇《道德经》非常出彩的一处名句：“是以圣人之能成大也，以其不为大也，故能成大。”（圣人从“道”作用于精微细小处成就万事万物的功绩，最终万事万物归附于“道”这一现象中领悟到，“大”终须要从细微处入手，任何成就伟大的功绩都是从成就一个一个细节、一件一件事情、一个一个个体而来。于是，圣人从始至终都不会脱离实际而一味图大、图强，总是关注在力所能及的细节处，最终却成就了万物归附的大局面、大功绩。）

老子眼中的圣人，未必是现实生活中真实存在的圣人。从全本《道德经》看，没有任何一个人的名字被提及，更不用说像孔子一样标榜某个具体人物为圣人这类文字。或许在老子眼中，圣人与“道”是众多可以被描述的一个点，或者说，圣人是“道”在人类社会中的人格体现。通过圣人，“道”的各种特性和功能被用在人世间的众多社会问题中。圣人是有道之君效仿的对象，但并不能达到的境界；圣人跟天地一样，也是依道而行，辅佐万物成就各自功绩的一种存在。那么，从老子在本章中描述的一个特征看，似乎圣人并不会所谓的胸怀天下这类“志向”，而是本着道法自然的原则，根据实际情况依道而行，且并不因为个人的偏好和价值取向而在执行“道”的过程中有所偏颇。圣人的交互对象，可大可小，大可以大到整个人伦社会，小可以小到具体细节，所有这些都是圣人效仿“道”的特征而采取的自然而然的行为。

圣人与“道”同体，所以在他眼中无所谓价值的好坏，也无所谓事物的大小、难易、简繁，有的只是依道可以做的那些一般人眼中的小事、琐事。而这些小事、琐事却最终拼凑出一个无所不包、无所不容的伟大功绩！因为与“道”同体，所以圣人处事无为自然，顺应万物各自的本然情况而辅佐他们各证其功；也因为与“道”同体，所以圣人具备了“道”充盈万物的能量，无论是为小还是为大，都是为了拼凑出那个最大的画面，如同一个胸有成竹的工程师一样，每一个细小的螺丝都是他建造高楼大厦同等重要的一环。只有掌握了那个最根本、最本质、最原初的蓝图，才能安驻于每个细节而心无旁骛地去执行。因为一切皆在“道”之中，一切都归附于“道”之内，或许这就是“以小为大”的前提吧。

三十五、执大象章

执大象，天下往，往而不害，安平太。乐与饵，过客止。故道之出言也，淡呵其无味也，视之不足见也，听之不足闻也，而不可既也。

【歪解】

有道之君依道治理国家，则天下万民都会欣然前往归附于他，接受他的教化。民众依附之后，君王又能做到不妨碍他们的自然天性，清静无为地只是自然而然地依道辅衬民众的发展，那么天下就会安宁太平了。

美妙的音乐总是能吸引过路人停下来欣赏，可口的佳肴也总是能让过客流连忘返。这些饱人欲望的事物的确让人情难自禁啊，但它们都不能像道那样长久留住人。道这东西即使是能被描述出来，我估计说出来也是索然无味、平淡无奇的。但我却怎么看也看不清，使劲听也听不到，但你又不能不承认道无所不包、无所不容、无所不纳，它的作用也是不可穷尽，难有尽头啊！

【臆论】

本章主题还是在向君王言说以道治国的效果应该就是天下归

附。为什么天下归附呢？因为若君王效仿“道”的“以小为大”，那么就不会想着做些成就自己而减损万物的行为，对万物首先是无害的。进而能够营造出一个万物享受安详、平和、通畅顺利的环境。一旦形成这种良性的生存环境，势必进一步起到正向的推动作用，获得更多的信赖和依附，由此逐渐成为一个伟大的功绩。

这个道理似乎很简单，但要做到却很难。并不是没人发心去悟道，而是悟出来的道似乎都是平淡无奇的，不像心灵鸡汤总让人感觉回味无穷，似乎离开了鸡汤人生就失去了颜色一样。为什么“道”平淡无奇呢？因为悟到了道的，直接去做不会聒噪；真心悟道的人即使还没完全悟到“道”的真谛，也不敢轻易就去谈自己的心得体会；而那些假把式自然必须证明自己是悟道了的人，所以天天心灵鸡汤。我们不得不说，“道”本就在那，依道而行更多的是一种对“道”认同之后、是由内在力量推动的行为；而那些心灵鸡汤类的，则更多是外在驱动型，离开了心灵鸡汤的适用环境就不再起任何作用。这就是“道”跟“鸡汤”的区别。

因为“道”是本质上的推动力量，所以一切的作用都只适用于作用对象和作用时空，一旦作用完成，即刻进入下一个作用环境下的状态，因此实在是不能绝对地形容“道”的特征和性状。但有一点是可以确定的，那就是“道”的作用是无穷尽的，是无形无物但又适应万事万物的一种存在！

三十六、将欲翕之章

将欲翕(xī)之，必姑张之；将欲弱之，必姑强之；将欲去之，必姑与之；将欲夺之，必姑予之。是谓微明，柔弱胜强。鱼不可脱于渊，邦利器不可以示人。

【歪解】

道即将要收敛某事某物，势必会先暂时地让它扩张变大（扩张之后跟着紧缩）；道若是要使某事某物开始衰败变弱，势必会先让它强大强盛起来（强盛背后就是衰退）；道若要废除某个事物时，我们可以观察到这个事物逐渐变得显耀突出；道若要去除某个事物时，也会先让这个事物感觉到自己“有求必应”。（这些现象都非常隐秘不明显，但这就是道运行作用的效果。）这个我把它叫作“微明”。类似于这样欲抑先扬、声东击西、欲取先予、欲擒故纵的做法，一开始看上去似乎都是柔弱无力的表现，但最终却收到了战胜刚强的效果。

（这并不是说柔弱一定就好，刚强一定就不好，恰恰相反，两者是刚柔并济的关系，）刚强的一面务必要隐藏在柔弱之中，寓刚于柔，不可暴露，就像鱼只有在水里才是活得，刚强毋必也在柔弱中才能发挥它的作用。

同样的道理也适用于治国。君王奖惩杀伐的权力和政权的基础应该隐藏在柔弱之中，不到万不得已不应展示给人。这是因为奖惩杀伐和政权是君王存在的条件，一旦被人琢磨透了，也就没了它们应该有的作用了！

【臆论】

老子本章经常被误解为“阴谋论”，为什么叫阴谋论呢？主要是“欲”字用得太多，似乎都是暗示君王为了统治，通过有目的、有预谋地针对某人某事提前进行布局，以达到打击、弱化或剪除对方的最终目的。最恐怖的是，整个过程秘不示人，都是悄悄地、秘密地完成了准备工作之后一击而中。是这么个情况吗？

如果单独将本章内容拿出来，字面意思无疑都可以被解读为“欲擒故纵”、“明修栈道、暗度陈仓”种种类似描述，尤其是最后一句“邦利器不可以示人”，明确地点出了“利器”这个似乎极具杀伤力的字眼。那么，联系到本章的前面四对现象，几乎可以断定这就是老子告诫君王的：要在暗处进行斗争酝酿，不要明着对干。这么理解也对，因为原则和方法都是一样的，工具也是相同的，不同的是使用这些原则和方法的人的初衷。

如果我们贯穿上下文去看这章的内容，上面有三十四、三十五章讲的是“圣人不为大”却“成大”，“道”是“淡而无味”但其用又“不可既也”（不可穷尽、难以描述完全）。那么顺理成章地，第三十六章或许是接着在讲“道”的作用。按照老子对“道”的描述习惯，总是会尝试着描写几个现象，希望通过现象能把“道”的作用和特征介绍一下。那么我们按照这个思路，假设老子这章并不是在讲权谋（如果依照“道”的原则需要剪除某事某物某人而己方实力又太弱，这些原则是适用的），而是在讲“道”的作用在具体事物上的反映，似乎更能连贯全文。

老子描述了“道”的四种反作用方式，或者叫作“反向运动（我们简称“返动”）”的现象，分别是：“合”与“张”、“弱”与“强”、“去”与“存”、“夺”与“予”，大概意思就是“欲扬先抑”、“欲贬先褒”这类概念。但我们想想看，如果我们把这四对矛盾彼此互换位置，也是可以说得通的：想要让某事物张开，暂时会让它闭合；想让某事物强盛，暂时会让它弱小；想剪除某个事物，暂时会让它壮大；想要充盈某事物，暂时先让它失去一些一事物。对调关系之后，同样也可以也是清楚，基本上的意思仍然跟对调前相同，即事物某方面的强盛或是强大，势必会有该方面对立面的逐渐强大，两者之间彼此会在某个临界点互换，强的变弱，弱的变强，从而进入下一个循环。

咱们拿最简单的一个例子，孟子说“天将降大任于斯人也”，一定会先让这个人身、心、灵都受到极大的痛苦，而后才会给他“大任”，这是不是“将欲予之，必姑夺之”呢？把所有安逸、舒适的生活一并夺取，剩下痛苦，而后才会有“大任”。类似的例子有很多，我们身边验证这类原则和现象的人和事比比皆是。由此我们是不是可以肯定，第三十六章只是老子对“返者道动”、“有无相生”、“阴阳互长”的又一次地描述和延展呢？老子将这些现象总结为“微明”，小到不能再小，但是是“明”的，我们可以理解为最小处包含的智慧，作用力无处不在的一种“明”，这不就是老子在前面第三十四章中说的“可名于小”、“可名于大”的“道”吗？

这个“微明”的一个表现就是“柔弱胜强”，即一开始弱小的是孕育在强之中、随着条件的不断变化最终会由弱和柔的这一面转化为“强”，“强”则被柔弱所取代。当“柔弱”取代“强”时，它本身已经成为新的“强”，而它的反面（被它取代的那个“强”）则变为了新的“弱”，从而开始下一个“柔弱胜强”的周期，直至再一次地强弱易手。这个现象的本质是“育弱于强”，而“弱”不会一开始就被“强”所发现和意识到，如同鱼躲在深渊之中不被人察觉一样，也像是对邦国有举足轻重作用的事物不会那么明显地让所有人知道。

如果我们对照上下文可以发现，“柔弱”对应的是“鱼”，“强”对应的是“渊”；“鱼”对应的是“邦利器”，“不脱于渊”对应的是“不可示人”，我们是不是可以对等一下，既然“柔弱=鱼”，“鱼=邦利器”，那么是不是“柔弱=邦利器”呢？“强=渊”、“不脱于渊=不可示人”，那么“脱于渊=已示人”也应该是成立的？问题来了，柔弱不就是清静无为吗？“已示人”也就是大家都知道的明显道理，这个道理不就是“有为用强”吗？那我们歪解一下，老子本章想要说的，会不会是再一次从反面和双重否定的形势告诉君王，应该清静无为、柔弱处下。这个治国方式是老子认为的治国“利器”，不被人所认可和认知，但有道明君应该以柔弱的方式治国，通过“无为不言”的方式影响“有为用强”，从而达到国治民安的管理效果。

假设我们的歪解成立，那么老子说的“邦利器不可以示人”是不是说，从“邦利器”这个角度看，因为它作用于微小之处，所以往往人们是看不到的，但是它确是根本呢？这个“它”是不是就是“柔弱处下、清静无为、不言之教”呢？不得而知。

虽然我们之前对三十六章内容的歪解侧重以前后章节文本之间的关联性作为出发点进行解读，毋庸置疑的是，第三十六章的内容也跟将领用兵打仗有关。所以也有学者认为这一张是后人加进去的。这个后人，一般指《孙子兵法》的作者孙武子。正因为第三十六章中的“欲翕先张”、“欲弱先强”、“欲去先与”、“欲夺先予”和《孙子兵法·始计篇》中“兵者，诡道也。”的论述在主体思想上似乎是一致的。孙子对于兵法是一种变化的艺术，或者说是伪装的艺术的解释是：“故能而示之不能，用而示之不用，近而示之远，远而示之近。利而诱之，乱而取之，实而备之，强而避之，怒而挠之，卑而骄之，佚而劳之，亲而离之，攻其无备，出其不意。”大意就是作为将领在用兵之时，应该用尽一切办法掩盖自己的真实意图，通过强化真实目的的反面情况来弱化自己的真实目的，从而让敌人始终处于错误的决定之中，最终达到出其不意而克敌制胜的效果。

因为孙子比老子年幼四五十岁，也有人认为孙子是老子众多流水弟子中的一个，跟老子有过交集，所以在他后面的兵法运用中融入了老子对用兵的概念。除了第三十六章中的文字，还有类似于“以道佐人主者，不欲以兵强于天下”也跟孙子强调的“不战而屈人之兵”的概念吻合。至于孙子是不是老子的弟子，我们可以从老子的一个在册弟子，即文子（也就是计然子，范蠡的老师）在《文子》一书中都以“老子曰”开头作为其论述的理论点可以推导出，孙子和文子应该有过交集，或许还是同门。这在今后对道家发展历史进行细说的时候我们再来歪解。

那么本章的主要思想，或者说按照老子曾经对军事的理解和态度，我们是不是可以从“诡道”的角度对这章的内容进行歪解呢？Why not?

因为有《孙子兵法》出自老子理论这么一个推断，所以我们也可以将三十六章中将“道”的运行方式（“反向运动”）运用在军事上。按照这个观点，第三十六章的主旨就非常明确，即告诫君王一切重要的权柄都必须稳稳地、妥妥地、不为人知地握在自己手上。若非得去深究君王驭下的权柄到底是什么，我们看《韩非子·二柄》就很明确地提到君王必须把“二柄”稳稳地握在手中，并利用“二柄”对群臣进行管理。“二柄者，刑德也。何谓刑德？曰：杀戮之谓刑，庆赏之谓德。”行使赏罚的权利和权威就是君王的权柄，就是“鱼”不可脱离的“渊”，也是君王不可以示人的“邦利器”。若君王的赏罚标准已被人熟知，往往就会有小人有意识地引导君王的标准往对自己有利的方向偏离，最终使得即使有为的君王也会在后期逐渐远离治国的“大道”。

若老子的本意就是在三十六章中告诫君王效仿“道”运行的方式，以此来治理国家。我们是不是也可以做如下推论呢？即“道”

是没有主观喜恶标准的，只是按照自然的方式作用于万物。万物生的时候就作用生，万物灭的时候就作用灭，完全是对整个混沌无序但平衡的自然状态负责，而不是对其作用对象负责。由此，君王效仿“道”的作用方式，基于万物自然出发，若有必要对某人某物某事进行干预，在其时机还没到来的时候，会用一段时间等待事物状态的成熟。换句话说，若某人的作用必须要减弱以便更好地维护万物的自然，则君王效仿“道”的作用方式，在这个人还处于上升阶段时不做硬性强制性减弱行动，而是仍然按照他上升的轨迹继续作用，直到某个临界事件的发生，才弱化这个人的影响，使得万物恢复到自然的状态中。因为这个作用对象也处于万物这个整体系统中，因此任何提前的贸然行动势必引起作用对象的反弹，对君王自然无为的治国原则发生矛盾，所以最好的方式就是隐藏君王真实的目的，默默地完成对作用对象的影响就行了。而这个过程势必不能用强，而是用“柔”（间接地）和“弱”（逐渐地）来达到“胜”的结果。

上述的解释也能将三十六章诠释清楚。无论是以“道”的“反向运动”作为本章的立意出发点，还是以君王效仿“道”的“反向运动”方式进行治国理政，都有个前提，就是圣人和君王的治理出发点，就是“无为”，即不刻意地去通过强硬的主观活动来改变对象物的状态，而是通过渐进的方式逐渐完成对作用对象的影响来确保整个万物系统的自然状态。

三十七、道恒无为章

道恒无为，侯王若能守之，万物将自化。化而欲作，吾将镇之以无名之朴。镇之以无名之朴，夫亦将不欲。不欲以静，万物将自定。

【歪解】

道总是顺乎自然之法而无欲无为。侯王若能够遵守道的自然无为原则去治国理民，那么民众将自然而然地顺从他的教化而和谐安定，达到自我生长和演化的治理局面。而民众自我生长演化过程中总有那些想动用心智来有所作为，以此满足自己的欲望而不能安定地做着自然之事的，我就通过无名无形的“道”来镇伏他。用“道”这无名无形的影响力来镇服这些有为的行为，使这些被影响的人能够重新回到无私无欲的自然状态。当侯王能够以“道”的清静无为的法则使万物达到无私无欲的状态，那么万物就自然而然地沉静下来，从而使侯王所治理的天下处于和谐自然的安定状态。

【臆论】

本章接着又开始讲“道”的无为特征可以给君王的效仿意义。

"道"只是按照既定的规律和趋势运动着，按照既定的法则施行着对万物的影响和作用。"道"的作用无处不在、无所不包、无所不容，但它的这些作用和影响都不是"道"有目的的产物，而是"道"根据自然之法而自然而然产生的一种结果。这种结果就是"无为"，即不以个人经验和主观想法去强制性地对事物进行改造的一种行为。也就是说，"无为"是"道"作用的方式和方法，目的就是为了能保持自然的状态而没有"有为"的影响。本章从这个点出发，对君王应该如何效仿"道"之"无为"，以及君王无为产生的结果做了论述。

按照帛书本《德经》在前，《道经》在后的编排顺序，本章即为《道德经》的最后一章。显然老子是为他写的《道德经》在点题。而点题的题眼，就是"恒无为"和"无名之朴以镇欲"。

反反复复老子在全文中提到君王应该效仿"道"的无为，也没有说清楚为什么要效仿"道"的无为，或者说君王效仿"道"的无为有什么效果（世俗一点说，效仿"道"的无为对君王有什么好处）。或许在老子眼里，不管是好的君王还是坏的君王，都是通过他们的治理目的和治理效果来决定他是否顺应"道"。或许有太多君王一开始的出发点是好的，奋发图强，强国强民，让自己所教化的子民可以享受到君王个人所认为的最好的生活条件和生活基础。然而，按照老子的观点，这样一个以个人主观喜好而设置的施政方式就是怀有"有为"的思想。何况，若君王的思想得不到共鸣，即使周边的臣工都愿意辅佐这个君王，最后还是需要君王亲力亲为，因为他不放心他人是否能够完全理解他的意图和设计。如此，不仅累死君王，还会让那些积极想为君王分忧解难的臣工们遭到打击，毕竟他们感受不到自己能为这个"有为"君王分忧解难的价值。而民众则会更加地感到困惑，因为君王的思考不可能一步到位，也是在施行的过程中不断地进行修正。而这个修正的过程对于一个人而言或许并不难，但要协同一个国家的所有人则近乎不可能。何况信息在传递过程中还有损耗。如此，"有为"的君王不但会让自己陷于忙碌无助的状态，还会让那些积极做事的臣工倍感挫折，民众无所适从且寄希望于君王下一个"想法"（即老子说的"欲作"）会靠谱一点。

老子针对这种"有为"看似有序实则无序混乱的现象，提出君王要效仿"道"的"无为"，守住"无为"意味着要克制"有为"，只有当君王做到"无为"，不贸然违反自然的规律而强行推进不合时宜的教化政令，才能减少管理的阻力，最终实现万物自我生长、自我进化，逐渐进入"治"的状态。这个"治"的状态，应该是一种自发自动、不需要外在驱动力就能自我管理、自我执行和自我协同的状态。一旦万物进入"自化"的进程中，君王所要做的就是在小处进行协调和影响。这就是第三十二章中提到的"道恒无名朴，虽微，天地弗敢臣也"中的"朴"的作用。

老子眼中的管理状态，或者老子眼中圣人按照"道"的原则管理下的天下万物，应该都是自发自动、自我驱动从而实现万物协同和谐的一种效果。这个效果不需要外力，完全是万事万物各自在"道"的作用下实现的"无意识协同"，也就是说万物对此是觉察不到的。它们只是觉得没有阻力，很安心地做着它们认为自然而然的事情而已。而与"道"同体的圣人则能察觉到，或者说感觉到"道"的运行趋势和"道"的作用力，所以他在有意识的按照"道"的运行趋势和作用力方向来引导民众和万物朝着自然而然的方向发展运动。

如果把"道"比喻为海洋中的洋流，一个组织或者国家比喻为一艘船，那么这个船长就是圣人，而船上的一切（包括船员、旅客、货物，包括船本身）就是万物。船长基于经验和对海洋的了解，可以感知到洋流的方向和作用力，所以他会依照洋流的规律和趋势来制定航线。船员只知道航线是船长制订的，不需要知道制定这个航线是基于什么道理。若船长制定的航线是合理且和洋流运行的趋势、方向是统一的（也就是符合"道"的作用和方向），那么船员能感觉到的就是省力和"划船就应该是这个感觉"。同时，作为船上的旅客感觉不到晕船的迹象，一切都是正常的。船本身也会因为顺着洋流而延长它的使用寿命，进而更好地服务于更多的旅客。若船长不懂得海洋中洋流的作用和规律，一味地只是将起点和终点之间的直线作为最佳的航线，很有可能会逆着洋流、逆着风向而行，不仅船本身会因为使用不当而大大减少应该有的使用寿命，船上的船员会倍感吃力且怨声载道（“为什么要顶风而行？为什么……”），顾客更会被颠簸的上吐下泻而难以安定地完成旅行。更严重的可能性或许还会触礁而导致整艘船的覆灭。

上面举的例子很显然，“道”是有规律可循的，也会通过媒介作用在万物上。万物并不是个个体，而是一个整体（如上面例子中的“整艘船”就是“万物”，而不是仅仅只是船上的各个个体）。当圣人按照“道”的运行规律对民众进行管理时，就相当于船长按照海洋中洋流和海况进行引导，最终使得整艘船上的所有个体能够实现一种自我协同的状态，各自会按照让船驶向终点这个目的做好自己的本职工作，确保整艘船能够安全抵达。

如果航线设计合理，船上的各项工作和人事安排得当，船的行进就会很顺畅无碍。当一切看似正常无碍时，就有可能存在“没事找事”，或者“好上加好”的想法和念头出现。比如“如何更早的到达终点”，“如何更省力的划船”，“如何更好地享受旅程”，或者说，“如何更有意义、更刺激”等等。这个就是老子后面说的，“化而欲作”。我们尝试着歪解倒装一下，可以说“化而作欲”。老子是不是想说“因为一切自发自动的协同效果产生了，一切看似畅行无碍之后，欲望（超出实际需要的念头和想法）就会开始冒头，试图改变当前“万物自化”的动态平衡状态”呢？显然，无论是航海还是日常生活，无论是经营小本买卖还是跨国生意，都会在“一切顺利”下尝试着“多元化发展”。若是上位者提出这个“多元化发展”是根据“道”的运行趋势，那么毋庸置疑，这个上位者还是处于“无为”（按照“道”的规律和趋势的“有所作为”就是“无为”）的状态，则“多元化发展”是正确的导向。但若

“多元化发展”的初衷仅仅只是“一切都顺利”，是出于上位者或是管理者个人对整体的状态做出的一个判断，且判断背后更多的是为了自己“有为”（不按照“道”的规律和趋势的“有所作为”就是“有为”），那么这就是欲望在作祟。这个时候应该怎么办呢？明天我们接着歪解。

当万物在有道的侯王影响下实现了自我生长、自我发展、自我协同，从而实现万物彼此之间的良性互动，整体的平衡是动态和谐的，往往就不会感觉到有任何阻力的存在。当一切处于这种和谐、良性的动态平衡时，往往也是新的想法和念头萌芽的时候。若这些想法和念头是符合“道”的发展趋势的，那么有道侯王会去引导这个趋势，若这个想法和念头是不符合“道”的运行趋势的，那么侯王应该怎么办呢？老子说，侯王这个时候要用“无名之朴”去镇住这个念头和想法。

我们在三十二章中提到，“道恒、无名、朴”，说“道”是永恒存在运动着的，它的作用无所不包、不所不容但又难以察觉和命名，而“道”的作用又是万物生发的原动力，没有任何的矫饰成分。在本章中，老子说，一旦万物自化实现良性运动时，往往这个“自化”结果的反面就开始出现了（“欲作”）。圣人或者侯王为了应对这种“欲作”的情况，直接用“道”作为“无名之朴”的特性进行控制（压制），防止这个“欲”会进一步打破“自化”这样的一种平衡状态，使得万物难以按照他们自然而然的状态生长发育。这里我们要去看这个“无名”的“朴”如何去解释。

还是回到三十二章中老子提到的“无名、朴”作为“道”的存在方式和作用方式去理解本章的内容才更加容易入手。首先，“道”有各种不同的存在状态和作用方式，但“无名”（即我们难以绝对地形容“道”）是“道”的一个属性。另外一个层面上看，“道”之所以“无名”，是不是有可能因为“道”总是作用在不被察觉的细小微弱的地方，所以我们难以察觉到，因此难以去描述它呢？而第三十二章中也提到，“朴”是一种原动力，一种面向初心、回归初心的一种趋势力量。如果有道侯王能够效仿“道”作用的方式——于最细微处不被人察觉的方式引导万物朝向一开始的初心，那么是不是可以在欲望将要萌芽但还未萌芽的时候已经开始作用万物再次朝向“自化”的动态平衡上去了呢?

我们回过头来看“化而欲作”这四个字。“化”显然是承接上文，说的是“自化”的状态已经形成了。“欲”可以理解为“欲望”，是不是也可以理解为“将要、即将发生”的意思呢?假设这个理解成立，那么“化而欲作”是不是可以理解为“当万物自化以后，“有为”的“作为之心”（no zuo no die）将要产生时”，也就是说，这个“作”即将产生而未产生。这个时候圣人该怎么办呢?就需要以无为的方式，在无形中对万物进行引导。而之所以能够有这个自信可以将这个即将萌发的“有为之心”进行引导，是因为心里装了“无名之朴”的“道”，即只要掌握了“道”，即便是万物自化过程中可能出现不和谐的因素，也可以通过圣人有意识地行动对这个不和谐因素加以引导和影响，确保万物自化可以保持下去。也就是说，老子眼中从来就没有静止不变的状态，都是在运动中不同的影响因素不断地此消彼长，但只要把握住“道”这个最大的作用力和原初力量，就能在万物生长消息过程中始终处于一种动态和谐的状态，从而确保万物能够获得最大程度的自然发展。

万物在“道”的护航下，虽然不停地有新的因素（和谐的、不和谐的）涌现，但因为圣人效仿“道”的无为方式，在难以察觉的状态下提前进行了预防性措施，使得万物丝毫察觉不到有什么异样，还是在自发自动地自我发展，自然而然地去实现自己的既定轨迹。而圣人之所以能够提前进行干预和引导，则完全是因为圣人心中把握住了“道”这个镇石，可以完全地信任“道”，不管情况如何变化，原则性的方法和方式都会是效法“道”的原则。正是因为圣人能够如此的安住在“道”的镇定作用，所以他也能将这份镇定作用施加在万物上，从而万物也会受到“道”的镇定作用而踏踏实实地、自然而然地生长变化着。

“道”通过无法察觉的方式作用在万物上面，圣人通过万物无法察觉的方式作用在它们上面，起到的作用就是对“万物自化”保驾护航，传递一种镇定的安全感。而这个安全感正是来自于对“道”作为原初力的信任。圣人一旦完全地、全然地接受“道”这种无名无形、无为自然的作用方式，就能将各种“有为”的因素提前消除掉，或是在各种因素即将形成之前提前加以影响，使得这些因素被纳入到“万物”之中，成为“万物自化”的一部分，依照“道”的施化趋势发展。这就像我们将万物的“自化”状态在还没有“欲作”时的状态标记为“自化1”，由于这个“自化1”中有了新的发展动因、趋势、因素，在“道”的镇定作用下，这些新的发展因素被提前影响掉或是消除掉，虽然万物还是“自化”的状态，但是这个“自化”已经是包含了这些新因素的“自化”，将不再是“自化1”，而是“自化2”的“自化状态”了。

虽然“万物自化”中有了新的因素（这些因素可能是新萌生的想法、念头，也有可能是将萌生但未萌生的事物），但这个“万物自化”仍然是平衡和谐的。而这个新的平衡和谐状态仍然可以为万物创造自然的环境而让他们自发自动、自然而然地发展壮大。这个有点像抽陀螺，当陀螺有足够的动力自转以保持平衡时，这个就是“自化1”；当陀螺自转到一定程度，受到空气阻力或者地表摩擦力难以继续保持旋转中的平衡而发生倾斜，从而可能失去平衡而倒地时，圣人就用鞭子（“道”的“无名之朴”）作用一下这个陀螺使得它获得足够的外力以保持自转的速度，从而实现下一个动态平衡。这个“下一个动态平衡”就是“自化2”。周而复始，只要圣人的“鞭子”抽的恰到好处，陀螺始终会在转动中保持平衡。这个新的平衡自然也就消除了上个平衡状态下产生的那些不和谐因素（那些“化而欲作”的因素），这正是因为有“道”的“无名之朴”镇定在其中的原因啊！

当用无名之朴的“道”来镇抚万物，使得万物自化过程中的新因素、新动态能够随时得到关注和引导，使得“万物自化”的状态能够恒久地、动态地维持下去，这就成了一个相互协同的系统：万物在自化过程中自然而然地发展自己，虽然时不时会有新因素产生而使“自化”的这个平衡可能被打破，但“道”时不时地在这些新因素产生时提前进行干预和引导，使这些因素和动态能够符合“万物自化”的总体趋势，逐渐地这些新因素和动态也会变为“万物”的一部分，从而归于“自化”的自然状态。由此，万物的“自化”和道对万物的“镇抚”之间就形成了一个动态的平衡关系，这个平衡关系营造出来的“利万物”的状态，老子叫作“自然”。

当万物处于自然无欲的状态，感受不到任何阻碍它们发展自我、成就自我的阻力时，万物就处于一种“静”的状态。这个“静”并不是安静不动，而是平和安宁，做着它们应该做的事情，想着它们应该想的事情，没有任何的不安，也没有任何的“非分之想”，仅仅只是沉浸于它们“自化”的过程中。一旦“万物自化”恒久地处于这种动态的“静”之中，万物就会安定于它们的原始状态，将能够自我进行归置和寻找属于自己的成就。于是老子把这种情况叫作“不欲以静，万物将自定”，即当“万物自化”过程中能够借助“道”“无名之朴”的特性和功用，让万物不当的想法和念头处于可控和被引导的状态，就能使万物达到无为自然的清静状态。这个无为自然的清静状态，能够让万物自我找到他们各自安定的归宿和使命，引导它们成就各自的功绩啊。

三十八、上德不德章

上德不德，是以有德；下德不失德，是以无德。上德无为而无以为也。上仁为之而无以为也；上义为之而有以为也。上礼为之而莫之应也，则攘臂而扔之。故失道而后德，失德而后仁，失仁而后义，失义而后礼。夫礼者，忠信之薄也，而乱之首也。前识者，道之华也，而愚之首也。是以大丈夫居其厚，不居其薄，居其实，不居其华。故去彼取此。

【歪解】

对"德"体悟进入最高层的人，往往不会刻意去表现或者体现"德"的作用和效用，而是自然而然地处于"德"的状态。正是因为这些"上德之人"不刻意的行为和意图，他们才真正拥有和体现了"德"的价值和功用。那些刚刚开始感知"德"且还没有完全理解和体悟"德"的"下德"之人，只能根据他们对"德"的有限认识和体悟，时时处处地要保持对"德"的关注，防止自己一不小心就"失德"。他们这样有意识地去"为德"，并没有达到自然而然的"德"态，所以他们还没有完全地体悟到"德"。真正的"德"是没有任何主观偏好去有所作为的，都是无意识地依照"道""无为自然"的方式自然而然地起着该有的作用，举手投足之间无一处不符合"道"的精神和原则；真正的"仁"相对要刻意一点，需要主观上保持时刻的警觉，有意识地去体悟“道”的作用方式和作用力场然后尽力去效仿它。虽然“上仁”需要主观的、有意识的关注，但它的作用方式仍然能够效仿“道”的无为自然，并不会以自己的主观意识而是以“道”的运作趋势作为自身的运动方向，从而达到自然而然的作用效果。真正的“义”则比“仁”更加具有主观性，它除了刻意地需要效仿“道”的运行方式和作用原则之外，还以自身的出发点和自身对“道”的理解（已经不是真正的“道”，而是“义之道”）作为处事的原则和决策的依据，因而已经完全取决于“义”而不是“道”这一根本基础。然而，到了“礼”这一层，则完全脱离了处事的初衷，而是纯粹的是主观发挥。若依照“礼”的设定和要求去影响万物，则需要施行“礼”的主体拼尽全力去推销“礼”。即使是这个主体费尽心机想把“礼”推销出去，响应他的人却寥寥无几，最后不管是信仰这个“礼”的主体还是被推销的对象，都不得不将这个“礼”废弃掉（因为“礼”完全达不到预期的效果）。

所以，若上位者不能体悟“道”，按照“道”的原则和运行规律去治国理民，往往他就会倾向于用“德”去达到治理的目的；当上位者逐渐偏离了依照“德”的原则去治理教化民众，那么就会寄希望于“仁”去达到他的为民治理的目的和初衷；而当上位者难以依照“仁”的原则去施行教化，就会按照他的个人标准而开始崇尚和推崇“义”（可是你要知道，“义”的标准完全是主观性的，一旦推行“义”，就开始失去了普遍的价值基础而纯粹地按照个人的喜好来处事了啊！）；更有甚者，连“义”都懒得去用，而是直接制定出种种的“礼”，认为通过形式性质的“礼”而不是客观性质的“道”的标准就能达到治理的效果。这样的治理初衷则很有可能完全是上位者个人功利的决定啊！正是因为“礼”的出现，使得人人都强调主观制定出来的“礼”这样的规则和条律，而罔顾事实和真相。这些脱离事实客观基础而制定出来的条文和要求，正是治理乱局出现的罪魁祸首啊！

前面说到的这些现象（指上位者逐渐降低自我要求，从求道到尚礼的降格效应），都是急功近利的短视行为，它们（指“德”、“仁”、“义”、“礼”）都只是“道”在运行、施化时所呈现出来的一时的表象性状态而不是“道”的本质和原则啊！若上位者仅仅根据“道”运作施化时的表象而觉得自己掌握了真正的“道”，那真是蠢笨的无以复加了。而那些真正决心以道治国的上位者、那些真心体道而行的人们，却能够审慎地对“道”的运动方式和作用方式加以区分，把握“道”运行的本质和原则，而不是仅仅只看这些本质和原则所呈现出来的表象性状态；他们更加关注实质性的作用效果而不是华而不实的表面文章。正是因为这些“大丈夫”有意去体悟真正的“道”，所以在体悟“道”和实践“道”的过程中始终都会区分对待他们所观察到的“道”的作用结果和现象，选择那些真正能够体现“道”的原则而抛弃那些过程性事物（从而能求得真正的“道”，效仿真正的“道”的运作原则）。

【臆论】

对“德”体悟进入最高层的人，往往不会刻意去表现或者体现“德”的作用和效用，而是自然而然地处于“德”的状态。正是因为这些“上德之人”不刻意的行为和意图，他们才真正拥有和体现了“德”的价值和功用。那些刚刚开始感知“德”且还没有完全理解和体悟“德”的“下德”之人，只能根据他们对“德”的有限认识和体悟，时时处处地要保持对“德”的关注，防止自己一不小心就“失德”。他们这样有意识地去“为德”，并没有达到自然而然的“德”态，所以他们还没有完全地体悟到“德”。真正的“德”是没有任何主观偏好去有所作为的，都是无意识地依照“道”“无为自然”的方式自然而然地起着该有的作用，举手投足之间无一处不符合“道”的精神和原则；真正的“仁”相对要刻意一点，需要主观上保持时刻的警觉，有意识地去体悟“道”的作用方式和作用力场然后尽力去效仿它。虽然“上仁”需要主观的、有意识的关注，但它的作用方式仍然能够效仿“道”的无为自然，并不会以自己的主观意识而是以“道”的运作趋势作为自身的运动方向，从而达到自然而然的作用效果。真正的“义”则比“仁”更加具有主观性，它除了刻意地需要效仿“道”的运行方式和作用原则之外，还以自身的出发点和自身对“道”的理解（已经不是真正的“道”，而是“义之道”）作为处事的原则和决策的依据，因而已经完全取决于“义”而不是“道”这一根本基础。然而，到了“礼”这一层，则完全脱离了处事的初衷，而是纯粹的是主观发挥。若依照“礼”的设定和要求去影响万物，则需要施行“礼”的主体拼尽全力去推销“礼”。即使是这个主体费尽心机想把“礼”推销出去，响应他的人却寥寥无几，最后不管是信仰这个“礼”的主体还是被推销的对象，都不得不将这个“礼”废弃掉（因为“礼”完全达不到预期的效果）。

所以，若上位者不能体悟“道”，按照“道”的原则和运行规律去治国理民，往往他就会倾向于用“德”去达到治理的目的；当上位者逐渐偏离了依照“德”的原则去治理教化民众，那么就会寄希望于“仁”去达到他的为民治理的目的和初衷；而当上位者难以依照“仁”的原则去施行教化，就会按照他的个人标准而开始崇尚和推崇“义”（可是你要知道，“义”的标准完全是主观性的，一旦推行“义”，就开始失去了普遍的价值基础而纯粹地按照个人的喜好来处事了啊！）；更有甚者，连“义”都懒得去用，而是直接制定出种种的“礼”，认为通过形式性质的“礼”而不是客观性质的“道”的标准就能达到治理的效果。这样的治理初衷则很有可能完全是上位者个人功利的决定啊！正是因为“礼”的出现，使得人人都强调主观制定出来的“礼”这样的规则和条律，而罔顾事实和真相。这些脱离事实客观基础而制定出来的条文和要求，正是治理乱局出现的罪魁祸首啊!

前面说到的这些现象(指上位者逐渐降低自我要求，从求道到尚礼的降格效应)，都是急功近利的短视行为，它们(指“德”、“仁”、“义”、“礼”)都只是“道”在运行、施化时所呈现出来的一时的表象性状态而不是“道”的本质和原则啊！若上位者仅仅根据“道”运作施化时的表象而觉得自己掌握了真正的“道”，那真是蠢笨的无以复加了。而那些真正决心以道治国的上位者、那些真心体道而行的人们，却能够审慎地对“道”的运动方式和作用方式加以区分，把握“道”运行的本质和原则，而不是仅仅只看这些本质和原则所呈现出来的表象性状态；他们更加关注实质性的作用效果而不是华而不实的表面文章。正是因为这些“大丈夫”有意去体悟真正的“道”，所以在体悟“道”和实践“道”的过程中始终都会区分对待他们所观察到的“道”的作用结果和现象，选择那些真正能够体现“道”的原则而抛弃那些过程性事物(从而能求得真正的“道”，效仿真正的“道”的运作原则)。

第三十八章是老子《德篇》中的第一章，也是帛书《老子》全书的第一章。原本《老子》一书是部分章节的，就如同一篇博士论文，全文论述的中心思想大概就是君王应该“尊道贵德”，以此来达到万物自然的治理效果。不管是分上下篇的《老子》，还是《道德经》的下篇第一章，第三十八章中的文字相对来说是非常之多的。里面提到的概念也是最多的，有我们熟悉的“道”，紧接着就是“德”、“仁”、“义”、“礼”。但是按照老子本章中的描述，基本上我们可以确定，老子仅仅只是在描述“上德”和“下德”这两种“德”。为什么呢?我们开始歪解一下。

本章开篇就点明了老子想通过这章来描述一下他所观察到的“道”作用于人世间，或者“道”通过我们主观观察以后所产生的不同理解。根据理解的不同，他将“道”在人世间的表现分为“上德”和“下德”两种。开始讲“上德”和“下德”之前，我们有必要来解读一下什么是“德”。

根据发音我们可以联想一下，“德”同“得”发音相同，大概意思也有点类似。《素书》中对于“德”的定义是：“德者，人之所得，使万物各得其所欲”。大概意思就是说，“德”就是人所接触到的、获得的一种状态，这种状态可以让万物各自获得他们想要的事物（实现他们的愿望）。从而我们可以基本确定，老子的“德”是继承了他对“道”的理解而产生的一种具体到人世间的一种概念，用来将“道”的作用和法则同人的主观能动性和人对“道”在人类社会活动中的作用相联系。简单而言，老子认为“道”难以描述，且作用于万事万物，那么我们的人类社会，或者说人类文明同样也会受到“道”的作用，而“道”作用在人类社会活动中的效果，就叫作“德”。从我们人类社会的角度看，是我们受到了“道”的作用从而获得了对“道”的应用和效仿的机会。由此产生的“德”，应该就是“道”，但“道”包含“德”而又比“德”远远复杂和伟大得多。

由于“德”是我们人类主观上对“道”的认识和把握，是基于“道”而衍生出来的主观概念。因此，是否有足够的能力去理解和体悟“道”决定了我们是否能够正确的反馈出“道”的精髓来。由于人类的主观感悟能力和意愿是不一样的，由此产生了不同的结果：那些能够依照“道”的本质和原则来实践“道”在人世间的活动，被老子描述为“上德”；那些不能够依照“道”的本质和原则，在实践“道”的过程中产生偏差的活动，被老子描述为“下德”。为什么我们可以这么歪解呢？因为这同“上德”和“下德”的行为特点有关。

老子说，那些真正依照“道”的法则和规律，在人世间实践“道”的行为和活动，最重要的一个特点就是“不德”。也就是说这些“上德”的行为并不是以“有德”作为出发点，换句话说，“上德”的行为并不是为了求“德”，而是纯粹的做“该做的事情”，也就是“无为无不为”。因为这些行为和活动的本身关注点并不在结果和形式上，而是在发心和过程中。由此我们可以联想到，假设一个人真正的悟到了“道”，那么实践这个“道”就是一个自然而然的过程，完全不需要去证明或是主动去宣扬什么。即使他对万物所有助益，也并不是为了助益万物而去这么做的，而是这么做纯粹就是他按照“道”去做事情的自然而然的结果。而这个“上德”，就是我们之前说过的“玄德”（“生而不有，为而不恃，长而不宰”），无任何个人目的性地去成就万事万物各自的功绩，而不是出于自身的立场和目的去成就万事万物。正因为“上德”的行为并不是为了标榜或者获得“德”，所以他们是真正理解和感悟“道”了的行为，是真正的“道”在人世间的作用体现，是真正的“德”。

另一方面，“下德”，即偏离了对“道”作用于人类活动的理解，同时却自认为自己已经完全正确地理解并且把握住了“道”的真实存在。这样的行为和活动，在老子眼中并不是真正的“德”，而是“为了有德而有德”的错误行为。这些所谓“德”，纯粹就是完全基于某个人或者某类人对“道”的主观理解，并不符合“道”的真正本质。因为这些活动或者活动的主体（往往是君王）并没有实践真正的“道”，也没有体悟到“道”的真谛，但他们却认为他们已经很有“道”，且对“德”也是理解到位和实践到位，因此唯恐天下人不知道自己是个“有德”的人，自己所从事的事情是完全基于“道”的行为，从而认为自己是个真正有“德”的人，动不动就搬出他们对“德”的理解来佐证自己的“德”，从而失去了“道”无名、自然、无为的运行法则和作用原则，他们并没有获得真正的“德”，而只是自我沉浸于那些主观上的“道”而开始吹嘘罢了。

这个“下德”在老子眼中有不同的演化过程，“下德”在不同阶段的名称就是“仁”、“义”、“礼”。为什么这么说？“仁”、“义”、“礼”作为下德都有什么不同和相同的地方呢？

老子讲完他对“上德”和“下德”的整体定义和根本不同点之后，进一步就“下德”的三种变化（仁、义、礼）做了描述。而这三种变化之所以属于“下德”，原因在于他们的初衷/发心/目的和途径。

首先老子提到，“上德”的发心和初衷，是“无以为”，也就是说，老子眼中的“上德”表现，根本就不是刻意去彰显“德”或是为了实践“道”而去表现“德”，而是出于“上德”状态下的“自然而然”的结果。处于“上德”状态中的人，不仅他们的目的和初衷完全是自然的、非主观导向性的，行动也是完全按照“道”的运行规律和趋势进行，完全没有个人的主观选择。

有人会说，任何行动不就是基于我们主观选择后的结果吗？难不成“上德”之人就跟机器人一样，完全受“道”的支配而没有他们自身的意志吗？其实这个就像是某人决定要培养某个习惯一样，一开始需要进行大量的“刻意练习”，练习的过程中需要不断地矫正当跟这个新习惯不一致的行动和想法，随着时间的推移，这个习惯从一开始的“不习惯”，逐渐变为“习惯”；由“习惯”逐渐变为“自然”，一旦变为“自然”之后，这个习惯已经变成这个人的一部分，这个“新习惯”也就变成了“自然而然”的事情，并不需要刻意去进行矫正和关注，条件反射式地就会按照新养成的习惯开始操作，主观意志力在这样的条件下，只会在潜意识中进行关注，而不需要在显意识层面进行操作。同样的效果可以在“上德”这个层面进行解释：上德之人已经将实践和效仿“道”变为自己处事的习惯，并且对此丝毫没有半点犹豫。由此，他们的行为和初衷就完全是依照和效仿“道”的，而“道”也是通过上德之人变现出它在某件事情上的态度和作用，因此，上德之人和“道”实际上可以画一个等号：上德之人等于“道”的某一刻、某一态，“道”针对某一时某一事的作用和影响，等于上德之人针对这一时这一事的处理态度。总结成一句话，就是上德之人的出发点和作用方式，都是完全效仿和实践“道”的无为、无不为。

老子眼中的“德”，是秉承着对“道”的无条件、无主观的效法，是摒弃了一切“有为”之后的“无为”，从而能够“与道同为”，进入“浑然一体”的状态。因为“上德”没有“有为”的打算，也没有通过“有为”的行动去实现某个计划或者目的，一切都是“无心而为”，所以效法“道”该为的就是“无为”，不该为的不为也是一种“无为”。“上德”的状态就是无心为、无所谓“为”的一种“为”。同“上德”对应的“下德”，在老子眼中，依次从高到低分化为三种境界，即：“上仁”、“上义”、“上礼”。我们今天先来看“上仁”。

老子说，“上仁”之人，就会推崇“仁”这个概念。而“仁”这个概念，是用“有为”的行动来实现“无为”的心。怎么解释呢？就像很多人和事情一样，出于好心，所以无所畏惧，可以仗着自己“无利己之心”而对身边的人、事和物进行指挥和操作。若被指挥、被操作的事物难以按照他所设计的方案配合，就往往被贴上“不仁”的标签，由此化生出“仁”和“不仁”的概念。“上仁”之人虽然初心并不是为了自己，也是为了效法“道”的“无我利他”的特征，但无法做到“道”的“无为自然”，难以通过“自然无为”的方式对万物的自生、自化、自均等等进行辅助和运化。因为难以通过“无为自然”的方式来引导和影响万物，从而就化生出了两个对立面：上（尚）仁的“圣人”和“圣人”治理的万物。而在老子眼中，圣人效法“道”，并没有将自身和万物进行区分，而是将自身视为自然的一部分，也是属于万物的一份子。只是圣人因为更加贴近“道”，因为践行“道”的原则和作用，所以受到万物的归附和信任，由此才有了影响和引导万物的机会和平台。但“上仁”的圣人，他所推行的“仁”，是他用来影响和引导万物的基础和权威。而这个“仁”的创生，则是“圣人”认为它能够让万物自均、自化、自生，自以为是地认为“尚仁”可以让万物更好的发展自己。但终究“仁”这个概念是“圣人”自身悟到“道”后的一种理解，只能是“道”的一面、“道”的一个作用和影响力，并非“道”的全部。由此，“上仁”跟“上德”比，虽然初心和动机都是“无为”，但实践这个初心的行动却是完全不同的：“上德”以

“无为自然”的方式给予万物自生、自化、自均的机会和空间；“上仁”以推崇“仁”这个“有为”的概念，寄希望于“圣人”的“仁”可以影响万物，让万物彼此相互“尚仁”，由此实现圣人之治的理想，属于以“圣人”的理解去构建万物之间的关系，则是“有为”的行为了。

那么比“上仁”次一等的“上（尚）义”又怎么理解呢？

在老子看来，“上德”跟“道”是相一致的，“上德”从目的和行为上都是效法“道”无为自然，从而是最贴近“道”的。“上仁”因为有了人为的干预和预设，虽然同样出于“无为”的目的，但却用了人为的“有为”干预和引导，使得万物不能按照自己的意图去各自自生自化、自我成就，反而需要符合“圣人”对“仁”的定义去无限靠近“仁”才能获得“圣人”的成就，所以就偏离了“道”的“无为”意图和“自然”的手段。

紧接着，老子说，如果连“仁”都难以企及的时候，就会有人开始推动“义”的普世，用“有为”的手段，强调“有为”的动机，一切都开始用人为的标准去评价事物的发展轨迹是否符合人为设定的目的和归宿。一旦有事物的发展轨迹难以符合这个既定的目的和既定的实现目的的方式和途径，就会被确立为同普世相反的对立面。于是，“上（尚）义”的“圣人”，是站在自己对“道”的理解上来构建价值观和价值取向，同时，基于自己对“体道”的认知和体会，设计规划了万物实现“道”的价值的发展轨迹。这个发展轨迹就是“义”，即“宜”，一切要按照合适的方式来呈现自我，否则都是“不宜”采用的，就是“不义”之举。

表面上看，“上义”的行为若能得到贯彻，免除了下位者的思考，可以完全按照上位者设定的目标和行为轨迹，照着做就行了。可是，这个上位者设计的目标和行为轨迹是完全处于他个人对“道”的理解，或者说，这个“道”是这个上位者发明的，并不是客观存在的“上德”对应的“道”，而是“义之道”，即有定语修饰的“道”，是上位者发明阐述自身对“道”的理解的产物，是为个人目的服务的产物，由此老子说，“上义”的人，不管是发心、动机，还是引导万物的手段，都是为了自身的“有为”服务的，而不是为了成就万物自然、自化、自定而存在的！因此，相对于“上德”和“上仁”，已经从动机和行为上都失去了“道”的“无为自然”，完全都按照“有所作为”的原则来处理自身和万物的关系，已经完全脱离了“道”。

老子论述完“德”、“仁”和“义”之后，基本上将圣人们实践“道”的初衷和行为方式做了完全的排列组合：“目的/初衷”可以分为“无目的、无主观偏向性（无以为）”和“有目的、有偏向性（有以为）”。“行为方式/作用方式”也可以分为“无目的、无主观偏向性（无为）”和“有目的、有偏向性（为之）”，那么两两组合就会有以下四种：

立足于“无目的、无主观偏向性”，通过“无目的、无主观偏向性”的方式来引导和影响万物，这就是“上德”。

立足于“无目的、无主观偏向性”，但通过“有目的、有主观偏向性”的方式来引导和影响万物，这就是“上仁”。

立足于“有目的、有主观偏向性”，通过“有目的、有主观偏向性”的方式来引导和影响万物，这就是“上义”。

立足于“有目的、有主观偏向性”，但通过“无目的、无主观偏向性”的方式来引导和影响万物，老子没有明确指明这是什么，但是我们结合上下文看看这个组合可能是什么。

老子在论述“上礼”的时候说，“上礼”之人，首先是有目的、有主观偏向性的初衷，无论是为自己还是为天下，总是是基于自己对“道”的理解提出了“礼”这个概念，希望通过“礼”能够实现自身对“道”的实践。然而，当这个“圣人”提出“礼”，希望万物能有所反馈和呼应时，发现没有任何的反应。类似的情景就像成语鸡同鸭讲一般，无论发言者如何兴奋，听众的状态全然不在线上。由此引发“圣人”进一步的行动，就是强制万物必须要跟从和遵守“圣人”对“礼”的规定。这个强制措施已经脱离了基本的对万物的尊重和必要的理解，完全是基于某一个“圣人”对自身管理需求而衍生出来的“礼”的一种权威性保护。一旦开始采用强制措施，则已经完全脱离了对“道”的任何一个层面的实践和体悟，由此而产生的结果就是“胡为”，没有任何有益性的动作，自然产生完全脱离“道”的结果。“上（尚）礼”的行为本身就已经不在对“道”的追求和实践，完全是人为创设出来的一套运作体系和标准了。

我们结合第十七章（“太上，下知有之；其次，亲誉之；其次，畏之；其下，侮之。”），似乎也能对应起来：“下知有之”对应“上德”，“亲誉之”对应“上仁”，“畏之”对应“上义”，“侮之”则可以对应“上礼”，由此将“道”的“上德”和“下德”产生的治理效果做了总结和描述。或许在老子眼中，一旦有人为的“有为”之心产生，不管他的初心是否为了万物，都已经属于“下德”的范畴，已经不再能完全代表“道”的功能和特性了。

老子论述完“德”、“仁”、“义”和“礼”之后，紧接着提出了他的“衰减现象”：因为“道”难以被认同和推行，所以圣人们开始尝试着通过推行“德”来实践“道”的部分功能和作用，但整体上还是以“无为自然”来引导和影响；若“德”也难以被圣人们认同和接受，次代的圣人们就有目的地尝试着推行“仁”，但行动上仍然是尊重万物自然的本性，以“无为”的方式来影响和引导万物；再次一代的圣人们即使对“仁”也难以认同和企及，由此便有目的、有计划的推动“义”，寄希望于通过有为的圣人们的有意识地管理活动，使得万物能够获得更好的发展；最末等的“圣人们”已经难以有效地体认“道”的“有为”和“无为”，完全就是凭借着个人的政治目的和管理需要，用自我发明的“礼”这个概念来统治和管理万物，用强制的管理手段强迫万物和民众完全按照“圣人”所制定的礼仪规程来活动，由此就减轻了对圣人悟道和体道的要求，完全可以假借“礼”这个概念为所欲为。

正是因为“礼”的提出和推行完全基于“圣人”（或者更确切的叫作“伪圣人”）自己的管理目的和管理需求，因此谈不上客观上的合理，更不用说“合道”了。凡是符合“伪圣人”治理需求的，都可以通过制定仪式和规范，设定条条框框，名之曰“礼”，实质上是为了更好地管理和控制万物的活动方向，以便防止“伪圣人”自身的利益受到侵害。因为“伪圣人”的需求随时会变，所以“礼”也就会随着“伪圣人”的需求变化而随时失效，新的礼法会被发明和创造，由此民众开始丧失对上位者的信任，也开始“依葫芦画瓢”，若今天的“合礼”会变成明天的“非礼”，那么民众就会阳奉阴违，并不会全心全意地去执行和落实上位者的管理意图和决策行为，由此便产生了各种各样的“管理失能”，整个组织和机构就会陷入一种看似有条不紊、井然有序地运行着，实则完全是管理失能，丧失了组织聚合民众实现其组织使命的目的！

基于“礼”的这个弊端，老子毫不留情地对矫饰的“礼”提出了批评，说“礼”是圣人偷懒，随意发明的概念，和“道”完全没有关系。不仅如此，因为“礼”的发明是基于一事一时一态而定的，事物会随着“道”的作用往返变化，由此“礼”就会丧失其作用，成为一种空壳。狡诈之徒可以打着“合礼”的旗号，为所欲为，完全不顾道义和忠信，从而天下就没有了可以参考的基础原则和行为规范，定然陷入大乱。

本章的这句话，我们可以试想，若老子没能将视角放长放远，仅仅以一事一时一态去观察“礼”，就不可能发现“礼”之作用的时效性和局限性。老子眼中的“道”因为是无常反复运作、贯穿古今且以“无为自然”的方式作用万事万物，由此万事万物的变化皆包含在“道”的范畴内，由此凭借着对“道”的体悟和践行，不拘泥于一时一事一态的状态，而是透过这个表象世界和经验世界的现象，直入本质，把握“道”的运行规律和作用方式，才是真正“上德”圣人们应该关注的事情。

谈完了“德”、“仁”、“义”和“礼”种种概念之后，老子最后总结到，即使是这些基于“道”衍生出来的“有为”、“无为”，都是“道”作用在具体事物上的表象，而不是真正的“道”。换句话说，哪怕是“上德”这样已经非常接近“道”的一种状态和存在，也不完全等于“道”，而是“道”的一面、一种作用状态和一种存在状态，只能说是“无限接近”，但不等同。如果圣人拘泥在“道德仁义”这些“道”所演化出来的概念而不懂得真正的“道”是无所定型、无所不包、难以描述的一种动态存在，那完全就是一种愚蠢的行为。老子眼中的“道”，是不可名状的一种存在，不能完全就界定某一个事物或是某个状态就是“道”，只能说“道”在某一种状态下是以该状态来表现和呈现“道”的，不能反过来说这个状态和这个事物就是“道”！

正因为“道”的无形和动态变化，因此圣人们不会拘泥在某个层面上而不懂得变通，总是尝试着把握住事物的本质（即“道”），而不是拘泥于事物表现出来的表面性状态；圣人们也不会去追求事物看似呈现的“道”的某种特征就认为这就是“道”，而是完全脱离了一时的“道”的暂时性状，去追求那本质上存在着的“道”。因为圣人能够明晓“道”的无形变化总是配合因应万物的自生、自化、自定而“无为自然”，所以圣人效仿“道”的“无为自然”的作用方式，抛弃追求表面成就的念头，完全依照“道”的运行趋势和特征来治国理政，通过“清静无为”的方式确保万事万物能够借助“圣人之治”获得最大的发展空间和发展自由！

三十九、昔之得一者章

昔之得一者，天得一以清，地得一以宁，神得一以灵，谷得一以盈，侯王得一以为天下正。其致之也，谓天毋以清将恐裂，谓地毋以宁将恐发，谓神毋以灵将恐歇，谓谷毋以盈将恐竭，谓侯王毋以贵以高将恐蹶。故必贵而以贱为本，必高而以下为基。夫是以侯王自谓孤寡不谷，此其贱之本与？非也？故致数誉无誉。是故不欲禄禄若玉，珞珞若石。

【歪解】

我来列举一些“合道”之后事物的表现吧。天按照“道”运行就会清澈，地按照“道”运行就会安宁，神按照“道”运行就能够发挥它们的作用，溪谷按照“道”运行就能让自己获得充盈，侯王若能够按照“道”的原则治国理政就能让天下万物保持正确的发展方向和趋势。

若这些事物不按照“道”的运行方式和趋势去做会有什么结果呢？若不按照“道”的作用去运行，天就难以保持自身的清澈，使自身处于风云变化不定、难以发挥自身该有的作用；地若不按照“道”的方式去运行就难以保持安宁从而引发不必要的震动，使得山崩地裂而失去自身该有的镇定作用；神若不按照“道”的方式和法则去运行，就难以保证自身的作用是否有效，从而难以维持和持续发挥它们该有的作用；溪谷若不能按照“道”的方式和法则去运行，就难以保持自身的充盈状态而逐渐变得枯竭无力，失去它涵养万物的作用了；侯王若不按照“道”无为处下的方式治国理政，而是一味地强调和调高自己身为上位者的高贵，估计用不了多久就会失去自身执政的基础而从高位上跌下来。

透过这些表象我们可以看出，那些在上位的事物和获得高贵地位的事物，本质上都是首先从自身认识上将身段放于下位和低贱的位置上，或者确保自身能够守住“柔弱处下”的态度才能确保在高位上能够依照“道”的法则和方式来完成自身的使命和义务。这就解释了为什么侯王都会用“孤”、“寡”和“不谷”这类低下的贱名来称呼自己，他们这么做难道不是为了时时提醒自己要守住“处下守弱”的根本吗？事实难道不是这样吗？所以说真正的名号和声誉并不是那些数不胜数的声名远播的事实，而是那些在无形处就默默完成的功绩啊！

我们也可以这么理解，与其闪耀的像一块块宝玉一般，不如踏踏实实、实实在在的像石头一样啊！（宝玉好看但毕竟也是石头，实质为石头的宝玉却要满足众人对“宝玉”的夸耀，不如做回石头，反而能安心做好该做的事情而不用被声名所累啊！）

【臆论】

老子在三十八章中将他观察到的众多对“道”的理解和应用上区分为“上德”和“下德”。“上德”等同于得到了“道”的精髓的圣人，“上德”完全符合“道”，包含于“道”。之所以“上德”完全包含于“道”，因为它从目的和行动上都同“道”一样，“无为自然”。而“下德”根据对“无为”的理解和应用的不同，化生为“上仁”、“上义”和“上礼”。因为“道”无所不包，所以不能说这些行为和对“道”的理解无关，而是“道”在这些理念中的成分不纯，“上仁”的纯度最高，“上礼”的纯度最低。那么老子费那么大的周章去区分“道”的“纯度”问题，肯定会引申出一个问题，那就是为什么要去追求“道”的纯度，或者说，追求到极高纯度的“道”之后会有什么状况发生呢？老子在第三十九章中就对“道”的高纯度表现做了描述。

在第三十九章中，老子将最高纯度的“道”描述为“一”，意思就是说，若万物在追求“道”的过程中能够不断地“提纯”真正的“道”，那么最终就会达到一个最高纯度的、老子称为“一”的状态。得到“一”，让自身跟“道”无限接近会有什么表现呢？这个表现总结出来就是“天下无事，各安其事”：天和地按照“道”的“无为自然”原则运行，就会天清地宁，为万物创造出足够的空间和安全感；神（某种超越我们认知的规律存在）按照“无为自然”的方式存在着，就会让民众对其产生信任，并按照它所生效的方式对其产生合理的预期，由此这些存在着的规律就能顺利的发生作用。溪谷或者山谷按照“道”的运行原则，就能够始终充满能量和生机。侯王若能守住自己对“道”的“无为自然”的信仰和行事原则，那么天下万物将会自我安定，各自获得各自的发展和生存空间，实现和谐的生存状态。

这一段老子着重强调“得一”，“得”特指实践和主观上努力之后的一种状态，也是验证过后的一种笃定和深信不疑。“一”很多文本中解释为“道”，我认为这里的“一”更多的是特指“道”在各种事物中的纯度为100%的一种状态，但“一”本身应该不是“道”，而是“道”作用在某个具体事物、事件或者特定规律中的表现。只有这么去理解，才能解释“道”这个因素，或者元初核心是一样的，但作用在具体事物上所化生出来的特征是不同的。这些特征彼此之间不同，因此对“道”的表现不同，所以各自对“道”的纯度需求不同。怎么理解呢？我们拿做奶茶时需要的不同甜度做个比喻。

由于奶茶有不同种类，每种奶茶对应不同的事物（比如天、地、神、谷、侯王分别对应奶茶A、B、C、D、E）。对于奶茶A（如“天”）而言，甜度达到12%就可以了，那么我们对“天”的要求和期盼就是“甜度为12%的奶茶”，人为的多一点或少一点，都将破坏12%这个甜度，所以对于“天”而言，恰当的甜度（12%）就是它的“一”。奶茶B的甜度可能是15%，C的可能是20%，D的可能是10%，E的可能是35%等等。只要各自的甜度达到各自的标准，我们就说它的甜度正确，即它们获得了“一”。在这里，“道”是什么呢？“道”就是“产生甜度的糖”（假设纯天然产生的甜味只能通过糖产生，那么“糖”就是“上德”。人工合成不同代糖就类似于“下德”，像人工合成的阿巴斯甜，或者甜蜜素、木糖醇等产生甜味的人工合成物就是“下德”的范畴了），“一”就是“正确的甜度”，“得”就是“调配奶茶的甜度”，“得一”就可以理解为：“根据不同奶茶，通过糖的增减调配，获得对应奶茶的正确的甜度”。对“得一”的正确理解，有助于我们解开后面几章的精髓和实质。

老子的“一”是指事物中“道”的正确纯度。由此推断出不同事物的“一”是不一样的，也是一样的。说他们不一样是因为各自的纯度不同，有多有少，适合自己的就是最好的。说他们一样，是因为决定这个纯度高低多少的元素都是“道”！由此，我们可以间接地推出，老子眼中的最佳状态，是不多不少正好可以完成某个事物对“道”的需求，而“道”也正是通过没有主观偏见的“无为”，对该事物的发展过程中，施加刚好合适的作用！万物对“道”的需求和期望会因为自身的发展特点和发展趋势、方向有多不同，但这些不同在“道”眼中就是“一”。若万物能够获得这个“一”（动态平衡的正确纯度），就能够自生、自长、自化和自定了！若没有这个“一”，或者说对“道”的追求到了一定阶段，但是并没有完全实现这个“纯度要求”，会有什么样的后果呢？老子还是拿上文提到的“天”、“地”、“神”、“谷”和“侯王”做了对比描述。

老子认为，“天”、“地”、“神”、“谷”和“侯王”之所以能发挥各自该有的功用和职能，是因为他们都获得了属于各自的“道的纯度”，因而达到了“清”、“宁”、“灵”、“盈”和“天下正”的效果。如果只是追求“道”而忽略了“道”的具体变化和因应，则天难以保持清静，地也难以保持安宁，神灵将不再有效，溪谷将会丧失生命力而枯竭，侯王将失去其贵范和高位，最终从处于上位的管理阶层中跌落下来，失去民众的拥戴和信任。

老子眼中这些统领万物的五个代表，包含了上位者应该有的状态（“清”、“宁”、“灵”、“盈”和“天下正”），这个前提是这五个代表性人、事、物能够依照各自的“一”，获得各自的“道的纯度”。那么如何推断出这个“道的纯度”是否已经处于“一”的状态呢？老子在下文中给出了他所观察的几个表象性参考。

老子眼中，“一”是“道的纯度”，根据事物的不同，这个“纯度”也不同，但“道”是相同的。紧接着，老子针对“天”、“地”、“神”、“谷”和“侯王”这五类事物“得一”和“不得一”时的状态，总结道：要想处于上位，必须时时刻刻想着下位；要想处于贵位，要时时处处想着卑位。只有同时能想到“高下”和“贵贱”这样的矛盾，才能有意识地对当前处于上位这样一种状态保持警醒。换言之，越是处于高位、上位，越需要对处于下位、贱位的因素特别注意。“道”的“无为”因为不具备主观偏向性，因此势必“高”和“下”构成了其在事物中的“纯度”：因着“下”作为衬托和基础，才有了“高”的“度”（“道”的纯度）；因着“贱”作为铺垫才有了“贵”的层次。

为了防止处于高位的人君忽略或者遗忘这个道理，所以侯王们都会以自谦、自贬的方式来称呼自己。“孤”暗示自己“不群不党”，保持客观独立；“寡”暗示君王势单力薄，不会以地位和权势来压制下位的人；“不谷（合在一起读的音同“仆”，）”，暗示自己是处于卑贱地位的仆人。这个仆人可以是辅佐万物的助手，也可以理解为“道”的仆从，只是替“道”在发挥辅佐万物的功能和作用。因为这些人君都不以高贵的名称和头衔来标榜自己的位置，反而选了些低贱的名称来自称，这不就暗合首先将自己置于低到不能再低的位置了，自然能够防止自己失去保持上位者的根基。这样做难道没有道理吗？

如果明白了高贵是需要以低贱作为基础去成就的，那么反过头来，如果君王所接收到的称誉已经到了无可附加的地位了，是不是就暗示着要么就将失去这份尊誉，要么就是加柔造作出来的产物，并不是真正的尊誉呢？

或许在老子眼中，万事万物都因为有其本质的“道”作用着它们的生长消息，而我们预设的任何主观性行为都是“前识”，都是我们按照自己的理解强加给“道”的一种定义。虽然有些定义同“道”有重合的地方，但即使是这些重合的地方，也只是“道”的表面现象。这些概念看似繁华绚丽，实则都是我们偏离了“道”的本质所衍生出来的主观概念，跟客观存在的“道”没有多大关系。只要把握住了“道”，那么所有的表象性现象都可以忽略不计。

老子基于这个理解，顺势提出他对“高贵”和“低贱”，以及因此而产生的民众对于侯王的评价和赞誉的反应，作用在有道之君身上应该就像是“舍美玉而保朴石”，或者更极端的说，美玉的本质也只是一块石头，既然都是石头，于其成为一块人人羡慕、人人追求、高高在上的一块美玉，不如将自己当作一块普普通通、未加加工的石头来得没有压力，来的自然。作为美玉还得去迎合大众对美玉的期望和要求，还得符合美玉供人观赏的种种特性，但美玉终归是块石头，跟其他普通石头没有什么两样。

对于处于上位的侯王而言，本身已经是块美玉了，就不要天天标榜自己的特殊性。因此，有道之君虽然知道和了解自己有别于普通石头，但他们并不想彰显自己的特殊性，反而会不断地强调自己作为“石头”的一面，安安心心地、毫无赞誉美名负担的依道而为。

四十、上士闻道章

上士闻道，勤而行之；中士闻道，若存若亡；下士闻道，大笑之。弗笑不足以为道。是以建言有之，曰：明道如昧，进道如退，夷道如纇（lèi）。上德如谷，大白如辱，广德如不足，建德如偷，质贞如渝。大方无隅，大器晚（免）成，大音希声；大象无形。道褒无名，夫唯道，善始且善成。

【歪解】

上士（特指对“道”有特殊敏感性、时时处于“悟道”状态下的人）一旦感悟或是听到了“道”，就会穷追不舍地将这份感悟追究到底，并将之放在生活中去实践和验证；中士（特指那些心里有困惑，也有心寻找答案，但犹豫不决，意志不坚定者）感觉到了“道”，或是从其他地方间接地接触到了“道”之后，他们仍然会将信将疑，时而觉得“道”是存在在某个方面发挥着作用，时而又开始怀疑“道”的真实性和可用性，翻来覆去的始终不能贯彻始终；下士（特指那些执着于事物所呈现出来的表象，对表象产生的原因不感兴趣的人）听闻到一些关于“道”的概念、趋势、运行规律和作用，他们就会哈哈大笑，因为总觉得那些说“道”的人们故弄玄虚。如果下士们对于“道”不发出嘲笑，反而是认真地点头称是，估计这样的“道”也不是真的“道”啊！

所以古时候有这样一些名言警句，说：“明道如昧”（那明亮显赫的大道却好像暗昧无光，难以被人看到），“进道如退”（那些积极进取的大道却好像在起着反作用），“夷道如纇（lèi）”（那平坦易行的大道却好像充满着险阻而难以通行）。“上德如谷”（那些高尚的美德却好像幽深低下的深谷），“大白如辱”（那纯洁无瑕的美德看上去又似乎污迹斑斑），“广德如不足”（那最能增益万物的美德却似乎永远难以覆盖所有的事物），“建德如偷”（那刚健上进的美德却好像是蹑手蹑脚地在偷懒），“质贞如渝”（那质真淳朴的美德看上去却似乎浅薄轻浮）。“大方无隅”（真正的方正的形状若大到没有边际，反而看上去像是没有边缘和棱角），“大器晚（免）成”（那些真正庞大复杂的器物是难以一下就能够完成的），“大音希声”（真正洪亮到极致的声音反而我们是听不到它的），“大象无形”（那些真正宏大壮丽的现象是难以被我们感知到的）。

大道周行不殆，涵养万物，自然也就难以被我们完全地描述和定义，它幽隐微妙难以言表，不能用具体的名称去指代它，完全地穷尽对它的描述。只有这个大道啊，才是最善于孕育一切，又能一路辅助成就一切的根源啊！

【臆论】

虽然“道”没有偏见，但是人有偏见。在老子看来，“道”并不是一般民众所能了解和知晓的。哪怕是当时受过教育的、有一定社会地位的“士”这一阶层，也因为“士”本身的悟性，“求道”的态度和是否存在一个“不可言说”的“道”的态度，分为了如下三类“士”：

1.上士

这类“士”特指对“道”有特殊敏感性、时时处于“悟道”状态下的人。“上士”为什么在“闻道”这件事情上如此的用心，并且一旦听闻到“道”，就会毫不犹豫地去“行”之呢？我想这是因为这类“士”时刻处于对“道”的求索中，时时刻刻就如同雷达一般扫描这后边的事物，捕捉着任何可能有助于自己对“道”的理解和观察的一切现象。更为重要的是，他们对“道”的存在，对“道”的作用和对“道”的混沌不可言说一并深信不疑。用现在的话说，要成为老子眼中的“上士”，最基本的条件就是“因为相信，所以看见”。因为他们相信有这么一个行之有效、超越存在并作用万物的“道”的存在，一旦他们捕捉到任何来自主观体验或是客观现象中可能包含的“道”的一个方面，就会对此加以提炼和实践，然后再进行修正。如此反复来提升自己对“道”的理解和把握。

2.中士

这类“士”特指那些心里有困惑，也有心寻找答案，但犹豫不决，意志不坚定者。他们有着同样的观察能力，但始终不认为有一个超越我们认知能力的“道”一以贯之地在起作用。某个瞬间或者某个具体实践中，他们觉察到推动事物发展的除了他们有意识的努力和引导之外，还存在一种力量。为什么这么说呢？因为他们的“经验”是纯主观提炼之后的总结，缺少了必要的“变通”（因为“道”是不拘泥于一个固定的作用形势，会根据不同时空和不同目的，随着作用对象条件的变化而改变自己作用的方式和条件，因此老子才会说“道”是不可言说的），所以时而他们认为没有“道”存在，一切治理和行为产生的结果是因为他们的有目的行为（即老子眼中的“有为”）。他们又时而感觉到有“道”的存在，因为原封不动地照搬之前的经验之后，发现没有产生预期的效果；或者说他们根本没做什么主观努力，但产生了同之前费尽心力之后的效果，得出一个总结就是不管努力与否，推动事物发生发展所产生的结果并不完全取决于他们有意识的努力，还有其他他们还未认知到的因素存在，这个因素他们认为是

“道”。由此又开始对“道”产生敬畏。这类人就是第三十八章中老子说的“下德”中推行“仁”、“义”的“士”，认为通过推行有意识的管理行为和措施就能达到预期的效果，实则只能部分可控、部分失控、部分可能可控可能失控的混沌不可预知的状态。

3.下士

这类“士”就特指那些执着于事物所呈现出来的表象，对表象产生的原因不感兴趣的人，一切都以自我为中心构建整个体系的人。老子眼中的“下士”，应该是对应三十八章中推行那些“礼”的“士”。这类人完全抛开对“道”本质的追问，完全执着于眼前所见的事物。这类“士”在社会活动中最典型的特点就是“头痛医头、脚痛医脚”的行为特征。为什么这么说呢？就是他们观察到通过有意识的主观设计比如“礼”（春秋时期的“礼”泛指一切社会仪式、阶层行为和规章），就可以达到立时的治理效果：因为有具体的规章要求，民众则必须按照上位者设计的具体规章来行动，否则都是违反“礼”的。上位者可以通过有目的的、有私心的、有主观偏向性的行为来强制性地要求民众按照其设计的路径完成他所要求的动作，由此达到他个人的目的。由此他们会对那些推崇“以道治国”的行为发出他们胜利者的嘲笑：看，我都不用学“道”就能让民众来服从我的命令，达到治理效果！咱们是“殊途同归”不是吗？

如果我们能联系前面几十个章节中的内容，应该不难发现，“下士”们强制推行“礼制”、产生一时效果是有前提的，这个前提就是上位者获得民众的主动归附和拥戴。若上位者一味推行强制手段，时间一长，民众产生怨念，立刻就会失去他的高位和贵位。这个在上一章（第三十九章）老子说得很明白，任何的“高贵”都是基于“低贱”的，侯王要时刻将自己放在“低贱”的状态才能保持自己“高贵”的身位。或许老子认为，若没有“下士”对“道”的嘲笑，若没有他们作为“依道治国”的反面教材，还真说不好“道”是不是真实有效呢！因为“道”的一个重要特征就是“有无相生”啊，既然有依道治国而勤而行之的，必然就会有这类行为的反面，即“嘲道治国”的行为啊！为了说明“道”往往以“下士”所不能理解的反面存在发生作用，老子在本章的下一段举了不少成语（即“建言”）。

虽然“道”是不变的，但是人对“道”的领悟有不同程度的偏差。这些偏差有些来自人本身的悟性，有些是来自人的“求道”目的，还有一部分则完全是基于对是否存在“道”这个问题的嘲笑。因此，在四十章中，老子一开始就提出了三类“士”对“道”的态度。这里我们要注意一下，春秋时期，“士”是有一定教育程度，且服务于某个具体大夫或是诸侯的。按照那个时期的分封制，天子底下有诸侯，诸侯底下有大夫，大夫底下就是“士”。“士”是古时候有身份和地位的起点。至于“上士”、“中士”和“下士”，即是对“闻道”这个行为的反应。由于西周时“学在官府”，是夏、商、西周文化教育制度的特点。其表现有二；一是官师合一。由国家职官掌握学术，担任各级学校的教师；二是政教合一，学校既是施教的场所，又是进行政治活动的宫廷。学术和教育为官方所把持，国家有文字记录的法规、典籍文献以及祭祀典礼的礼器全部掌握在官府。因此，老子这里面说的“士”应该就是当时的知识分子和相对于“民”而言的上位者（即公务员和预备公务员）。由于这部分人除了“治学”之外，还兼具这“治民”的工作内容，因此，他们是沿着“天子—诸侯—大夫”这一条线下来的“一线管理者”，所有的政治理念和治理措施都是在“士”这个层面上开展的。正是因为“士”如此接近治理实务，老子尤其侧重“士”对于“道”的理解和执行。同样的“道”（治理理念和策略）对同一拨人而言，由于这拨人分了“上”、“中”、“下”三等，就产生了执行效果上的差异，这是老子无奈情况下的总结，也是为了呼应第三十八章中的“道”、“德”、“仁”、“义”、“礼”的退变，是否士因为对三十九章中“一”的根本性的认识不同而产生出的不同管理质量呢？

老子在论述完三类“士”对“闻道”后的反应之后，为了进一步说明“道”为什么会被“下士”嘲笑的原因，他引用了当时已经存在，或者说他认为非常有道理的“建言”来说明“道之华、愚之首”

的“前识”背后可能存在的真理。一般认为“建言”应该是当时的一类成语，或者可能是本书。我们可以按照发音，或许“建言”可能是“谏言”，用来向君王陈述忠告和建议，且可能跟君王现在的行为相悖的言论。如同历史上那些知名的“诤臣”们都是通过“谏言”的形式来规劝君王做出行为改变的。

那么老子的“谏言”都说了什么呢？我们按照句式和主题内容，分成了下面三类：

1.对“道”表现出来的现象背后的本质做了说明

老子原文是“明道如昧，进道如退，夷道如纇”，我们不妨帮他把修饰语和主语的位置互换一下，就看到如下结果：“道明如昧，道进如退，道夷如纇”。这三个“谏言”都是来说明“道”所表现出来的往往跟它的作用结果想法。“道”的作用光明正大且如日中天，但“下士”看来或许是一种暧昧不清的状态；明明“道”的真正作用是在推动事物的发展，但“下士”看来确实在拖着事物往后退；明明“道”所呈现出来的是一个顺畅无比的解决方案，但“下士”眼中这个解决方案难以施行，完全跟他们的目的背道而驰！我们读到这里自然能想到老子说的这些“谏言”为什么“下士”们看到的都是“道”真正作用的反面，因为不管是“明”、“进”还是“夷”，都是指“无为自然”，而“下士”们看到的却是“有为”的行为，所以自然他们就会认为按照“道”的“无为自然”的要求去执行，岂不是无所事事、放任自然不加以管束吗？这对于希望通过强制手段达到治理目的的上位者们而言，难道不是“反”了吗？

2.对“上德”表现出来德现象及其背后的本质做说明

老子原文是“上德如谷，大白如辱，广德如不足，建德如偷，质贞如渝”。我们也倒装一下，结果就是：“德上如谷，白大如辱，德广如不足，德建如偷，贞质如渝”。上位的“德”看上去却似乎在下位；彰显天下的大德看上去却被人羞辱到极致；施行普遍广泛的大德看上去却遗漏了不少本应该受益的对象；明明在积极发挥作用的上德，却表现得慵懒无所作为且害怕人知的样子；那些矢志不渝的上德行为，看上去却像是随时都可能放弃的样子！这些现象对于“下士”们而言实在是费解烧脑啊！

我们不禁要问，为什么“上德”会有这样的表现呢？其实这个跟三十八章中的“上德无为而无以为”是相一致的。“上德”之人存粹是为了践行“道”，完全是按照“道”的运行趋势来治国理政，完全是通过治理对象的需求来设计和调整自己的行为，并不是反过来按照自己的理解来要求治理对象适应自己。因为他们“无为自然”，所以根本不在乎“下士”们追求的那些来自民众的拥戴和赞誉，只是依道而行就可以了。因为他们无私，最终却成就了他们的“私利”，也就是说，他们的目的是“无私”，但导致的结果是“私利”；而“下士”们的目的是“私利”，导致的结果就是“有为”。因此“下士”们自然会嘲笑那些依道而行者们的“无私利行为”（即“无为”），认为没有利益驱动为什么要去做事呢？没有下位者们的称赞为什么要费时费力去做呢？“下士”们这些行为，是将自己的位置放在了同民众一般水平，而不是“上位”者的思维了！所以他们嘲笑“上德”的行为也是自然的！

3.对表象事物终极探寻后的结果进行描述

老子论述完“道”和“德”是以“下士”们所理解的反面而存在的，为了进一步说明“道”和“德”的这种特性同样存在在我们的感官上，他接着举了四个例子。

老子的原文是“大方无隅，大器晚成，大音希声；大象无形”，我们变化主语位置之后，就得到：“方大无隅，器大免成，音大希声，象大无形”。

“谏言”中说，方正的事物如果推导到无限大，就已经找不到它的边角了。这个怎么理解呢？如同我们要画一个正方形，这个正方形的一条边就延伸到了宇宙的尽头，在那折角后再画一条边到宇宙的尽头，如此画完四条边，我估计这四条边的起点和终点都会是一个点，最终就像求证圆周率时所用的“画圆为方”效果的反推过程，即“画方为圆”！“谏言”或许在告诫侯王，只要本质上是“方”，外形是否方正并不能影响其作为“方”的本质。

“谏言”中说，真正宏大的器物是难以通过人工完成的，凡是用人工能完成的器物，总会被下一个更加宏大的器物所取代。那么真正宏大的器物可能要通过不断地积累、经年累月的持续不断的作用，已经远远超越某一代人或是某几代人所能够预测的了！这是不是又在劝谏侯王，既然要完成一件真正伟大宏伟的功绩，最终是否能够完成不完全取决于你的个人能力和主观诉求，于其与其执着于一时一事，不如“清静无为”而“无不为”呢？

“谏言”接着说，声音大到极致的时候，我们根本就听不见。超声波的发现似乎暗合了这句话。另外一层解释，或许是“不言之教”的效果和影响要远远大于“有言之教”，上位者的身体力行要远远好于说教。

“谏言”中还提到真正宏大的、能被我们所感知道的现象，是我们所看不穷尽的！这个“象”的“无形”，或许并不是说“没有形状”，而是说我们只能看到这个“象”的局部和片面，并不能看到整体和全部，由此难以得出这个“象”具体是什么样子。如同我们观察宇宙，所看到的也只是我们所能观测到的，余下部分只能通过推导得出一种“意象”，即虚构出来的一种可能状态。这是不是又在劝谏侯王，既然你要做一件伟大的事情，何必拘泥于是否被下位者完全的理解和接受呢？他们又是否能够百分百的了解你的意图，一如你了解你的意图一样呢？上位者推行的“无为之事、不言之教”，难道不也存在下位者认为上位者“无所事事”的“懒政”行为吗？

纠结了这么多看似反面的现象，实质上更好的达到了行为的目的，这实在是让“下士”们费解和不能接受的！除了嘲笑这些他们看上去完全是背向而行的行为和表现，难道“下士”们就能“勤而行之”了吗？那他们岂不成为“上士”了？正因为如此，老子才不得不说，“下士”们除了大声嘲笑“道”之外，没有其他办法来证明“道”的价值了啊！

老子说了那么多，最后估计也是知道“道”只能对有心“闻到”且能“勤而行之”的人所理解和体认。但他还是不服气，最后来了句，“道”的好处和功用实在是难以用言语表达清楚、表达穷尽的啊！我也只能从不同维度、不同表象中去捕捉它、描述它，所有的论述和定义都只能描述这个“道”的某一个功能和表象，但不是“道”本身或是“道”的全部。为什么呢？因为“道”没有自身固定的运行方式，总是根据作用对象的需要来调整自己，以作用对象感受不到的存在方式来影响和引导作用对象来发展和成就对象物。因为这个特点，所以即使我告诉这个对象物，你的成就和发展都是这个“道”在后面起着作用，你也不可能接受啊！因为你在获得成功的时候对“道”完全无感，对不对？一般人只能对“阻力”或者“推力”产生感知，但对于“驱动力”缺少认知，是因为“吸引力”和“感应力”完全是顺应着事物的意愿产生作用的，你分不清到底是你的念头催生了这个“驱动力”，还是这个“驱动力”催生了你的念头，难以说清。

最后老子总结道，说不说得清我也要说，不管是他说感觉到的部分“道”的表象和作用，还是他说认为的“道”在某个事物上的全部作用和表现，综合起来看，“道”有一个共同的本质特征，或者说共有属性，这个属性就是：善始善成！道总是能够帮助事物催生其内在动力，一旦开始，就一路护送直至该事物完成它的目的和获得它的功绩。这个积极的良性作用从一开始就作用到结束，对任何事物都一视同仁，对所有时间节点都一致有效，所以“道”就是这样贯穿始终的作用力啊！

四十一、反者道之动章

反也者，道之动也；弱也者，道之用也。天下之物生于有，有生于无。

【歪解】

反向发展是“道”的运动方式；柔弱形态是“道”的作用方式。天下万事万物都是从“有”中生化而来，而“有”则是从“无”中生化来的。（有生于无）

【臆论】

全本《老子道德经》中，我个人最喜欢这章。言简意赅，包含了对“道”的两种基本形态和作用方式的总结！只是这章自郭店楚简出土之后，引来不少对“无中生有”还是“有无相生”的大讨论。我们暂不讨论到底哪个版本是老子原初的想法，无论是“有无相生”还是“无中生有”，都没有否定“道”的运动作用方式和作用结果。

一般认为，第一段中提到的“道之动”和“道之用”都是在讲“道”本身。他们认为，“道”运行一定程度之后就会反向运动，那么是不是可以理解为“道”有点像《射雕英雄传》里的老顽童周伯通呢？一开始帮着甲打乙，等乙逐渐不行了，开始帮着乙来打甲呢？这不是反向运动吗？当然，我们也可以把这个反向运动理解为事物超过某个顶点之后，就会往下发展；或者说事物本来有个节点，达到这个节点是最好的效果。一旦超过了这个节点，效果就开始打折，超得越多效果越不理想。生活中有很多这样的例子，开始的初心只是为了做到某件事情，而不是将这件事情做到极致。等事情有了积极反馈之后，开始往极致走，结果越走到后来越失去了当初出发的初心。总之，不管是绝对的反面，还是相对的反面，“道”的运动趋势就是有个临界点。

那么“道”的作用是什么呢？就是“柔弱”。“道”的常见作用就是跟水一样，通过柔弱的姿态来完成辅育万物的功能。所以老子会说“上善如水”。因为“道”的柔弱，所以始终都是在随顺万事万物的发展趋势，没有任何的阻力，我们反而感觉不到“道”的这个特性。就如同顺流而下行驶中的船，只是知道顺流而下的阻力会比逆流而上的阻力小很多，可以仅仅通过用很小的力就能让船快速地前进。正是因为水流的“柔弱”作用力在船身上起着推动的作用，相对于逆流而上的阻力，对于这个顺流而下的推力却感知了了。“道”的作用就是通过这样的“柔弱”（随顺）来实现的。

但这样的解释总是觉得有点怪怪的。按照这样的解释，“道”的这两个特征是“道”本身所具有的，意思就是老子开始在描述“道”了。可实际上“道”是不可描述，只可能通过具体的事物间接地推测出“道”可能的特征，所以我们有理由怀疑，“道之动”和“道之用”或许是在描述“道”作用在万物上的一种现象。我们明天尝试着用这个视角分析下“道动”和“道用”可能的解释。

道的运动趋势总是在事物达到某个临界点时，“道”就会让其往相反的方向发展。道的作用方式，常常是在事物发展到某个临界点时，开始削弱该事物的发展趋势。天下间有形有态的万事万物，或是从“有”中生化出来，或是从“无”中生化而来。

若“道”真如老子所说的，是不可言说的存在，只能通过“无限接近”去描述它，那么，很有可能老子说的“返者道动”是在描述

“道”作用在万物之上，万物所发生的可能变化。这就像是我们用“风速”来描述空气的流动，但“风”本身并不是一种真实存在的东西，而是“空气”的一种运动状态。那么“返”有没有可能相当于“风”，“万物”就是“空气”，而“道”就是催生“空气”运动的那股原动力呢（比如太阳？）？

如果上述假设成立，那么“道”就是太阳，通过无所不包、没有偏见的方式向外界散发着能量。这些能量作用在空气（万物）之上，产生不同程度的温度（道之用）。由于温度差的存在，催动了空气的流动，空气一旦流动，就生成了“风”（返）。那么让空气能够流动的前提就是太阳照射之下所产生的温差足够大。如果仅仅只是产生温度，并不能产生风。风的产生一定是温差到了某个临界值，从静止的状态跃迁到流动的状态，进而就产生了风。

“道”作用在万物之上，万物由此开始发生变化。这个变化一开始是内在的变化。但一旦这个变化到了临界值，就开始运动，即万物开始生长发展。万物生长发展的这个运动特征就是“返”，即过了临界点就开始往反方向运动，或者开始返回到原初的起点。但相信这个过程应该是螺旋变化的，只是这个螺旋变化从侧面看是在上升或者下降的轨迹。但从上往下看，就是某个点在做圆周/圆环运动，且周而复始地进行着一圈又一圈的往复运动。所以老子说，“返者道动”。

那“道”的作用结果是什么呢？还是按照螺旋上升或者下降的角度理解，越往上，这个运动轨迹所受到的反向作用越强，变现出来的一个结果就是这个运动轨迹的速度会逐渐减弱，最后逐渐静止（“归根”）。过了静止这个状态之后，这个点的运动轨迹就开始朝相反的方向进行，由此开始下一轮的“反向运动”。这个有点像“熵”的概念，逐渐衰退直至最终消失。但就像“风”是太阳作用产生温差后的结果，“熵”也是“道”作用在万物生发轨迹上之后所产生的结果，由此老子说“弱者道用”，使万物逐渐衰减直至静止的反向弱化运动，就是“道”作用在“万物”上之后所产生的结果。

“返”使“道”作用在万物之上，万物的运动发展轨迹；“弱”是“道”作用在万物上之后，对万物发展轨迹的作用力。一个是出发运动的原因，一个是运动发生之后的作用方式。这就是老子眼中“道”所具备的“反/返”和“用”特征。

老子在描述完“道”作用下万物可能的运动方式和最终结果后，他接着论述万物产生的原因。他说，天下万物都是从“有”中化生出来的，而“有”则是从“无”中化生的。由此，我们自然地认为“无”要比“有”更加原初，更加接近“道”，甚至有些人认为“道”就是“无”，“无”就是“道”，事实上是这样吗？我们尝试着歪解一下。

首先，在第一章中，老子提到“无，名万物之始；有，名万物之母”，这里并没有说“无”就比“有”更加原始，而是说万物生发过程中“无”和“有”有着不同的功能和作用，简言之，“无”是万物要成而未成的状态，属于混沌逐渐开始有序但还没有生成秩序的一种趋势状态。而“有”则是万物已经形成，或者换句话说，事物在“无”的作用下已经摆脱了混沌，开始以一种可以描述的状态存在，并在可预计的将来会按照某个具体方向发展的状态就是“有”。但这并不代表“先无后有”，而是客观上对“无”和“有”的一种描述。我的理解是，老子眼中的“万物”应该是个整体，这个整体之中包含了某些事物的“该有未有”的“无”的状态，还包含了另一些事物的“既有而长”的“有”的状态，所以“万物”才会兼具“无”和“有”的特征。因此，不能片面的、线性的就说“无中生有”，而是“有无相生”，这个过程是多线程并发的过程，而不是单线程单向发展的过程。

其次，从郭店楚简中我们似乎能够看到，最接近老子时代的楚简，并没有“有生于无”的“有”字，而是在“天下之物生于有”的后面接了“生于无”。不确定是否因为省略或是某种“合并同类项”的行为，亦或是抄写错误？若这句话是老子祖本中的句子，那么我们就可以理解为老子是认为天下之物既有生于“有”的，也有生于“无”的，由此将“无”和“有”并列，而不是“无”要高于“有”，“无”中孕育了“有”。

第三，在《老子道德经》全本中，除了这一处提到了“有生于无”之外，其他任何地方都不能找到类似的、斩钉截铁地论述。反而是在第二章中，老子说到“有无相生”。参照上下文，老子的这个“有无相生”，也可以写为“无有相生”，两者调换位置，不影响主题意思。那么，这个“有无相生”跟本章中的“有生于无”是不是自相矛盾了呢？此外，若第十一章中的内容句读为“卅辐同一毂，当其无有，车之用也；埏埴而为器，当其无有，埴器之用也。凿户牖以为室，当其无有，室之用也。故有之以为利，无之以为用”，将“无有”作为一个概念进行句读，而不是常见地将“无”和“有”句读开，那么整个十一章的内容主题就完全可以用最后一句来总结。而最后一句也并没有说“有之利”就一定比“无之用”差，而是要说明要善用“有无”这对互相作用、互相成就的因素，不能将这对矛盾简单地理解为互相排斥，或者某一个因素比另外一个因素强，而是要去观察这对因素相互作用、和谐共生的种种例子。

以上三点都可以理解为老子的“有无观”并没有将“无”放到“有”的前面、上面，而是要说明“有无”这对因素在“万物”这个整体概念中普遍存在的现象。只有充分理解和把握住了“有无相生”这个概念，拿捏好这对概念，才能“无为（无）无不为（有）”，最终达到平衡和谐。而这章中的“天下之物生于有、生于无”恰恰就带出了第四十二章中的内容，即“道”的作用是如何演化出万物的。我们下一节再接着歪解。

四十二、道生一章

道生一，一生二，二生三，三生万物。万物负阴而抱阳，冲气以为和。天下之所恶，唯孤寡不谷。而王公以自名也。物或损之而益，益之而损。古人之所教，亦我而教人，故强梁者不得其死，吾将以为教父。

【歪解】

在“道”的作用下，产生了动态、平衡、和谐混沌的“一”。这个平衡、混沌和谐的“一”中包含了生灭、消息、有无等相互依存的因素，我们把这样个状态叫作“二”。而当这些两两相互依存、彼此倚靠的因素达到平衡和谐的时候，就化生出了即使单个因素，又是两个因素处于动态平衡的第三种状态，这就是从“二”中生化出来的“三”了。“万物”就是在“三”的状态中，由这些各种各样因素彼此相互依存、项目矛盾又和谐统一的一个整体。万物作为这样一个整体，其中的各类因素彼此相互作用，各个事物之间又形成相互作用、生生不息，最终保持一种混沌无序但和谐平衡的状态。

天下人所厌恶的，无非就是“孤（无依）、寡（无靠）、不谷（不善）”这类事物。但王公们却以“孤、寡、不谷”来称呼自己。有些事物我们虽然有意识地要减损它们，但最后我们却发现这些减损它们的行为使得这些事物获得了增益；而有些事物我们有意识、有目的地想去强化它们，结果我们的行为却导致了这些事物的减损。从古至今传下来的言教和智慧，我也把它们交给你们。比如说古人说“用强的人最终不会有好的结果”，我就是把这个教训作为我教育你们的基本出发点来对待的。

【臆论】

《道德经》四十二章中的“一二三”关系，以及万物“负阴抱阳”的引用是除了“道可道”和“道法自然”之外被引用次数最多的经文。本章内容大致分成三个段落，今天我们来歪解一下第一个段落：“道生一，一生二，二生三，三生万物。万物负阴而抱阳，冲气以为和。”

从字面意思看，非常简单，就是万物是如何跟“道”产生关系的。这里面比较难理解的就是“生”。它到底是指生发，还是是创生，还是是指一种前因创造了一种后果？因为有各种各样的不同解法，既然谁都有自己的主意，那我们还是自我歪解一下。首先，老子虽然不时地引用上古时期的俗语，但他行文有内在的逻辑。这一段中，老子最重要的一个要点就是事物之间的相互关联是难以用一种绝对的、单向的联系来解释清楚的。不管是“道”还是“一二三”还是“万物”，都是在错综复杂但彼此之间有能和谐平衡的关系中成就其他事物。如果一定要将“一二三”作为绝对的论述，似乎很难。我们勉强有一种可能的概念群来进行解释。

首先，我们知道“道”是难以言说、难以绝对定义的一种存在。这个存在因为没有任何人、任何现有的语言全面去概括“道”，于是我们只能退而求其次，去观察“道”的作用所显现出来的种种迹象和表征。这里，老子没有用“德”，而是用了

“一”。这个“一”在第三十九章中出现过，就是“得一”中的“一”。也在第十四章中出现过，就是当老子尝试去描述“道”时，发现只能无限趋近但不能绝对描述，最后只能将“微、希、夷”这三者混在一起，成为“一”。由此我们可以认为，这个“一”中包含了所有我们能够感知道的“道”的种种特征，但不能用任何一种单一的因素或者现象去表述它。举个例子，“道”在这里就像是基本元素，而这个“一”就像是受精卵。这个受精卵一开始只是一个细胞，但这个细胞中包含了后面所有的种种变化以及各种功能。而在这个受精卵生成之前的种种，就是“道”。这个“受精卵生成之间的种种”并不一定仅限于物质层面的元素或者粒子，还包括了环境、时空，以及发生这个受精过程的准备过程。

成千上万的条件创造了这么一个“一”，这个“一”就是各种条件在那个时刻达到的一种平衡状态，或者叫作跃迁状态。在“一”之前就是“种种”。这些个“种种”在“道”的作用下涌动生发，最终达到一种发生质变的状态而进入到了“一”。这个“一”中的“种种”，从本质上来说，就是“正反”两种因素。我们可以理解这两种因素是一种矛盾，也是一种共生，比如有无、前后、高下等等，总之在论述某个方面时，肯定有其对立面的存在。如同要站立起来就需要有个东西作为支撑一样。这个“正反”我们可以理解为后面的“阴阳”。这就是老子眼中的“一”生出来的“二”，或者“一”中包含着的“二”。

那么“三”是什么呢？说白了“三”就是“二”的不同形态。怎么理解呢？假设我们把老子的“一”理解为“100%（百分之一百）”，这就是“一生二”，有了分子的“一百”和作为分母的“一百”，但这个“百分之一百”仍然是“一”。“三”的状态就相当于这个“百分之一百”上的一个刻度，比如“百分之三”的刻度，也可以是“百分之九十七”。更形象的去理解“道生一、一生二、二生三”的过程就是：你拿了一根木棍，准备做一个刻度尺（这是“道”作用下的条件综合），削直之后去掉多余的内容，你准备拿加工过的这个木条作为基础开始刻刻度。这个“加工过的木条”就是“一”。你画了100个刻度之后，就有了“二”，“百分之百”，100个刻度作为分母是“一”，这100个刻度还在这个木条上，木条也是“一”。然后，你又在这个木棍上绑了一条线，以表示不同的长度比，这个绑上去用以表示不同刻度的线，连同之前的分子、分母就构成了“三”。若所有的测量对象都以这个木条的长度作为极限，那么这个木条所涵盖的各种长度就是“万物”。“三生万物”就是木条所能反映出来的各种长度比。假设一个事物占了这个木条的百分之四十，另外一个事物的占了这个木条的百分之三，各种各样的事物都有其所占的比例。于是乎，我们就发现这一个木条就是无限的组合集。

而当某个事物（我们取它的长度作为简单化的一个属性）的长度占到某个百分比时，它没占的那部分就是另外一个长度，于是我们就有了“阴”和“阳”。假设这个木条是一段距离，我们从这个木条的一端走向另一端，那么走过的那部分势必在我们的背后，而还没走过的那部分就在我们面前，那是不是我们背着“阴”（已经走过的、已经发生的）而抱着“阳”（还未发生的、正在发生的）呢？而这个“阴阳”会随着我们的运动发生比例上的变化。假设我们还没走过的那段路程终点和我们的前胸之间有条白色的线，而我们的起点跟我们的后背有条黑色的线，且这两条线会随着我们的运动而实时变化，那么随着我们的移动，这两条线的长短也会发生变化，自然它们所占的长度比例也会发生变化，于是我们就有了“阴阳”变化。

若考虑到我们的运动并非是单线程、单向的，而是往复、无规律的，我们可能不只走在一个木条上，而是走在无数个木条在此刻的交点上，我们身上就可能是无数条白色的线和黑色的线的交集，简言之，就是以我们所在的位置和时空作为一个点，发散出无数个线，就组成了一个立体的球，我们处于这个球心之中。无论我们怎么变化，都处于这个球体之中，而这个球体因为这个位置就被区分了正面和反面，或者“阴”和“阳”。我们把这个球体中可以存在的任何的点的位置集合叫作“万物”。“万物”在任何地方都会有“阴”和“阳”，即“正”和“反”，但无论这个点在哪，总是在某个比例点上。一旦这个比例点是平衡的、相对稳定的，这个点的那一刹那的状态，就是“和”。而在“和”之前的那种混沌无序的涌动状态，就是“冲”的状态，而这个“气”或许就是构成“阴”“阳”的那个因素，也就是构成“白线”和“黑线”的那个物质。由此，“冲气”就是“在某条线上来回移动”，立体一点，就是在这个“圆球”内涌动。问题来了，“气”是不是就是沿着某条“线”运行的一种推动力呢？

老子在前面讲完“道”的生化现象之后，总结到万物总是有其正反两面的。请注意，昨天我们为了方便理解，对万物只是做了一个单线程、单向的分析，这是不得已而为之的。要知道，这个“万物”是一个整体，这个整体包含了各种各样的“阴阳”和“正反”。按照庄子的说法，就相当于在地上竖了一根柱子，第一天砍掉横着的这个柱子的一半（留下的为阳，去掉的为阴），第二天接着砍竖在地上的一半的一半，如此往复下去，是不可能将这个柱子完全从地面上削除的！意味着什么呢？意味着万物总是有“阴阳”的，不管这个万物是某个事物，还是事物的某个方面，抑或是事物的某个方面的某个因素，内在都包含了“阴阳”。若有人认为可以有纯粹的“阴”或者纯粹的“阳”，那就真的太简单了！

正因为万物始终包含着“一、二、三、”（很多人理解“一”为“无极”，混沌无序但涌动的状态；“二”为阴、阳二要素；“三”为包含“阴阳相合”的状态。），而一般人会根据自己的私心只关注对自己有利的那一面，而忽视或者漠视这个“有利面”背后的“有害面”，要尽量远离那些让自己不快、不顺的事物，比如“孤、寡、不谷”之类的常人眼中的“非善”之事，所以往往收到这个规律的反噬作用。鉴于此，老子对王公自称“孤、寡、不谷”的行为提出了他的理解，认为这是王公认识到“道”的作用总是伴随着“阴阳互长”发生的，所以若某个事物已经处于某个极端，或者预先准备着会发生“不善”的事情，事情或许就会朝着有利的方向发展。这是为什么呢？明天我们接着歪解。

通过我们前面说的，“万物”本身已经包含了“正反”，所以无论你怎么切分，都会包含彼此相反的作用和结果。与其你纠结在不可控的变化上，不如关注那些可控层面的事物。有些事情我们看似可以通过弱化这些事情的消极面使之更好的服务我们的目的，但常常我们能得到想法的结果：由于弱化了事物的消极面，事物的积极面由于“冲气相和”的平衡条件改变了，积极面也会发生变化，往往这个变化是离我们预期效果相背离的，由此也就“强化”了我们不想看到的结果。而有时候我们为了使某事物保持积极的状态而采取了非自然的手段和措施，抱着让这个积极的发展势头持续下去，但往往我们为之付出的努力产生的结果却事与愿违，使得我们最初的目的和预期结果受到了不同程度的损害。

老子所观察到的“损益”现象，是为了提醒君王任何事物的发展过程中，一味强调某一个因素而忽略这个因素的反面作用，往往会达不到预期的效果。这个经验和事实并不是老子自己发明的，而是一代一代传下来的事实。他只是认同这个道理，并且将之作为其论述的一个基本点提出来。因为万物中包含阴阳，在损益取舍过程中自然也会有阴阳的存在，若一味地用强而不顾虑强的反面是弱，导致的结果往往不会是善终。于是老子说，一味用强的人最终的下场将是非正常的结束自己的生命。这个“强梁者不得其死”也出现在《金人铭》中，紧接着下一句就是“好胜者必遇其敌”，都不是用强的好结果。

正是因为老子认识到人的行为误区总是看到“强”的好处，痴迷于用“强”去解决问题。而在“用强”的过程中若不注意其反面，往往导致最终的失败。由此老子才提出来他的学说是牢记“用强”的害处，而要持守“柔弱”，这是老子认为他的学说的基础和出发点。

四十三、天下之至柔章

天下之至柔，驰骋于天下之至坚。出于无有，入于无间。吾是以知无为之有益也。不言之教，无为之益，天下希能及之矣也。

【歪解】

（一般人观察到以刚胜柔、以强胜弱这些常态，由此认为通过获得强力就能达到目的，认为通过“用强”的手段可以不坚不催、达到治理的效果。）但我所观察到的现象却是，若天底下存在这么些至柔的事物（比如说水，或者空气），这些至柔的事物却能自由地驰骋于天底下看似最坚硬、最严密的事物之间（比如岩石、比如钢铁）。这些看似柔弱到极点的事物往往能在看不见的地方存在着，并且在那些看似最坚硬的事物之间来去自由、完全不受至坚之物的“强力”所束缚。换句话说，若事物“柔弱”状态已经到了极致，那么所有我们所了解的关于这些事物对应的反面优势，即“强”的优势就会荡然无存。由此我也就能推测出为什么“无为”有那么大、那么多的好处了。

（但事实上我所观察到的是，尽管“无为”的好处非常了不起，但很少有人能注意到，就像）不言之教、无为的好处，天下又有多少人能真正的践行这些行为，真正领悟“不言之教”、“无为之益”的真谛呢？

【臆论】

老子在第四十二章中论述完“用强”的结果必然不会有好下场之后，接着提出了他所观察到的一种同“用强”完全相反、但能更好地实现管理目的和意图的方式，就是：用柔！如果大家还记得，我们在歪解第四十一章时提到，“弱也者，道之用也”，说使物柔弱是“道”的作用结果。那么我们是否能够更加主动一点，不用“道”来勉强和作用，主动的成为这个“柔弱”以省略“道”的作用过程呢？这正是老子在本章中想要告诉我们的：主动拥抱柔弱和无为，才能真正地获得最大化的益处。

老子认为，天下至柔的事物所表现出来的行为方式完全同“强”相反，但在作用结果上却往往能获得更加自由和空间。或许老子观察到太多“用强”的结果，以及一开始认为通过“用强”可以迅速地达到治理目的，比如强制推行某个管理制度，对不遵守的对象实行严厉惩罚措施，使治理对象不得不服从和执行该制度。但就像老子说的，“物或损之而益，益之而损”，只要是有意识地（即“用强”）去加速事物的变化和节奏，结果往往是不可控的。

反之，老子观察到那些天下至柔的事物，比如水或者空气，往往能够在看不见的地方存在着（“不言之教、无为之事”），并且能够在作用对象非常坚固的情况下仍然发挥其作用。即使作用对象坚固到滴水不进的极端情况下，仍然能够出入自由且得心应手。最终就能将这个“至柔”之物发挥到极致！

通过对比“柔”和“坚（强）”，老子想说明的是，常人眼中的管理方式就是立竿见影，迅速有效，省略整个管理沟通过程。这是管理者的偷懒行为，也是管理者“有为”心态作祟的结果。之所以“有为”，是因为它脱离了“道”的运动方式，也同“道”的作用结果相反。四十二章中虽然没有点明“无为”、“清静”，但是提到了这两种方式的反面，即“用强”。老子眼中，效仿“至柔”

之物的最好方式就是清静无为而柔弱处下，在“无有”状态下发挥作用，从而让这个作用力能够渗入“至坚之间”，达到通过“不言之教、无为之事”的“无为”治理状态。通过无形、无私心的合理措施，使得自然万物达到良好的平衡和治理，而上位者在整个过程中都是隐身于背后，都是在自然而然的状态下运筹帷幄，从而使万物处于自生、自长、自化和自定的正向的管理状态中，这就是“至柔”状态下的“无为”所能产生的益处。

老子认为世间最柔弱的事物可以自由出入于时间最坚硬的事物。这个观点似乎还有一种解读，就是时间至柔的事物可以将世间至坚的事物包含于内！以柔弱宽容的状态去包含最坚硬的事物，充分体现出“道”的广大和无所不包！这又似乎可以延伸出这个至坚之物或许就是“道”，也或许就是“天地”，抑或是充斥在时空之中的“气”。如果以“柔弱包含坚强”，就可以顺利地解读出为什么叫作“出于无有，入于无间”了！至柔之物假设是水，那么至坚之物可以是鱼。鱼在水中是感觉不到水的存在的，因为它的生存环境就是水。而水对于鱼而言就是无时无刻不在的一种存在，水可以“出于无有”，鱼感觉不到水的存在；入于无间，可以渗透到鱼的任何地方。这才是“天下之至柔”所以能“驰骋天下之至坚”的完美写照！

由此我们也能够理解“无为”是一种无时无刻存在于万物之间的一种作用力，而不是为这一时一事而采用的手段！正因为“无为”的无处不在、无时无刻的作用，才能持续地创造万物生长发展的空间和余地。

紧接着，老子就说，不言之教和无为之益就如同是世间至柔的事物一般，可以在无形中影响万物的生发和成长。为什么“不言之教”呢？因为它“出于无有”。什么是“无为之益”呢？就是“入于无间”。通过悄无声息但无处不在的影响，将这个影响力渗透到万物之中，达到“生而不有、为而不恃、长而不宰”的“玄德”状态中！

最后一句话有两种解读，通常认为老子在最后总结到，“不言之教”和“无为之益”对上位者如此有帮助，没有其他形式可以超越这两者的施为效果。但我认为老子还是在谈及他认识到的“道”如此有效和简单，但能实践并且坚持照着做的人太少。即使有人的确打着“不言之教”和“无为而治”的名头来治国理政，但真正符合“不言之教”和“无为而治”的行为太少了，没有几个君王真正能够践行这些个简单的治国原则！都解释得通，都有道理。

四十四、名与身孰亲章

名与身，孰亲？身与货，孰多？得与亡，孰病？甚爱必大费，多藏必厚亡。故知足不辱，知止不殆，可以长久。

【歪解】

是去追求好的名声而穷尽自己的精力，还是为了保持良好健康的体魄而放弃对名利的追求。这两者我们到底更应该珍视哪一个呢？通过驱使我们的精力和体力去追求物质上的丰盈，还是应该不断地珍视自己的精力和体力而放弃对外物的索取，这两者我们更应该强调关注哪个呢？是应该保持不断积极进取、不断积累财货的状态，还是应该控制我们的精力和体力，不断地去减损和舍弃那些非必需的事物，到底哪种状态长久看是一种隐患呢？

往往当我们沉溺于某个事物难以自拔、爱好某个事物难以自控时，我们就会不断地在这个事物上投入我们的关注，甚至这些投入已经远远超过我们的应付能力。这样做势必会迅速消耗和透支我们有限的精力和体力。当我们积累越来越多的地位、声名、财货时，我们不得不花更多的时间和精力去管理、照看这些我们所“拥有”的事物，直到有一天我们发现维护和保持这些“拥有物”所花费的已经远远超过我们开始时的预期，我们就会意识到保持和维护这些外物所花费的透支了我们有限的时间和精力。

因此，作为上位者的君王若能在开始做某件事情之前提前预设好预期结果，执行这个规划、达到预期结果之后就收手，才能保持开始时的初心而不至于被成果背后可能更佳的产出而不知收手，最终导致失败，从而引起民众的怀疑和不满，让自己的领导地位受到质疑和挑衅。若我们始终能将预期结果放在心上，时时以此作为行动的目的，知道何时已经完成预期计划，达到预期效果，我们就能保持行动的顺利进行而不至于难以达到预期。因为我们能够时时关注行动背后的预期成果，并且达到成果后就停止，所以我们才能时刻出于应对变化中而保持长久的成功状态。

【臆论】

本章的解读一般都是从“修身”的角度入手。原因是老子在文中提到了两组跟“身”相关的比较：“名与身”和“货与身”。字面意思似乎很好理解，就是跟名声和财货相比，我们更应该珍视身体而不是“身外物”。这里我们尝试这从两个方面去歪解下，看看我们能不能自圆其说。

从各方面来看，老子是不是绝对的、肯定的以及确定的认为，我们更加应该珍视身体而应该完全不在意名声和财货？显然不是！这个跟我们一般理解有点出入。一般的理解就是，跟保全我们身体比起来，似乎身外物根本就不值得一提，保命要紧！在极端情况下这个是没有问题的，但在这篇文章中，老子的意思或许仅仅只是说，在确保身体康健、在时间和精力允许的情况下，“名”和“身”是不存在矛盾的，也就是说，本来“名”跟“身”在正常情况下应该是共存的，且互为基础和增益的因素。这样的正常情况也适用于“身”与“货”的关系，总不至于任何跟“货”相关的行为我们都要禁绝吧？老子之所以把这两者的关系提出来加以强化，是因为若我们到了某个层级，出于上位的时候，往往就会走入一个极端，即漠视我们的来处，而仅仅关注我们理解的归处。这就会有问题，什么问题呢？就是得失的问题。

正常情况下，我们通过自身的工作和活动（即“身”），获得了与工作和活动相对应的“收入”（即“名”和“货”），从而让我们自身的工作和活动包括健康获得良好的发展条，这是正常态。若当我们一味地去追求“收入”和忽略我们的“本钱”，就会走入另外一个极端，就是“无所不用其极”，将我们的“身”逼入一种极端受损的状态。但这样的“无所不用其极”并不是一夜之间发生的，而是潜移默化、日积月累的结果。所以老子提出，“得”与“亡（失）”的关系，最终到底是“得”（追求过程中获得的结果，比如“名”、“货”，甚至包括“身”）成了长期的隐患，还是“失”（追求某个结果时放弃的另外一种“得”）成了隐患呢？不好说！为什么不好说？因为往往正常的“得”或者“失”都是可以预料的，但超过临界点的“得”或者“失”就会发展成为隐患，这就是“甚”和“多”的作用结果。过度的投入和专注就会为之付出过多的、不必要的事物，过度的节约和吝啬行为势必在维持所持有的“过度”财物时多有损失！老子在这里要说明的是，不管是对“名”、“货”还是“身”的追求都应该有个度，过了这个度就很难去界定“得失”。因为从长远看，当前得到的或许会为将来长久发展买下当前不得而知的隐患；当前失去的，反过来或许并不是一种隐患或是失误，而是一种“正常态”。问题的关键就是如何把握这个“度”，而这个度，老子说叫作“足”。

一旦我们能够把握住这个“度”，明确这个“度”的分寸，到了这个“度”就停止的行为，叫作“知足”，即知道这个“度”在什么地方，或者什么程度。由于我们心中有数，做事的时候能够拿捏有度，因此并不会越过合理的范围去贸然推动事物的发展，由此产生的结果就是“适可而止”。

由于我们能够把握好这个“度”，因此整个行为过程中并不会产生过多的消极因素，也不会埋下隐患，相对于“过度”行为而言，成功的把握自然就会大一点，所以失败的可能性也就小了很多。而当我们具备“有度”概念之后，自然就能“适可而止”；而当我们能将“适可而止”落实到行为处事的方方面面，就是依道而行的“无为”：没有产生任何和道相左的阻力，且顺应自然而促成万物的自生、自长、自正！如此就能够为万物自然生长发育创造条件，并且可以使整个生长、发展的过程持续下去，由此达到“长”且“久”的结果。

以上是我们按照一般视角、普遍视角和宏观视角做的歪解。但别忘了，老子的言说对象是上位者。不管老子说的是天道、地道还是人道，最终的目的还是给上位者一个视角，以便上位者可以达到更好的治理结果。这是我们明天要歪解的第二个方面，即这章的内容对人君治国理政有什么深意呢？

我们分析说，老子在四十四章中主要想说明不管是对“身”、“名”还是“货”，都应该有“度”，并且时刻对这个“度”保持警觉，能够做到“适可而止”就能给事情留出足够的空间做回旋，张弛有度才能长久的发展。那么，作为上位者的君王是不是仅仅看到这一层就可以了呢？还是有另外更深层次的“度”呢？我们尝试这按照君王，或者上位者的角度去看这个“度”。

跟昨天分析的差不多，不管是我们普通人还是上位者，首先都应该有个合理的“度”。但跟普通人不同的是，上位者往往能够获得更多的资源，个人欲望可以更加简单的得到满足，并且对于君王本人的个人偏爱会因为自己身处高位而很难得到客观的反馈意见。也就是说，上位者相对于普通人而言，更加容易为了获得名利和财货，使得自己比同阶层的人显得更加出色（这个是“名”），或者显得财力/国力更加雄厚，以此来满足自己对自身所处地位的认同。正是因为上位者对名利和财货的追求产生的放大效果，使得上位者往往就会失去“身”这个根本。这里的“身”可以理解为“身体”或者“健康”，但更深层次的解读，可能是“基础”，或者“根本”。为什么呢？

首先，因为不管是“名”还是“货”，在追求他们的过程中都是需要基础的。这个基础对于上位者而言，就是民众的信任和拥护。不管这个信任是继承来的或这个拥护是争取来的，脱离了民众的上位者，很快就会失去获得名利和财货的基。即他很有可能被民众推翻，或者丧失执政的资格。不管哪种结果，最终的后果就是人财两空。而这也符合老子一贯以来对上位者的告诫，凡事在因为地位和所处阶层而享受到特殊待遇时，要时刻警惕因私心而引发的潜在风险。对上位者而言，除了丧失这个执政的权力，还有什么比这个更危险呢？由此，我们是不是也有理由相信，老子在这里将“名”和“货”作为普通人的追求，将“身”或“本质基础”作为上位者应该保持的追求呢？所以在追求“名”和“货”的过程中，上位者要警觉自己作为正常人的占有欲，应该将自身的追求和关注点同普通人的追求和关注点相区别，去把握住身为上位者的基础和本质要素，从而能够对“得失”做出准确的权衡，以此来让自己的领导地位长久的保持下去。

因为得道的上位者本身就已经明白了这个道理，所以在对待“名”和“货”方面已经做了决定，就是自身已经有了“度”，因此总能够在合理的范围内“适可而止”，因此民众认为这类上位者跟自己不一样，做到了上位者应该做的事情，所以不会因此而觉得上位者侵占了他们的“名”和“货”，由此上位者不会受到民众的诋毁和弹劾。因为有道的上位者本身就能适可而止，所以他们的管理和治理基础可以长久的存在下去，而其治下的民众和他们的活动也不会陷于被动危险的境地，如此的长治久安才是理想的状态啊！

一般人之所以读老子有难度，是因为缺少作为上位者的经验，或者即使是身处上位，由于没有仔细观察，所以区分不出“人”（普通人）和“圣人”（上位者）之间的共同之处和不同地方，所以很难理解老子东一下、西一点的论述方式。其实老子是在区分人的本质需求，将人的需求升华到“圣人”的格局上去看待事物，得出的行为结论有可能完全不同，甚至相反。这也是为什么一般读者接受不了的地方。如何身处三十楼，却要求三楼的人理解三十楼的风景呢？毕竟三十楼前面还有个四楼或者三楼挡着呢！

四十五、大成若缺章

大成若缺，其用不弊；大盈若盅，其用不穷。大直如屈，大巧如拙，大赢若绌。躁胜寒，静胜热，清静可以为天下正。

【歪解】

真正的完备是有的放矢，不是面面俱到。如此，才能动静有方，留出应变的余地，始终保持灵活性，避免死板和僵化。最佳的盈满状态势必同样留出空隙和预留出空间。如此，才能常用常新，保持更新换代的余量和灵活性，不至于体大臃肿而无回旋的空间。真正的正直中势必含有妥协和退让，如此才能实现目标的最大化；真正巧夺天工的事物也肯定是基于其本质属性发展出来且没有脱离这个本质属性；真正的富余充盈中也必定包含了可取而未取导致的损失。

秋冬时急速的行走或是上下的跳动可以驱除常坐不动时的寒意，夏季炎热时保持内心的宁静则可以减弱对炎热的感知。（事物总是相辅相成的出现，常见的治理天下的方式总是忙忙碌碌、热情高涨，但我却认为）想让天下得到有效治理的本质还是应该保持君王的清静无为。

【臆论】

老子在四十四章中以“足”和“止”来结尾，“知足”和“知止”才能长久。“足”和“止”实际上相当于“度”，即事物的发展和变化中始终存在一个合理、合“道”的“度”，把握好这个“度”就能够获得足够的空间来保持灵活。紧接着在本章中，老子谈到了这个“度”，即做到“知足”和“知止”后的几种情况。

首先，老子说“大成若缺，其用不弊”，大意是说相对于一般的完整性和完备性，真正的完整和完备是有缺口和不足的。只有留有不足，才能真正地发挥“大成”的作用而没有隐患和害处。这里就涉及四十四章中的“知足”和“知止”了。为什么“大成”会“若缺”呢？是真正的“缺”吗？不是，是“若”，就是看上去似乎有不足和遗憾。这个不足和遗憾是一般人、常人的视角观察的结果。上位者因为要把握全局，所以不可能面面俱到。当我们要照顾的面太多而又不能兼顾所有问题是，就需要做取舍。而这个取舍就意味着有所侧重而有所放弃。但所有的侧重和放弃都是经过全局思考确定下来的有意识行为。如此布局，才能真正地控制好全局，并留出灵活应变的空间。“平均主义”从这个视角看则完全跟“大成”相背离。一旦一个问题被平均，势必会有高的被消减，低的被拉长，导致的结果并不是“全面的合理”，而是“中间线合理”。这么做实际上是有隐患的，往往重要的问题没有受到足够的重视，而一般性问题又获得太多的关注，最终导致问题越来越多。如果在做全面布局时能够根据实际情况做增减，如同军事上进行攻防布置时，不可能平均一段距离一个岗，战略要地和一般阵地部署同样的军力。有战争经验的指挥官势必会根据敌我双方所处的位置和实力，有所侧重、有所取舍的进行排兵布阵，该严防的就派重兵把守，该放弃的就用佯兵做做样子。只有有的放矢地去考虑全盘才能保持把握问题的主动权，面对现实突发情况是留出应变的余地，保持决策的灵活性，这样才能尽可能地减少失败。

紧接着，沿着“大成”的思路，老子又提到“大盈若盅，其用不穷”：理想的盈满状态是适度，并不是绝对的满，而是保持一定的增减空间。只有当存在这么个增减空间时，才能让这个状态发挥作用。举个例子，当我们拦河建筑水库时，并不是说水库蓄满水才是我们建水坝的目的，而是根据降水情况实时地调整蓄水水位，以此来满足我们对水库调节作用的预期。这个“调节”功能的实现，取决于我们蓄水能力和泄水能力，偏废一方都不可能实现我们灵活调整水库蓄水量从而达到水利作用。雨水多的时候我们要蓄水，太多了就得放水，过多了就得泄洪。同样的，雨水少了就需要适当的放水满足人们的用水需要。因为我们始终让水库出于一种不盈满的状态，才能进退有度，才能真正地发挥动态调节水位的功能。

沿着对“度”的理解和“知度”的思路，老子接着提出了三个概念，即“大直如屈”，“大巧如拙”，“大嬴若绌”。这三个概念省略了后面的“其用不弊、其用不穷”这类总结。我们一一臆论一下。

大直若屈：实际中的理想状态下的“直”并不是一直到底，而是包含了各种各样的“非直”，就是弯曲或是凹陷。但这些“非直”跟“大直”比起来太渺小，所以可以忽略不计。这个就像是我们用物理尺子去丈量3000米时，即使我们直到地表是有弧度的，地面是有坑坑洼洼不平整的，但还是会将尺子两点之间的距离成为“直线”。因为相较于3000米，一个3厘米的坑完全可以忽略不计。只有允许这样的小瑕疵的纯在，才能确保大方向的正确。

当然，如果这个“直”是“正直、诤直”的意思，那就更能说明问题：符合现实的理想正直，并不是直言不讳，而是有所妥协的坚持，即为了实现更大层面上的目标，可以在小层面上进行妥协。因此，“大直若屈”也可以理解为为了实现更高价值的目标，不能排除妥协这样的选项，只有保持这样的态度，才能寻得最大程度上的“直”。

大巧如拙：真正让人惊叹的巧妙是看不出有任何人力作用的，似乎这份精巧就是天然生成的。另外一个角度看，只有能将“拙”保持住的“巧”才能成为“大巧”。如同治理组织一样，若领导者的意图过于明显，则往往会让整个组织失去基层的动力。若领导者的管理意图可以悄无声息但又能影响整个组织，就能更好的激发整个组织的各个层面的动力，如此才能长久健康的发展组织。

大赢若绌：真正的富余充盈中也必定包含了可取而未取导致的损失。“赢”在这儿的大意是“通过行动使……富足”、“使……富余”，可以理解为现在社会的赚取利润、积累利润来理解。而“绌”则可以理解为亏损。为什么赚钱能力强的反而看上去是亏损的呢？这里还是“度”的问题。在老子眼中，真正符合“道”的行为应该是“适度”，任何事物的发展不要超过跃迁变化的那个临界点。这一点同样适用于当人们自我感觉运气超级好，做什么都能无往不利时就更加重要了。我们总是听说“不是所有的钱都是你该赚的”，为什么呢？或许就是老子这里说的，取只属于你的那份，不要过分摄取不属于你的那份，哪怕你又能力、有资格去取得更多的利益，也应该适可而止。只有明确自己的止损点在什么地方，或是直到自己的期望盈利空间在什么地方，多余的即使看上去唾手可得，也应该适可而止。你难道没看见那么多人就是失败在看似唾手可得，结果确实血本无归上吗？这里的“绌”并不是无意识的亏损，而是在常人眼中明明可以轻松归为己有的为什么放弃不取的“亏”。对于上位者而言，适可而止的行为是有意为之的外在表现，是对自己实力的自信以及对自己能力的自律。如此才能真正地、持续地将充盈的状态保持长久。

这章的上半节是承袭第四十四章而来的，是“以正言正”，从同一个视角分析得失的关键在于“度”的把控，而下半节则更多的按照“有无相生”、“阴阳互彰”的角度取论述清静无为是“知足、知止”的管理方式。

论述完“适度”可以保留应变过程中的主动权，“知足”可以让自己时刻保持对“不足”的关注，“知止”可以让自己放心大胆的冲向“终点”（即“止”未到之前的距离），老子无非是想进一步说明，上位者在治国理政时除了关注“想要的”（万物自正、自安）之外，还要同样关注“不想要的”（即排除所有不想要的，留下应该就是“想要”的）。于是，他就开始“动静转化”的论证：

当身处寒冷环境但又静止不动时，此时若能够急速行走或者剧烈运动一下，便能改变“寒冷”的状态，驱除让身体不适的严寒。之所以能够驱除严寒，关键点在于“动”。当身处炎热环境而感到热不可耐时，若此时能够保持内心的宁静，将注意力内收，从而产生安静的感觉，此时对于环境的炙热感便可能减少几分。之所以能够达到驱除热感，关键点在于“静”。而“动”和“静”的作用完全取决于具体环境，大冬天的即使“静”到极致也不能改变躯体的寒意，而盛夏时节若仍然出于剧烈运动的状态则很有可能中暑而亡。“动静”的关键点仍然还是“度”的把握：根据具体对象和具体环境，选择恰当的运动方式（保持“动”或者保持“静”）才能避免产生不良后果。

当上位者面对天下时，如何选择有效的方式，以何种“适度”的行为来治理和管理天下呢？老子认为，应该要以“清静无为”的方式，通过上位者有效、自觉、主动的对自身“有为之心”的控制才能有效治理天下。也正因为如此，我们有理由认为，老子对上位者“适度”建议中的“度”，应该就是以“清静”的状态取“为”天下，从而使天下达到“正”的状态，从而大治。套用本章上半节的句式，就是“大正如偏，其用不弊；大治若乱，其用不穷”。

四十六、天下有道章

天下有道，却走马以粪。天下无道，戎马生于郊。罪莫厚乎甚欲，祸莫大于不知足，咎莫憯于欲得。知足之为足，此恒足矣。

【歪解】

当天下人，尤其是君侯国王们，都能认识到“道”并能践行“道”，就不会将马用于军事战争，而是将这些战马从战场上退下来，用它们运送粪肥来耕种。而当天下人都漠视“道”的存在，无视“道”的运行趋势和作用规律，那么就会轻易地通过发动战争去解决君侯国王们所认为的“道”，从而需要征收大量的马匹用以战争，连母马都被用在战场上，使得怀孕的母马不得不在野外生产崽马。

没有什么比过度满足个人私欲更容易引发罪恶行为的了，也没有比不知道适可而止更容易招致祸患的事情；更没有比贪得无厌、凡事都想占为己有更容易招致痛苦的！

明白“甚欲”、“不知足”和“欲得”背后可能引发的种种灾祸之后，君王应该能明白为什么“知足”是那么重要，也应该明白何时应该满足，从而防止过度的行为。如此就能始终让自己出于满足、丰盈的状态。

【臆论】

这一章跟上一章仍然存在着逻辑联系，或者说四十四章、四十五章和四十六章这三章的主题都是围绕着“适可而止”这个“度”展开的。上一章中老子提出“清静可以为天下正”这个观点，紧接着在本章中就论述了如果不以“清静”的状态去追求“天下正”的结果将会如何。

虽然本章没有明确指出“清静”的对立面就是“有为”，“有为”的最直接方式就是通过武力（即“用强”）解决问题，通过军事力量来打击弱小从而达到目的。老子一贯以来并不赞同以战争的方式解决问题，甚至都提到“以道佐人主者，不欲以兵强于天下”（第三十章），用兵的结果势必打破万物自然的状态，进入“失道”的层面。

老子认为，若天下人（尤指君王）能够承认“道”并且实践“道”，人人都以清静无为的方式来治理国家、治国理政，那么天下自然就会出于安定的治理状态。在这样的治理状态中是不应该也不会有战争这类“用强有为”的行为的。由此，跑得快的马（即“走马”）也不会被征用为战马，那些已经是战马的马匹也会被从战争用途中释放出来（即“却”）用来进行农业活动，比如跟牛一起去拉粪肥浇灌庄稼。因为人人（即天下）都能清静无为，都能基于自己的条件满足于自己的生活和工作，就不会产生过度的欲望去侵犯他人的正常欲望，自然就能天下正定安宁。

但若天下人（也是代指君王）完全无视“清静可以为天下正”的“道”，也缺乏对“知足”的敬畏，完全根据自己的私欲为所欲为，随意发动战争来满足个人对天下的渴望，导致的直接结果就是连怀孕的母马都要上战场，且一生下来的幼小崽马不经喂养就要去拼杀！可见“无道”状态下的君王们已经陷入到了穷凶极恶、欲罢不能的境地了！这就是老子眼中的“不知足”，也就是“甚”（过分）的行为了！

那么老子眼中这些“过分”、“过度”的行为到底有什么样的表现和危害呢？下文中老子侧重点了“甚欲”、“不知足”和“欲得”的后果，最终还是推导到“知足”的点上来。

老子眼中，因为君王过度的个人私欲产生了不符合“道”的结果，为了满足个人私心，哪怕是抱着为天下的初衷、正天下的目的发动战争，其导致的结果仍然是“戎马生于郊”，对万物自然和谐状态产生了破坏作用。

老子说，他所能观察到的罪恶，没有比过度嗜欲严重的！还是秉承着“知足”的态度，合理范围内的私心欲望都是正常人该有的，但是一旦这个欲望太过于强盛，已经远远超出正常合理需求的程度，则势必导致过度的行为去满足这个过度的欲望。作为上位者的君王很有可能为了满足过度的私欲而采用非正常的手段达到目的。由此就可能将本来可以做对的事情做过头，本来可以避免的事情但发生了，种种行为导致的结果就是破坏了下位者正常的工作状态，从而对整个组织的正常发展产生破坏作用。上位者不能有效控制个人私欲就是最大的罪恶。

同样的，若上位者在取得预期目标和成果之后仍然想“再接再厉”地去追求更多的成果，往往其最终的下场就是物极必反，反而遭受到因追求进一步成果而产生难以应付的局面，进而为长远的发展埋下了不稳定因素，隐患也就由此产生。所以老子认为，上位者的不知足导致的灾祸比其他因素导致的灾祸更加严重。这或许是因为上位者参与的决策和工作都是全局性、方向性和战略性工作，一旦出现过激行为，往往导致全面问题的爆发。反而处于下位的执行层若出现个别的失误或是用力过猛，反倒不至于危害到整个系统的发展。

老子同样认为上位者非正常的诉求会导致对上位者自身以及整个系统的危害。上位者已经获得区别于下位者的特殊待遇，不管是从资源调用还是信息透明度上都具备下位者不能想象的优势。而当上位者谋求那些权力之外的事物，或是力所不能及的事物，而强迫整个组织为之调整它的发展方向和生产资源，可能导致整个组织的覆灭，由此使得上位者本人以及下位者，乃至整个系统收到不可估量的伤害。

最后，呼应前两章的主题，老子仍然认为“知足”才能让上位者始终处于正常、理性的状态。这就要求上位者能够明白“知足”的重要性，把握好“知足”背后的“度”，并且从内心上认同“知足”，行动上落实“知足”。只有当上位者发自内心的理解和认同“知足”之后，明白“知足”是为了避免缺失感，防止因为感到“不足”而开始“甚欲”，才能真正使上位者处于“满足”的状态，进而使自己处于“清静无为”的状态，以此达到“天下自正”的治理效果。

四十七、不出于户章

不出于户，以知天下；不窥于牖，以知天道。其出也弥远，其知弥少。是以圣人弗行而知，弗见而明，弗为而成。

【歪解】

将自己的行动范围尽量限制在家门内，反而能知道天下万物运行的规律和趋势；将自己的观察限制在屋内，却能更好地体悟天道的运行方式和作用形式。那些抱着通过出远门来增长见识的，到最后往往获得的真知灼见却不多。走得越远，看的越多，似乎对真正的“道”的体悟和认识就越少。

所以圣人对“道”的了解和体悟并不是通过具体行动得来的，对“道”的把握和明了也并不是通过具体的见识和观察获得的，对“道”的成功运用也并不是通过具体的“有为”实现的，而是通过“无为”的方式自然而然成就的。

【臆论】

好了，我们要开始烧脑了！为什么呢？因为老子提出了一个明显同常识相悖的论点，即在家就能把大道悟了！走得越远，知道的却越少！这个似乎让很多跑遍世界各地的同学们感到不服！那我们看一下，这章老子可能想表达的观点是什么。

从四十四章开始，老子一直都在强调“知足”的重要性，或者把握好事物转换过程中的“度”对于上位者而言非常重要。只有知道“足”之所以为“足”，即凡事都能确定某个程度、某个点，就能一直处于事情圆满的状态。那么四十七章和四十八章老子进入下一个论点，就是对“道”的领悟跟我们常见的对于“见识”的增长是相背离的。也就是说，“道”的存在和运行方式是不同于我们可观察到的经验世界。更直接的点，就是“眼见”未必是“实”，“耳听”未必是“真”。我们先来看看老子在四十七章中提出的两个可以感悟“道”的方式。

在老子看来，真正去修道悟道的圣人们，肯定不会通过增长自己的见识，直接搬运现有的可见的知识作为体道悟道的途径，反而是要尽量减损自己“有为”的求知心态，以便能通过真实的感官和思考去了悟“道”的存在和运行方式。同一般人认为的“道”要外求相反，老子说，要把自己关在院子里，这样才能知晓天下。这里的“户”或者院子，仅仅只是个范围，意味着如果是求“道”，那么就不需要搞那么多复杂的事情，不用去外面求。“天下”更多的指天下万物，或者天下万物生灭消息的情况。这个句子的意思，大概是说圣人们求道的方式总是不借助感官所见，也跟时空无关，而是时时刻刻、无时无地都能进入体悟大道的状态。因为圣人们体道的方式没有借助任何的感官刺激，所以观察和体悟到的“道”更加接近“道”的本质。在摆脱了外界的感官刺激之后，才能真正地去总结和思考“道”，由此获得的关于天下万事万物运行的知识就接近“道”了。因此，杜绝自身向往外走、想多看多听的想法，减损不必要的感官刺激，才能接近“道”。同样的，跟一般求知识学问需要多听多看多观察相反，圣人们也将自身对“道”的思考和感悟同直接观察相区别，因此老子才会说，对天道的感知应该放弃通过耳目观察的途径，而是通过减损和放弃感官观察，借助思考和主观感悟就能接近和明了“天道”，并不是通过观察现实中的具体事物来明了大道的。与一般人认为通过行万里路来增长学识的方式相反，老子说走得越远，看的越多，接受的信息越烦琐，对“道”的感悟和理解却越少。上面三种圣人们求道的方式方法完全跟我们常人理解的求学问的方式方法完全是反着来的，这是为什么呢？我们简单歪解下。

我们一般人都会基于眼睛、耳朵、口鼻等五官感觉来界定这个世界。而我们的感官所能感知到的也只是这个世界的某一个方面、某一个层度。同时再结合我们内心具有的私心杂念和作为人的欲望，以及世界中存在的其他人和事的主观私信和欲望，直接会导致我们所理解的世界是不真实的，也是被“主观加工过”的。而这个“主观加工过”的世界，已经包含了私心杂念，也就是“有为”作用后的结果。因此，若仅仅只是通过五官的刺激就去界定事物的真伪实在过于简单。我们看不见空气，但它确实存在；我们看不见电子，但是电子确实点亮了电灯；我们也感觉不到地心引力，但确实受它的影响。从时空角度看，当下我们认为会永恒存在的事物，转眼间就会变得灰飞烟灭；当下我们认为完全正确的概念和思想，也经不住时间的考验。不断的感官经验被更加高层次的纯粹理性思考后的结果所颠覆，甚至我们深信不疑的“所见即所得”，也会受到心理学规律的作用而得出不一致结论。因此，若我们真心想去体悟“道”。首先就要怀疑我们的感官经验，限制我们对外界信息的摄入，同时过滤和谨慎对待他人对世界、事件的理解和反馈。只有尽量屏蔽掉一时一事的感官经验，才能真正有可能去看穿所见所闻背后的真实世界。

那么圣人是如何去感悟“道”的呢？我们明天接着歪解本章后半段。

老子在上一节论述完圣人体道的方式跟常人通过感官体验求学问、长见识的方式不一样之后，提出了他认为圣人感悟“道”、体悟“道”和实践“道”的方式应该是什么。

老子说，圣人对于“道”的知晓，是不通过具体行动来获得的。这句话一般人理解为，圣人可以不用行动就能明了大道，感觉圣人对“道”的是一种“顿悟”式的感知。这种理解我觉得有点太夸张了，似乎圣人是跟正常人不一样的人，对“道”的感知是一种超能力。我认为在这里，老子真正想说明的是，对“道”的运行趋势和规律的感知，并不是通过行动去验证的。换句话说，对“道”的感知是难以通过具体的行为产生的经验获得的。那如何获得呢？就是总结、提炼和主观能动性上发挥作用。通过纯粹和严密的逻辑推理，结合自身对“道”可能的运作方式和作用结果进行“臆造”，对“道”的运行规律做出种种假设和论证之后得出的感知，才是真正“悟道”和“体道”的方式。这个有点像爱因斯坦通过纯粹逻辑推理发表相对论一样。即使是相对论也只是一种基于爱因斯坦论证的一种可能，并不是真正的一种现实。所以，圣人将自己对“道”的理解方式从现实中感官体验和经验上升华到更高一个维度，通过观察、思考、逻辑推理和主观“臆造”之后形成对“道”的认识。但毕竟这个结果是“臆造”出来的，也就是圣人个人的主观体验起了很重要的结果，所以老子才一而再，再而三的强调“道”是不可言说，而且“道”是难以命名或者言之凿凿的一种具体存在。

同样的逻辑我们再看“弗见而明”，大概意思是不通过眼睛观察的作用而能明了“道”。当然，常见的解释还是神秘化圣人，认为圣人不用看见具体什么情况就能明了各种原委，这又是一种超能力啊！实际上我们还是应该从“体道”、“悟道”角度去看，因为“道”不用于致用的“学”（下一章中具体展开），要借助观察者和体悟者自身的感知去把握和明白“道”。因此，我认为老子这里谈到的“弗见而明”更多的是强调“明”必须通过“弗见”才能获得，即必须放弃常规的通过眼睛观察到的、看到的经验世界的现象，才有可能去明白了悟“道”的存在及其作用方式。

最后，老子还是归结到“为”上来，认为圣人能够有所成就，是因为没有作为。这里的成就，肯定是感知、明了了“道”之后，按照“道”的要求去采取符合“道”的行为。从这点上，我们至少可以得出两个信息：

第一个信息，就是圣人成就万物和自身功业是借助其对“道”的成功实践完成的。而这个实践，就是放弃“为”的意图，即采用“无为”的方式完成功业。这完全符合老子在《道经》中的“道恒无为”的总结。我们之前已经分析过很多关于“无为”的种种，这里不再展开，只需要记住圣人们并不是通过“有心为之”的方式，通过有个人意志，或者有个人私欲因素的“为”来成就功业的。是通过顺应万物自然的趋势，通过清静无为的方式，自然而然的“为”来完成其功业。

第二个信息，更加深入，那就是我们可以认为老子对于感知、体悟“道”的最终目的的定义，是为了更加正确、有效的“成”！结合第一点信息，我们可以肯定地说，老子的“无为”只是一种符合“道”的、比“有为”更加有效、省力的方法和途径，其最终目的仍然是为了有所“成”，即成就功业，并不是毫无目的和目标的泛泛“弗为”，是为了更加高效的“为”，是为了“无不为”！而圣人之所以能“无不为”而“成”的原因正是因为圣人放弃了常规知识的修习方式，找到并掌握了正确的悟“道”方式，完成了对“道”的感悟和体验，并且明了了“道”的状态、运行趋势和作用结果，从而能够进入到实践“道”的层面去“无不为”，进而成就其功业！

之所以这么说，是因为紧接着在第四十八章老子就开始论述“为道”和“为学”的异同点了。我们下一篇接着歪解。

四十八、为学者日益章

为学者日益，闻道者日损。损之又损，以至于无为。无为而无不为矣。将欲取天下也，恒以无事。及其有事也，不足以取天下矣。

【歪解】

如果是问了增长自己的学识和技能，那么感受到的是通过有目的的求索相应的知识和技能，相关的知识和技能就能通过日积月累而有多增益。这是一个逐渐积累增强的过程。同增长见闻知识不同的是，那些探寻大道有所得的人们，在接触到关于“道”的信息和反馈之后，却朝着相反的方向努力，通过不断地减损自己的欲望和私见，直到能够完全摒弃对个人进取心和有为心而使自己保持“无为”的状态来处事。这些闻道而能践行的人们做事不以个人的进取心和私心作为驱动，而是以“道”的运行趋势来决断，因此对他们而言，做任何事情都可以符合“道”的原则而无所不为。

君王想要征服天下，赢得天下万物的拥护和爱戴，就应该减损自己的主观偏见和个人私心欲望，使自己保持清静无为的状态。若君王个人意念太强，私心欲望过剩，放不下有所作为的想法和冲动，则他想要获得天下的认同和归顺的目标估计是难以实现的。

【臆论】

很多论述《老子道德经》的文章都将它理解为由老子摘抄的上古时代遗留下来的谚语或是名言警句集，其中缺乏成为专著的内在逻辑或是行文主题。其实如果我们将八十一章的分章移除之后，把《老子》全书按照一篇五千多字的论文看，其内在的段落总体上是相互关联的。若仔细区分，大概有十三、十四个主题。我们看到的从第四十七章开始道第五十章都是在论述求道之人所采取的行动，都是同常见的求知识、求见闻的“有为”之法相反的行为。这些相反行为之所以成立，是因为在老子眼中，常见的（也可以理解为“世俗的”，但“世俗的”有贬义，而我相信老子是不反对世俗的求学为学之道的，因此用“常见的”来形容）求学求知的行为都是由很强烈的个人目的性，也就是“有为”的。而求道的行为则是另外一个维度的进取行为。由于求学和求道是不同维度的两种目的，因此自然需要采用不同的行动来完成。四十七章中老子论述了真正求道的行为是难以通过通常理解的感官刺激和感觉体验，或者直接观察来完成的，而是需要通过客观总结个体主观体验，并完全放弃个人主观成见和主观定见来完成客观总结和反馈实现的。为了进一步说明这两者的不同，老子在本章中将“求学者”和“闻道者”做了对比。

老子说，为学的人们所关注的是自身学识或是技能是否有所精进，是否有所增益，也就是对同一事物或者行为是否变得更加强（还记得前面论述过的“用强”吗？）。而闻道者（也有版本写成“为道者”，“为道者”似乎已经了悟“道”并且由笃定的确信什么是“道”，而“闻道者”则含有仅仅间接地了解“道”，或是所了解的“道”并非全貌，更加贴近老子“道不可言”的主题）则更加关注自身“用强”的意图是否得到有效控制，亦即是否能够跳出个人的私心杂念和欲望，能够返璞归真，完全根据“道”的原则和行动去在治国理政中去实践“道”。简而言之，“为学”的过程是不断“用强”，增益自身“强力”的过程，而“闻道”的过程则不断地放弃个人“用强”的冲动，“臣服”于“道”的作用和规律。

然而，“用强”的效果是短期但是立竿见影的，而“闻道”的过程则需要不断地减损自身对短期结果的追去而着眼于按照“道”的原则完成自身的使命。“闻道者”不断减损个人“用强”的过程正式其自身不断同“道”融合的过程，最终完全放弃自身的主观意图，使自己处于“无为”的状态，即对外界的问题完全根据问题本身作决策，而不是以个人喜好和主观臆断为依据进行决策。这个过程势必最终将自身的意图和行动同“道”的意图和行动合二为一，使自身成为“道”的化身，由此进入“无为无不为”的状态。

为什么说“无为无不为”呢？“无为”说的是“闻道者”对自身的主观臆断和偏见采用放弃的态度，而是完全根据自然而然的态度来治国理政，处理自身角色对平衡万物发展过程中的影响和作用。“无不为”则是在“闻道”过程中根据“道”的要求完成所有自身使命和角色的责任，毫无推辞的自然而然的一个效果。为什么？因为一旦到了“无为”的状态之后，个人的私心杂念完全被摒弃，留下的就是“道”的意图。那么就可以完全根据当时的状态进行决策，因为这些决策都是“合道”的，其最终表现的结果就是“是是有所成、凡有所谓皆有所成”，就是“无不为”：决策过程中已经通过“无为”排除掉了无效行为和行动，决策执行过程中通过“无为”有效地防止了因上位者的个人目的和欲望导致的消极结果，起点“无为”，过程“无为”，所产生的效果就是“无不为”。

从“无为无不为”我们是不是能这么问老子一句：“‘无为’是不是只是实现‘无不为’的最有效途径，而这个途径最终产生的效果是否仅且只能是“无不为”呢？”“无为”只是手段，“无不为”才是这个手段产生的效果！

好了，昨天我们说，老子的“无为”只是实现“无不为”的最佳、最有效的途径和手段。通过“无为”这一途径和手段，就能产生“无不为”的效果。而这个“无不为”的效果能产生什么样的结果呢？就是“取天下”。

老子认为，若君王想要取得天下，不管是天下民众的爱戴和拥护，还是实际意义上的裂土封侯，都需要真正地采用“无为”的方式，通过“无为”这一途径和手段，产生“无不为”的效果。一旦侯王能让自身时刻处“无为”的状态，那么凡事都能不被君王个人的私心杂念所影响，反过来说，君王所做的决策就能跳出个人价值观的影响，而真正地考虑到全体和整体的发展利益。一旦君王能够将决策利益升级到更高一个维度和层次，他的所作所为、一言一行自然就会具有公信力，民众自然会因此而认可和支持他。从这个角度看，因为君王“无为”而放弃个人利益，凡事都为民众的利益出发，民众因此获益；民众因上位者的“无为”获益之后，更加认可上位者，由此拥戴他继续执政和管理民众，由此上位者获得继续执政的权力；上位者获得继续执政的权利，也可以理解为成就了上位者的个人“私利”。这个循环是让上位者自觉地、发自内心的“退”一步，由此实现互动的空间和灵活性，最终通过“无为”的方式带来了“无不为”的效果——“取天下”就是“无不为”效果作用下的一种结果。

老子由此得出，若上位者想要获得天下，需要以“无事”，即“不生事”、“不折腾”的态度去经营“天下”。一旦上位者不断地用为学的方式增益自身“用强”的技能和手段，其结果就会越来越迷信“用强”带来的直接结果而放弃更加长远有效的“无为”方式，最终在上位者个人欲望不断满足过程中失去民众的拥戴而丧失取天下的机会和基础。

如果老子写《道德经》的目的是劝说君王“无为”而“无不为”，要“无事”取天下。那么这个“事”到底是什么事呢？显然是“天下事”，而不是君王个人的“私事”。只有为了“天下”而“有事”，才是“无事”；为了“私事”而“有事”就不能取天下了！

四十九、圣人恒无心章

圣人恒无心，以百姓之心为心。善者善之，不善者亦善之，德善也。信者信之，不信者亦信之，德信也。圣人之在天下，歙歙焉，为天下浑心。百姓皆注其耳目焉，圣人皆孩之。

【歪解】

圣人们（得道的君王们、得道的上位者们）治理国家时，往往不以个人的主观价值取向和对事物的理解来决策，更加不会刚愎自用为了个人目的来行使治国理政的权利，而是在百官意见的基础上来进行决策和开展治理行动。对于那些有效的治国理政的建言或者意见，圣人会肯定和执行它们；对于那些无效的没有实施价值的建言和意见，圣人也会抱着肯定它们的价值的态度去听取和反馈这些意见，由此圣人们就能在治理国家是总是采取最有效、最有价值的行动和措施。对于那些已经颁布且施行有效的教令和措施，圣人们总是一以贯之的执行并完全的遵照这些教令开展治理活动；而对于那些执行之后没有达到治理效果和目的的教令和措施，圣人们仍然会坚持执行下去，如此，圣人们的治理活动就能产生威信，百官由此也会认真执行和坚持那些执行上有困难但是有价值的教令和治理措施了。

圣人们在治理天下的过程中，总是不断地去减损自身作为人的种种欲望和私念，放弃对自身智慧的自信和骄傲，时时刻刻让自己处于自然无为的状态。在治理天下过程中模糊个人的私心杂念和施政倾向，综合百官们的治理意见而形成一个平衡各方需求的综合性治理决策。整个决策过程中，百官的意见应该像是圣人们对自己已有治理方案的注解和补充一样，时时刻刻在圣人们察觉不到、观察不到、注意不到、听闻不到、思虑不到的地方关注和思考着如何更加有效地和自然无为地进行治国理政。因此，圣人对待“百姓之心”的态度应该视它们是自己的孩子提出的想法和意见一般真实无害，珍视和护佑“百姓之心”如同父母保护孩子般小心谨慎。

【臆论】

老子在四十八章论述完追求“道”的君王通过不断地减损自身的“有为”思想，使自己保持清静无为的状态，以便能更加有效地去治理天下，并获得天下的拥戴而处于上位。那么在四十九章中，老子仍然按照四十八章提出的“无事”的思路，提出了圣人如何“治心”。

老子说，圣人（即那些有道明君们）是没有“心”的，而是以百姓的“心”作为自己的“心”。这里的“心”并不是物理上的“心”，而是“思考”，或者更确切地说是发挥个人的主观能动性进行创造。圣人之所以没有“心”，并不是因为圣人没有思考能力，而是圣人不以自己思考结果作为唯一的决策依据，而是有了自己的思考结论之后并不是立马施行，而是需要听取“百姓”的思考结果，即“百姓之心”。

百姓在西周时对应的是有地位的阶级，我们可以将之理解为圣人治下的百官。百官之心放在哪呢？就是如何协助好圣人治理天下，他们负责的是具体事务上的任务和规范。百官的心思自然要思考如何更加有效地完成圣人的治理目标，协助圣人完成治理天下的使命。因此，百官的心可以理解为百官基于各自负责的具体事务提出的具体治理方案和治理办法。那么，圣人以百官的治理思路和治理办法作为其治理天下的思路和办法，是不是就有群策群言的意思呢？善于听取一线下位者的意见而加以采纳并执行，难道不是一种上位者应该具备的美德吗？“善纳臣言”和“广开言路”是不是就是圣人防止刚愎自用、跳出个人有限的观察而实现更有效的管理途径之一呢？假设是，那圣人如何处理“百姓之心”，即百官的治理建言和他们所提出的具体治理方案和策略呢？

显然，并不是所有的建议都有其合理性和必要性，但这不妨碍圣人营造一个开放的、广开言路的治理氛围。因此，对那些有利于实现圣人之治的合理性和必要性建议，圣人会在这些建议基础上完善它们并将它们实施起来；对于那些并不合理或是并不是必需的治理方案和思路，圣人也会同样给予如何完善这些思路的建议和方法，使之最后能够被用于实践而成为合理性的施政理念和方案。这些合理和不合理、必要和不必要的思路和方法由百官提出，经圣人的肯定和鼓励，在经过圣人有效的引导成为合理且必要的施政方案，这样一来就能完善圣人治理天下的各项活动，使得天下万物获得最佳的发展环境。

一旦治理措施和方案实施起来，势必会有立马见效的方案以及缓慢见效的方案。由于经过圣人的参与和肯定，我们基本上排除了那些不合理、不必要的治理建言，剩下的治理建言都将是合理且必要的。那为什么有些方案会有效（即“信”，达到预期结果），有些方案“不信”（偏离预期结果）呢？可能是执行层面上的问题，要么执行层没有执行彻底，要么就是被执行人没有积极响应。往往政策的出台必然会有积极响应的和消极响应的。圣人的治理，对待那些积极响应的人和那些不积极响应的人，都一视同仁。因为圣人执行的并不是人的相应态度，而是政令。换句话说，圣人的关注点是这些政令，而不是执行和被执行政令的人们的反应。若百官和被治理的民众意识到不管他们是否认同，圣人都将按照约定的政令和法案来处理相应的事物，久而久之人们就会相信圣人出台的政令都将被圣人视为必须执行到位的约定，由此圣人的威信和权威就会被树立起来，而圣人的治理方案自然也会被当作执行层和被执行层参考的唯一依据，而不是上位者的治理态度和个人喜好。

本章上段很容易被误解，因为"善"的对象并不是很清楚。老子只是说了"善者"和"不善者"，到底是指人，还是指事情，不清楚；"信者"和"不信者"，到底是指人，还是指事情，也不是很清楚。但是联系前面的"圣人之心"和"百姓之心"，我想可以初步推断这个"者"应该指的是"百姓之心"。由此我们可以将昨天推文中提到的"善"和"不善"，"信"和"不信"理解为治国理政时由百官提出来的具体的治理建议和措施。这样推理的结果，就是通过圣人的正面和客观的引导，其中合理且必要的建议得以实施，不合理且暂时无必要的措施得到优化后酌情实施。那些立竿见影的措施得以坚持，那些暂时还没有见效的措施也得以贯彻和实施，只有这样才能确保"百姓之心"和"圣人之心"的融合贯通。于是，老子就论述了"圣人之心"到底是个什么状态的"心"。

老子说，圣人处在治理天下的位置上时，虽然没有个人的意见（具体指私心欲望作祟下的将自身利益拜访在天下之前的私心），但他能够控制自己有为的冲动，能够放低自己的姿态而听取百官的建言。基于百官的具体建言，融会贯通之后，提出一个综合平衡后的决策意见并加以实施。所以老子形容这个过程是圣人放弃对自身智慧的自信和自大，而是放低自己的姿态来进行政治活动，最终将自己提升到"天下浑心"的地位。

这个"浑心"，有版本也说是"浑其心"，大概意思就是模糊圣人自己的心。我感觉联系本章下半段文字内容，应该是在论述圣人在天下中的位置是"心"的位置，而这个"心"并不是"私心”，而是“天下浑心”。什么是“浑心”呢？就是综合平衡后的决策意见，不完全绝对的代表任何一方利益，但又兼顾任何一方利益的治理态度，就是“无为自然”，也就是“圣人不仁”的一个表现。因此，圣人在治理天下过程中是没有偏颇和个人倾向的，任何的决策意见都是因任万物自然的结果。那么既然圣人是一个“混沌”的“浑心”，百姓（即百官）的角色是什么呢？或者说，“百姓之心”和“天下浑心”之间的关系是什么呢？

老子说，“百姓”的作用是来注解圣人的“耳目”的。什么意思呢？圣人因任自然，以清静无为的状态来治理天下，但这不代表事情本身就会被治理好，而是圣人通过有效的影响和引导，通过百官来实现治理的目的。百官所执行的，都是圣人听闻百官意见之后所作的符合“道”的决策，因此，可以理解百官是来注解圣人耳目的注脚。换句话说，如果圣人的决策意见是个形而上的抽象意见，那么百官的行为就是对这个抽象意见的具体实施和落地，由此才能达到“天下浑心”的状态，即“百姓之心”和“圣人之心”混而为一，彼此包含且互相融合。老子眼中的圣人并没有超能力，他们只是比一般人更加理解“道”，且更擅长于依照“道”的运行趋势和原则来治理天下。百官的作用是“注”圣人，就是延长和强化圣人作为个体的关注点和有效性，使得圣人能够更加全面和务实地进行决策。针对这样的“百姓之心”，圣人的态度是什么呢？

老子说，针对“百姓之心”，圣人的态度是“孩之”，即将百官提出的问题不做主观上的判断和定义，只是客观地接收百官提出的意见。圣人对待百官提出的各项治国建言，就像是父母看待孩子的建议和要求一样不做恶意判断。小孩子的想法常常只是针对现实，而不是基于个人思考后的有目的的说辞。圣人对待百官基于实践和一线管理工作总结出来的建言，不管是正确的还是有误的，也不管是有效的还是无效的，都通过圣人的引导使它们能够得到有效的反馈，进而鼓励百官建言献策的行为，以此达到最佳的正向引导效果。

本章仍然是沿袭前面几章的主要论点，即依道治国和用强治国的途径是不一样的。依道治国需要圣人广开言路且能时刻鼓励百官的积极性；用强治国则完全依靠君王的有为之心来驱动整个管理工作的开展。

五十、出生入死章

出生入死，生之徒，十有三；死之徒，十有三；而民生生，动皆之死地亦十有三。夫何故也？以其生生也。盖闻善执生者，陵行不遇兕虎，入军不被甲兵。兕无所投其角，虎无所措其爪，兵无所容其刃。夫何故也？以其无死地焉。

【歪解】

人逃不开生老病死的规律。那些处于生长发育、逐渐壮大的人们，所有人中占了十分之三；那些处于衰弱败亡、行将就木的事物，也大概占了三成。剩下的四成中，又有三成的人因为过分在意自己的生命的而采取矫枉过正的方式保全自己，动不动就用过度保护的方式却将自己置于死地。这是为什么呢？因为这些人过了养生、护生的那个合理的“度”啊！

我听说那些真正擅长于护养生命的人们在山岭间往来也遇不到犀牛猛虎之类的猛兽，即使被征召从军去参加战斗也不会被兵器箭矢伤到。犀牛即使碰到这些人，再尖锐有力的角也难以找到可以撞击的地方，猛虎即使碰到这些人，再迅疾的爪子也难以找到着力的地方；（手持兵刃的敌军）即使碰到这些人，再锋利的兵刃也难以找到劈砍的地方。这是为什么呢？因为这些善于护养生命的人根本就没有可以被攻击的地方（他们总是顺应对方的运动轨迹和方向，始终用无为的方式来处理外界力量的变化啊）。

【臆论】

本章一般都将之理解为是老子谈养生的主题，其实我们从开头的四个字“出生入死”可以看出，老子讲的是生死观。为什么这么说呢？因为在老子看来，人一出生就已经注定启动了死亡程序，不然他怎么会将“出生”和“入死”等同起来呢？或许在老子看来，生与死是等同的，区别就在那“有无”之间的互相转化。比如“出生”的过程就是从无到有的过程，而“入死”则是从有到无的过程，中间的那条线对谁都是公平的。所以老子的生死观和我们不一样，他的生死观用现在的话说，就是“向死而生”，从出生的那刻开始，我们就启动了倒计时。

既然生命的过程就是个死亡倒计时的过程，那么人会有什么样的状态呢？在老子看来，有三类：一类是出生之后发展壮大，逐渐完成从小到大的上升阶段，这个他称为“生之徒”；第二类呢，是处于从壮到老直到死亡的下降阶段，他称为“死之徒”；第三类，就是本应在“生之徒”阶段的，但却妄动以期能让自己始终处于上升阶段的人，却加速了他们往“死之徒”阶段的转化，这一类他称之为“动皆之死地”的“生生之徒”。第一类和第二类属于自然阶段，从无到小再到大到壮，再从壮到老再到死，完成了生命的整个过程的上升和下降两个阶段。这本应该是个自然的过程，但就是有人想“生生”（主动维持“生”的状态，生发“生”的状态），所以“动”（妄为、违反自然的作为），结果“之死地”（跑到死地）。为什么呢？因为第三类人“生生”。

一般理解，本章上半段的主题就是“生生”，即为了保全和维持“生”的状态结果保养过度反而加速了“死”的状态。我们不禁要问，为什么老子会认为“生生”是个不自然的状态呢？最重要的原因是因为“动”，即“用强”，通过主观上的作为试图来改变自然状态，从而触发了“反者道动”的规律，加速了“生”的反面“死”的到来。这个“生生”即是“有为”，而“生生”的过程无形中加速了“壮”的提早到来，三十章中老子已经提到“物壮而老，是谓之不道，不道早已”，“生生”就是违反了“道”的“无为自然”的规律的“不道”行为。

上半段我们可以看到，老子的生死观仍然是围绕着“道”展开的。即使出生就入死，也应该按照“出生入死”的“道”来完成整个过程，使自己能够进入“长生久视”的状态（后文中有专门论述“长生久视”的歪解）。那么“合道”的人应该是什么样子的呢？后半段老子做了描述。

老子本章上半段论述了生死本是自然而然的事情，但总是有那么些人过“度”地去“生生”，导致本应该自然发展的生命被加速，过早地进入了“死地”而离他们的初衷背道而驰。老子既然谈到了“生生”会加速“死”的到来，那么如何才能“合道”的“生生”呢？老子自己也不知道，他转述了他所听闻的那些善于养生、护生的人们会是什么样子。

老子说，他听说那些擅长于把握生机、生气的人们，不管是上山行走还是入阵打仗，遇不到猛兽也受不了箭矢之伤。为什么呢？因为猛兽用来攻击的角或者爪子找不到可以着力的地方，而兵刃再锋利也找不到可以切下去的对象，似乎拳打棉花、刀劈空气的感觉。为什么会是这种空空的状态呢？老子说，这估计是因为那些善于把握生气和生机的人总是能够辨别出“死地”而能够回避开吧。

我们先按照字面意思歪解下。明知山有虎，就不往虎山行，自然遇不到犀牛猛兽；入军打仗能够提前辨明敌方的攻击方式和攻击点，提前做好预防，即使对方来了也找不到“用强”的机会（因为提前转移走了）。如果打击和作用的对象，仅仅只有一方发力而没有力的作用对象，自然这个力就难以产生破坏效果了！这些善于把握和调动“生”的规律的人们，提前就已经做了预防，及按照“执生”的原则避免进入“死地”，因此对他们而言，“死地”是不可能存在的。

“执生”也有写成“摄生”的，主要是把握“生”的动作。我认为“执生”可以理解为符合“道”的作用方式，通过合理的引导和利用“生”的规律来实现自己的目的，而不是一味地要求“生”来配合自己。“执生”和“生生”的不同点在于“执”在臣服“生”的运行规律前提下，发挥“执生者”的主观能动性来实现自己“长生久视”的目的，而“生生”却将关注点在于“生”这个动作上，希望在已有的“生”的基础上再去创生出更多的“生”来。换句话说，“执生”的着力点在于如何发挥现有的资源来最大化“生”，而“生生”的着力点在于如何让资源创造更多的资源。让“生”创生更多的“生”本身就是不实际的想法，所有与之相关的动作就是“妄为”，导致的结果就是“速死”。

那些掌握了“生”的本质和精髓的人，首先会辨别出“死”，因为他们对于“生”的理解是，“生”是“死”的开始（“出生”等于“入死”）。而“生生”的人认为“死”是“生”的一个结果，不是“生”的目的，从而希望能演唱“生”这个过程，尽量避免“死”这个结果。善于执生者们因为已经接受了“向死而生”的态度，因此能够有效地辨别出“死地”，避免不必要的“用强”，即通过臣服而不是硬碰硬的方式来规避“死地”，因此对于善于执生的人们而言，“死地”根本就不可能存在（因为已经避开了）。这就像两个力彼此想改变对方，一种方式是相向直接作用（就是硬碰硬），导致的结果往往是力大者胜，而胜者又“自损八百”。另外一种方式就是同向引导，如同一个运动的铁球受到平行运动的磁铁作用一样，随着轨迹的延长铁球的运动轨迹就会发生偏移，而磁铁的吸力就实现了“四两拨千斤”的作用！我们相信，老子眼中的善于执生的人们，因为辨识到“道”的作用规律而放弃了抵抗

“道”的作用规律，认同“生死”的过程并加以接受，在此基础上才实现了“执生”的目的。而他们之所以能够“执生”，源于他们放弃了对抗“道”，放弃了“有为”，采取了“无为自然”的符合“道”的行为方式，才能得到“执生”的效果！

五十一、道生之而德畜之章

道生之而德畜之；物形之而器成之。是以万物尊道而贵德。道之尊也，德之贵也，夫莫之爵而恒自然也。道生之，畜之。长之，遂之，亭之，毒之，养之，覆之。生而弗有也，为而弗恃也，长而弗宰也，此之谓玄德。

【歪解】

“道”将万物生化出来，而“德”则在此基础上给予万物生长的动力使它们得到照顾和蓄养。万物在“道”和“德”的作用下，借助各种物质和能量获得各自的存在形式，进而能够具备各自的功能和特征使自身同其他事物区分开。因此，万事万物总是认可“道”作为最高层级和形式的作用，将“德”作为难得的力量而加以推重。“道”和“德”获得的尊崇和推重，并不是来自于第三方的加封，而是“道”“德”自身作为下自然而然的结果。

“道”孕育和生化万物，又滋养它们使之长大，培育它们使之壮大，使它们成熟（进而能够自立），使它们结果（进而能够繁衍），使它们得到有效养护（使之能够安心），最后使它们消逝（进而能够安息）。

（“道”贯穿和作用了万物生长消息所需的方方面面，它）生养万物却不占有万物，养育和成就万物却不因此居功自傲，为万物之长却不主宰控制万物，这就叫作“玄德”（微妙幽玄的德）。

【臆论】

本章开始，老子进入另外一个概念，又开始讲解其“道”和“德”来。本章是《老子道德经》全文位数不到的同时论述“道”和“德”，并将两者关系同“物”和“器”的关系排了一个序。我们先来看“道”、“德”、“物”和“器”这四者对万物的作用。

老子说，万物的生发电是“道”，“道”生化了万事万物，它是一切的起源和根本（第五十二章点明了“天下有始”就是“道”）。万物借由“道”的作用而有了“生化”的方向之后，就会借助“德”的作用逐渐地变得明朗。紧接着，万物借助各类物质和条件，有了自己存在的形式。最终，万物之所以成为万物，是其在万物中的特殊性。这个特殊性具体表现在它所产生的功用和存在的价值。这一段我们可以做一个比方来解释一下“道”、“德”、“物”和“器”之间可能存在的关系。假设我们通勤的路上有条河，每次过河都需要等渡轮过来。一来二去，大家总觉得诸多不便，于是就开始设想是否能够架设一座桥。这个过程就像是“道”生化“桥”这个概念，只是在这个阶段，只是有这个想法和计划，但没有任何的实际行动。随着日子一天天过去，要架设一座桥的想法最终获得大家的一致认可，准备开始架桥。于是，大家开始进行规划，考量可操作性和评估各种方案，最终确定一个可行的方案，配合相应的设计蓝图。这个过程是由一开始产生一个想法，经过一系列的活动之后才形成了一个“假想中”已经可以存在的一座桥，并以“设计图”的方式呈现出来。这个过程，就是“德”在起着推动和助力的作用。施工一旦开始，不经随时会有设计方案的修正，也会有基于设计蓝图的讨论，但最终一座桥的架设还是需要土木等建筑材料。借由土木这些物质和材料，以及河道具体条件，一座按照设计图建造的桥就完成了。这个过程，类似于“物形之”，也就是通过一个想法和概念（“道生之”），通过一系列的运作和讨论，形成一个可行的设计和施工方案（“德畜之”），借助各类物料和施工方式方法，架设完成一座桥（“物形之”）。这座桥架设完成之后是不是就结束了呢？不是，还得发挥它的作用，即人们可以通过它完成过河的目的，它才算得上是一座真正的桥。（“器成之”）。

因为万物之所以能够被创造创生出来，都是源于一开始的“起心动念”，也就是“道”的原始推动力和作用下才有可能存在创生万物的前提。而“德”则在“道”的基础上进一步让看不见、不被多数人知晓的一个想法和概念，变为可以进行实际复现的一个事物。等想法变为行动之后，剩下的就是调用具体的资源并确保最终的产物可以实现预期的功能以解决最初的问题。所以说，若没有“道”和“德”的作用，万物就不会具有存在的可能。万物因此而推崇“道”和“德”，以表示对它们的认可和拥戴。“道”和“德”所受到的尊崇并不是它们有意去获取的，也不是有第三方在毫无事实基础的情况下加封给他们的，而是因为“道”和“德”的作用本身就是它们应该做的，并没有因此而让它们感到有什么特殊性。反而因为“道”“德”的这种自然无为的状态，让它们获得了万物对它们的尊崇和敬意。

我们或许可以认为，一切具体事物的创生，最本质的起因大多数情况下是因为一个想法、一个念头。但光有想法和念头还不行，还需要将这个想法和念头不断地翻来覆去地去衡量和评估，最终才能通过具体的资源和活动来最大化的实现最初的本意和计划！构想因为得到持续的行动支持，才会借由组合已知的各类事物或是其功效，实现从无到有的过程。

老子说，“道”创生万物之后，就通过“德”来蓄养万物，针对万物各自的需要给它们助益，从而使它们长大并开始有自己的发展方向。一旦万物有了自己的运动方向之后，“道”开始引导万物以适合它们的方式朝着成就万物目的的方向发展，并最终圆满地完成万物的心愿。这个过程就是上一章第五十章中“生之徒十有三”的阶段，即“道”生、养、长和成就万物的正常发展壮大的过程。

紧接着，老子又论述了“死之徒十有三”的、万物从“状”到“老”再到“死”的过程，即后面的“亭之，毒之，养之，覆之”，当“道”完成了对万物生长发育的作用之后，紧接着让万物能够进入繁衍扩散的阶段，也就是从个体开始往群体发展：“道”使得万物进一步成熟，进而能够开花结果、繁衍后代，并通过不断昌盛的族群而让万物更加的生机勃勃，因后代的成就和成功使得前代得到良好的奉养，并完成最终的真正成熟而归于寂寥。这个过程就是“道”作用下的“死之徒”的阶段。

我们不难看出，老子在整个描述中只是在客观陈述，因为最后他总结道，“道”不为满足自身的占有欲而去创生万物，也并不是因为想让万物对“道”感恩戴德而去成就和辅万物，更加不是为了能通过创生和辅万物、受到万物尊崇之后来主宰万物。“道”之所以“生之，畜之，长之，遂之；亭之，毒之，养之，覆之”，完全是自然而然、不带任何主管目的性的行为啊！这就是老子说的“玄德”，一种我们只能知道但无法企及的“德”为。

五十二、天下有始章

天下有始，以为天下母。既得其母，以知其子；既知其子，复守其母，没身不殆。塞其兑，闭其门，终身不勤。启其兑，济其事，终身不救。见小曰明，守柔曰强。用其光，复归其明，毋遗身殃，是为袭常。

【歪解】

天下万事万物都有一个初始点，（我）将这个初始点理解为是万事万物生长消息的母亲（即“道”，推动一切事物发展的原动力）。我们可以通过观察和体悟这个原动力，进而知晓在它作用下的万事万物生长消息的规律和方式；反过来，若我们能够透彻了解和知晓天下万事万物生长消息的规律和方式，反过来我们也能推知这个原动力存在的规律和方式，进而就能把握和遵循它。（通过由“道”推知万物的生发规律，或者反向地通过观察和理解万物作用规律进而体悟出“道”的存在和作用方式，）就能整体了解和掌握万事万物运行的规律和方式，让自己终身没有失误和闪失。

将窗户合上，将门户关闭，终其一生都不会很操劳。大开着门窗，有绞尽脑汁地筹谋世事，总会有忙不完的事物要做要关注。在事物弱小时还没形成气候前就能判断其发展的方向和强壮后的作为就是一种智慧。处事总能以柔弱处下、清静无为的方式这才是真正的“强”。能善用自身的地位优势和影响去顺道而为，又能守住（见微知著、柔弱处下、清静无为的治理方式）的智慧，就不会留下祸害自身的灾殃或祸患，这就是一种已经掌握和利用“道”的常态啊！

【臆论】

通行本将《道经》排在《德经》前面，一上来就将“道”抛出来，看似起到了提纲挈领的作用，实则一下子就把《老子道德经》的文本理解难度加大了。而帛书本将《德经》排在《道经》前面，前面的十几章都是在铺陈“道”，从可以观察和体现“道”的功用的“德”入手做了描述，相对于通行本，更加能够让人读懂“道”和“德”以及万事万物的关系。

老子在前一章中将万物“尊道贵德”的自发性原因和“玄德”的表现之后，在本章讲述了如何通过正确的方式去利用和把握“道”的运行规律及其作用方式。老子首先讲了如何通过有效的观察和推理去了解“道”和万物之间的关系，从而确保观察者（即以道治国的君王）可以在了解了个中关系之后能让自身没有失误和不足。

老子说，万事万物终归是有一个最原初的起因或是初始点的。虽然他没有明说，但从前一章和后面的章节我们可以认为这个初始点就是“道”。而因为“道”本身具备“玄德”，换句话说，“玄德”是我们已知的“道”的施化方式之一，万物因其而生，因其而长而成就，所以可以将“道”比喻为是天下万物的母亲。“道”和天下万物的关系就像是母亲和她所繁衍出的子子孙孙。如果我们能够寻觅到最原初的那个点（推动万物生发的因素/动力），我们就能顺着它的规律寻获和推知具备这个因素特征的万物生发规律，这个方式是从本质出发去把握现象。或者我们从万物生发的各种规律和现象中去抽丝剥茧般地总结共性，也能够获得这个共性具备的特征和属性，这个方式是从现象出发通过追本溯源的方式去寻觅本质。如果两种方式获得的对现象和本质的理解是一致的，那么我们就能从整体上把握各种变化现象以及现象背后的原因，从而让自身的各项决策和处事的过程中避免失误，让事情能够圆满地解决。

这一点对于治理国家的国君而言特别重要。因为人的观察范围是有限的，而观察的角度也是有偏差的。若纯粹地基于所直观观察到的现象就去做决策，往往难以治本。若直接基于推理和总结出的共性进行决策，又会打击各种现象差异性背后的因素。所以最佳的方式就是既能观察现象对现象背后的本质因素进行总结论证，又能将逻辑推理得出的共性因素在现象中得到支持，这样才能保证整个决策过程始终都能治标又治本，实现治标治本的效果。若上位者能够在治国理政中考虑到组织中存在问题的原因，以及这个问题所呈现出来的各种现象，全面把握问题进而进行决策，就能避免因只顾表象不顾内因，或是只是考虑内因而不顾表象的差异性所产生的决策失误，让自己的决策全面而没有偏颇。

我们昨天谈到，老子对于“道”和天下万物之间的关系，以及万物相互运动和作用的现象和本质的理解是双向的。既考虑问题的共性和本质，又结合问题的各种现象来全面地进行决策。一般情况下，通过我们的感官对现象本能地做出反应是我们常人的反应，但老子认为这个不是正确的方式。

老子说，要关闭门户以保证自己不会因为外界的干扰而操劳。这个怎么理解呢？还是“为学”和“为道”的区别啊。门窗只是代表我们的感官，以及由感官刺激而产生的种种欲望。只有通过减少对于感官刺激的依赖，才能减损掉不必要的操劳，从疲于应付外界刺激并从本能反应中解脱出来。若能减少不必要的感官刺激，减少因此而产生的不必要的欲望，我们就能少很多事情，也能更加从容地去做剩下的事情，整个过程就不会急匆匆地处于马不停地的状态。若我们反其道而行，打开门户以满足感官刺激的需求，绞尽脑汁要去筹划事情，且要确保所筹划的每一件事情都要获得成功，那么整个过程就会疲于奔命而难以得到片刻的缓息。

真正有智慧的人，一是总能见微知著，在事情还处于萌芽状态时就能判断出它的后续发展情况。二是总是能以柔弱的方式处事，即总能顺应时势的发展顺势而为，而不是一味地用强力强迫事情在时机和条件还不成熟时就要让事情发生。见微知著就是一种智慧，顺应事物发展规律而以清静无为的方式处理它们就是真正的（内在和外在的统一的）强大。

上位者天然地自带光环，有一般人所不具备的影响力和施化条件，因此要善于利用这个影响力和施化范围，通过见微知著和用柔弱处事的智慧来治国理政，始终避免给事物的后续发展留下隐患导致不必要的灾殃。若上位者能够以“见小”且“守柔”的方式去“用其光”，就是掌握和利用“道”来治国理政的常态。换句话说，国君治国理政（即“用其光”）的常规姿态应该是“见小”和“守柔”，只有这样才能将事情处理圆满而不留隐患。

五十三、使我挈有知章

使我挈（qiè）有知也，行于大道，唯迤（yí）是畏：大道甚夷，而民好径。朝甚除，田甚芜，仓甚虚，服文采，带利剑，厌饮食而货财有余，是为盗夸。盗夸，非道也。

【歪解】

假如因为我对大道有所体悟因此让我带着大家体道悟道，就像向导带着人走大路一样。我最怕的就是大路两旁不断出现的羊肠小道和莫名不知所终的各种小路。为什么呢？因为虽然大路宽敞平坦，能直达目的地（但它却让走在上面的人感觉枯燥乏味），常人因此总喜欢走那些羊肠小道，相信那些小路会是个捷径。

朝堂上乌烟瘴气，朝堂外田地杂草丛生，粮仓没有积存的余粮。即使是这样，王侯们也要锦衣华服，佩戴利剑，享受精心烹制的美味佳肴，还要不断地去搜罗财物宝器。这不就是不敢于事尽想着去偷盗，偷了东西还大摇大摆地夸耀自己偷盗技术的高超，怕没人知道他们是大盗吗？这些人的行为也叫“盗”，但这个“盗”可不是我说的那个“道”啊！

【臆论】

五十二章中老子给出了如何能够掌握大道作用在天下万物上的方法，也给出了具体的原则就是通过尽量减损感官体验，将关注点放到事物的关联上，通过细节的变化来推测“道”的存在。到了五十三章，老子有点抱怨，为什么呢？

老子说，因为我说了那么多关于“大道”的好处和功用，以及它跟万物之间的各种互动和关系，相信很多人会认为我已经掌握了大道。因此，就会有人希望我能带领大家去学习和体悟大道，应用大道，最好能一步到位直接告诉这些人如何才能真正地、快速的、有趣的掌握大道。这就像是找个有经验的向导带着一群人去徒步旅行一样。假如我真的是那位向导，那我最担心的并不是带不好路，而是担心大路两旁的小路会让这群人心痒痒。因为我知道，明明走大路能够更加轻松和舒坦，但人总是对路旁的小路充满着期待。为什么呢？因为走在大路上没什么风景可以看，也没什么诱惑和刺激可以期待，一旦走在大路上，剩下的就是走走走，走到终点。而路两旁的小路就不一样了。它们看上去总像是能够更快的达到目的地。它们弯来转去的看上去不可预知，充满着神秘感。

老子在这里把自己比喻成向导，把体道悟道比喻成人走路。但似乎老子并不想干这件事，因为在他看来，人们会因为抵挡不住欲望的诱惑，走在修道悟道的路上是，不仅会因为欲望忘了初衷，还会因为在行进过程中不断出现的各种可能性而偏离大道。老子打这个比方说明什么？说明他即使说了那么多大道的重要性和好处，但他对有多少人能够主动地完成体道悟道的过程抱有过多的希望，因为在他看来，放着大好的康庄大道不走，偏偏要去选择那些羊肠小道，是不明智的。

老子对于有多少人会真心学道是抱有很大的怀疑态度的。原因就在于即使老子有心想带着人们奔走在大道上面，但因为诱惑多，欲望盛，最终的结果往往是人们喜欢走小道，好奇小道背后的刺激，以及可能的捷径。

这就像君王心里总想着满足自己的欲望却不去理会真正的治国应该如何去做。老子说，看看那些上位者们，朝堂上弄得乱七八糟，乌烟瘴气，本应该认认真真地去做好管理工作，但人却不在“工位”上。不仅如此，还把业务给荒废了，农田因为久不耕种而杂草丛生不能用于种植作物，仓库里面本应该备有收获后的余粮以备不时之需，但现在都空空如也没有一颗稻谷。那么这些君王都干什么去了呢?

他们都去关注感官刺激和口舌之快去了：衣服要穿的豪华漂亮的，并且花纹还必须是时髦新潮的。身上带着用不着的锋利的宝剑，随时准备拔出来用剑的锋利来证明自己的实力。吃的东西不仅要口感好，还要摆盘漂亮用材地道，最关键的是刀工必须到位。一边吃着这些美味佳肴，一边还要盘算着作为君王的他们自己的口袋里的财货是不是越来越多了，而不是想着这些物欲上的满足和对财货的占有是不是自己应该得的。

显然，这些不务正业、荒废国家的君王们占着位置却不事生产和完成本职工作，而是想尽办法通过自己的地位优势和权力优势满足个人欲望。在老子眼里，这样的行为就跟盗贼没什么两样，并且比一般的小毛贼还要无耻的盗贼首领。不仅心安理得地去抢夺民众的生活资料，还毫不掩饰地去夸耀这类行为。君王本应该以“清静无为”的状态来治理国家，尽量缩减个人欲望的满足，通过效仿大道无私，来成就万物的自然而不是自身的欲望。这些行为完全跟“道”相悖而行。

通过描写君王的这些“非道”行为，老子想说明什么呢？按照一贯的“正话反说”，老子是不是想说，“合道”的行为应该是“朝甚正，田甚盛，仓甚实，服甚简，毋带剑，简饮食而无财货之积”呢？朝堂处于正定的治理状态中，田地的作物茂盛的生长，粮仓充满余粮，穿着简朴的衣服，并不需要佩戴剑来彰显自己，简简单单的饮食，并没有对财货的依赖，这才是“合道”的君王应该有的状态吧？

五十四、善建者不拔章

善建者不拔，善抱者不脱，子孙以其祭祀不绝。修之身，其德乃真；修之家，其德有余；修之乡，其德乃长；修之邦，其德乃丰；修之天下，其德乃普。以身观身，以家观家，以乡观乡，以邦观邦，以天下观天下。吾何以知天下然哉？以此。

【歪解】

对于那些精通事物开创和建设的人而言，他们所创建的事物，往往很难被推翻或是摧毁掉（因为当初建设它们的人是依照“道”的规律去创建的）。对于那些善于把握事物本质和发展规律的人而言，他们所总结并执行下来的教化往往很难被忽视或者淘汰（因为当初总结后持守下来的这些规律和教化是针对“道”的运行规律而传承下来的）。这些善建、善抱者们的后代子孙也因为持守了他们的教化使得他们世世代代发展顺畅，因此祭祀的香火也是代代相传。

按照“道”的规律和原则来修身，那么修身者的德行就会越来越精纯；按照“道”的规律和原则来治家，那么其家中的德行会越来越充足且能影响左邻右舍；按照“道”的规律和原则来治理一乡，那么整个乡民的德行也会越来越多，越来越盛；按照“道”的规律和原则来治理邦国，那么邦国范围内的德行就会越来越多，并且越积越厚；按照“道”的规律和原则来影响天下，那么整个天下都会德行普及，万物都会因此而获益。

我们可以通过善于以“道”修身的人来观察如何用“道”来修养自身；通过善于治家者来观察如何以“道”来治家；通过善于以“道”来治乡的人来观察如何用“道”来治理乡；通过善于以“道”治国理政的人们来观察和学习如何以“道”来治国；通过善于运用“道”来影响天下的人们来观察和学习如何以“道”影响天下。我对于运用“道”来掌握天下万物运行规律的自信是哪来的呢？就是通过这种观摩、比照、总结、运用的方式来掌握的啊！

【臆论】

从第五十二章开始，老子一直在论述一个现象，就是我们可以从身边能观察到、总结到的现象出发，通过“反直觉”，即将感官的反应同理性的思考区分开之后，可以获得万物与大道之间的关系。什么关系呢？就是万物是大道的注解，大道是万物之所以成为万物的背后推动力。于是在五十二章中，老子提到了“天下母”和“天下”的关系是可以相互印证的，唯一的阻碍就是人们对感官刺激的依赖。在五十三章中，老子提到虽然大道如此明显，但是因为在求道的过程中难以避免会有感官刺激的影响，而人们普遍对感官享受的追求阻碍了对大道的坚持，反而向对立面发展。而在本章中，老子提出了一个跟在五十二章中类似的观点，即我们将“道”应用在不同范围之内，获得相应的反馈和作用效果，任何对“道”的应用应该着眼于作用的对象和范围。

本章开始，老子提到两类善于应用“道”而使自身及其子孙收益的人：善建者和善抱者。他们的特点就是精通（“善”）将

“道”运用在自己所从事的功业上。善建者善于创建功业，且其建立的功业或是开创的事物可以长久地存在且难以漠视和否定，更谈不上想要去颠覆这些功业和事物。而对那些善于保持对某个价值观或是做事方式的人而言，他们所选择坚持和把握的价值体系，也是难以为他人及后代所否定和颠覆的。一旦善建者和善抱者完成了“建”和“抱”，那么不仅在他们的时代，也包含他们的后代也会因为他们的“所建”和“所抱”的事物或是价值观世世代代收益，进而让善建者和善抱者们也能世代享受子孙的祭奠而处于“死而不亡”的状态，即“寿”的结果！这难道不是因为善建者和善抱者依循大道而达到的积极结果吗？老子在接下去总结了善建者、善抱者们是如何在不同层面应用“道”的。

“善建者”和“善抱者”因为能够循着大道运行的法则和趋势来“建”和“抱”，因此他们所建、所抱可以恒久的续存下去，且让其子孙后代因为他们的建设和抱持而延绵不绝，他们自身也因为所建、所抱的成就“死而不亡”，达到“寿”的状态。他们是怎么做的呢？

老子总结到，按照“道”的原则来修身、齐家、治乡、理国和修天下，则可以让“道”所承载的可以实际操作的“德”获得普及。而“德”所普及的结果，就是治理的对象充满德行。如果按照“道”的运行趋势和原则来修身，那么所修的身就会充满“德”（“道生之而德畜之”，“德”是“道”可以被捕捉到、被描述和被实践的部分，“德”即是“道”的具体化措施和表现结果）；用“道”来持家，则家就会充斥“德”，从而使家族能够顺畅发展；用“道”治乡，其乡中就会充满“德”，乡中各项事务都能井井有条、顺利发展；用“道”来治理邦国，则邦国之内各项工作都能恰到好处；用“道”治理天下，则天下万事万物各自有所归属、各自有所收获，井然有序且各自安好。“德”所对应是万物通过“道”的作用而获得的一种自安、自定、自长的无为自然状态啊！

老子为什么可以那么自信地说，依照“道”的原则，就可以无往而不利呢？因为他通过观察和实践，发现在不同的应用对象身上都可以找到共同的规律。按照治理对象去寻找到符合“道”的那个行为，依照这个行为就可以复现这个行为产生的结果，因此，老子充满自信的提出，若能洞察“道”的运行趋势和规律，那么不管这个被治理对象是什么，只要能够把握住“道”在它们身上的作用方式和趋势，势必能够依照“道”的规律推算出大致的结果。因此，只要能够把握住那些善于把握“大道”的人所采用的治理方式和处事方法，就能够复制出同等的治理效果。通过这样的方式，即使一个人没有亲自的实践机会，仍然能够通过观摩、比照、总结的方式来体悟大道运行的规律和方法，从而对万事万物的运行情况了如指掌。

这里我们歪解一个题外话。历来对老子的身份，大多偏向是一个守藏史，就是一个管理图书馆的馆长，或是掌握历史的长官。但从这段文字看，似乎老子自身有过修身、修家（不是现代的家庭，而是古时候的世家，类似于一个封建领地）、修乡、修邦和修天下的经历。否则很难说出“以身观身，以家观家，以乡观乡，以邦观邦，以天下观天下”这样的实践经验。从这个角度看，我们至少可以推测出，老子当年的地位，并不会低于天子，也许还是一路上从修身修到天下，一路奋斗上去的。正因为老子从小处发展到大局都有着亲身的经历，而之所以他能从小发展到大，正是因为他本人对“道”的信任和执行，才让他具备了“知天下”的可能！这个思路同五十二章中的“既得其母，以知其子；既知其子，复守其母”完全一致，得出的结论也是一样的，即掌握“天下之母”的“大道”之后，通过“知天下”，可以“没身不殆”。

五十五、含德之厚者章

含德之厚者，比于赤子：蜂虿（chài）虺（huǐ）蛇弗螫，攫鸟猛兽弗搏。骨弱筋柔而握固，未知牝牡之合而朘（zuī）怒，精之至也；终日号而不嚘（yōu），和之至也。和曰常，知和曰明，益生曰祥，心使气曰强。物壮则老，谓之不道，不道早已。

【歪解】

那些通过悟道而有所得的人们具备身后的德行。他们就像是刚出生的婴儿一样：毒虫蛇蝎之类的不会拿自己的毒刺、毒牙去噬咬婴儿，凶猛的飞禽走兽也不会扑咬伤害婴儿。婴儿的骨头柔软灵活，筋脉柔韧通畅，但是握持东西却紧实有力，他们虽然不知道男女交合的事情，但他们的生殖器却常常勃起，这是因为他们体内有着充沛的精气的原因啊！婴儿们整日号哭但嗓子却不会沙哑，这是因为他们的行为举动完全符合“道”，与“道”和谐一致的原因啊！

同“道”和谐一致是万物应有的常态。保持这样的常态才是真正的明达，利用这样的常态而让万物因此获益才是真正的吉祥。反之，因为私心欲望而损耗精气的行为就是“用强”啊！当事物因为私心欲望催动自身向极盛发展的时候，也是它们加速自身衰老衰败的过程。这样的行为举动是与“道”的常态相违背的，不合“道”的行为必然提前带来事物的消亡。

【臆论】

《老子道德经》的《德篇》，围绕着“德”的概念展开论述。如果说“道”是一张立体地图，那么“德”就是在这个地图上连接各个点之间的那些线。按照《素书》的注解，“德者，人之所得，使万物各得其所欲”。在“道”的无形作用规律下，人可以理解、把握并利用的客观规律和行为准则，可以通过“德”让万物各自成就各自的目标，完成各自的使命和功业。形象点说，“道”是包罗万象的图书馆，而“德”就是利用这个图书馆找到目标书籍的检索系统；“道”是全幅的“高德地图”，“德”就是连接起点和终点的“导航路线”。

老子在本章中明确将“德”的一个特点总结出来，这个特点就是“和”。老子说，那些通过悟道而有所得的人们，已经具备了相应的德行，即具备了按照“道”的法则和规律来行为处事的能力和意是。“德”本质上应该是源于“道”的“得”，是对“道”在处事应对中的具体遵守和有意识的应用。老子为什么没有说“有德之厚者”，而是说“含德之厚者”呢？这是不是说明万物本身就已经“有”这个“德”，只是因为所有“德”深浅不一、对“道”的理解和应用也有所不同，因此所含的“德”就有了厚浅呢？就像“有钱”这个概念，有一块钱，哪怕是一毛钱，也是“有”“钱”的。只要拥有任何可以等同于“钱”这个概念的事物，都可以理解为“有钱”。由此，“有足够多的钱”跟“有钱”就是两个不同的层面了。有万元存款的跟有百亿资产的，显然他们对于“小目标”的理解也是不一样的。这就解释了为什么老子会用“含德之厚者”而不是“有德之厚者”来描述那些对“道”把握深入的人的原因了，就是他们能够完全地、深入地放弃后天的价值，而是完全依赖他们对“道”的体悟，将自身同万物无区别地和谐在一起，并将这样的和谐视为常态。

老子将这些“含德之厚者”同初生不足三天的婴儿等同起来。为什么是“赤子”？据说是因为新生儿头三天因为黄疸还没完全褪去，所以表现出浑身通红的特点。三天之后通过排空体内积攒着的从母体内带出来的胎粪，开始像常人一样排出因为喝母乳所产生的正常粪便，象征着先天阶段的结束后天阶段的开始，也就是开始具备向外界索取来满足自身欲望的能力和意愿。当婴儿还处于“赤子”阶段时，他的一举一动完全符合本能，并不会有什么倾向性。与此同时，赤子对外界的一切都不具备控制欲，只是好奇，并因着外界的变化而调整着自身的反应。老子眼中，“含德之厚者”跟赤子都具备忘却自身欲望和主观选择能力，完全的忘记自己的“特殊性”，而是将自己同万物混同，和谐的与万物融为一体。因为他们和谐无碍，所以万物将之视为它们中的一分子，毒虫蛇蝎看到赤子以为他们也是毒虫蛇蝎；飞禽猛兽看到赤子也会因为他们的和谐无碍将他们视为自己的一分子。赤子的一举一动因为同“道”是一致的，因此虽然在外界眼中他们做着极端的事情，比如小孩子整天啼哭，常人难以想象声嘶力竭的哭喊但嗓子却不沙哑的情况！但因为小孩的一举一动没有个人私心杂念，是根据“道”，或者根据“道”作用在他们身上的“德”，使得他们的举动同“道”和谐，没有发生任何冲突，因此没有做损害自身能量的行为，导致他们体内的能量并不会因此而有所消耗。

此外，老子观察到婴儿虽然筋骨柔软，没有力气，但他们手的抓握能力却不像他们看上去那么柔弱；同样的，老子还观察到，婴儿虽然不知道男女交合，但他们的生理反应就像男女交合的时候一样。或许老子拿这两个例子是为了说明即使不用意识引导，也可能产生相同的表象。但表象背后的推动因素和推动意识，却可能大相径庭：筋骨强盛而产生有力，是用了肌肉的力量（“用强”）；已知男女交合之事而有生理反应，也是因着欲望而催生的“强”，这跟婴儿的本能是完全不一样的，因为婴儿的反应，都是合于“道”的，将自身同“道”保持一致，处于和谐的状态下的反应，不损耗精气。

老子认为，通过和“道”处于同一频率，就能够让自身的“德”获得增加和升华。通过“含德之厚者”和“赤子”的比较，得出如果人能够同“道”和谐，并将自身的欲望控制到适度范围，即使有欲望也是顺“道”而为的行动，那么就可以保障自身的精气可以得到顺畅地运行，同时各项的正常诉求能够得到无阻力的满足。

在本章的下半段，老子进一步通过“和”推导出“明”和“祥”、“强”的概念。老子认为，正常的状态就应该是万物同“道”保持和谐，万物同万物保持一种和谐，这才是“自然而然”的常态，也是符合“道”的状态。“含德”之人应该明了知晓这样的“和谐”状态，并且懂得将自身融入“和谐”之中才算得上是明达。这个“和谐”是否就是“无为”，将自身的诉求和欲望降低，确保不会因为个体的私心欲望扰乱自然的平衡状态，没有过分的诉求，一切都是顺势而为，与“道”协同的行为呢？若在一个组织机构中，处于上位的人能够控制自身的主见和想法，将自身的想法观点收起来，将组织内全部的员工和事务都协同到一个和谐平衡的水平，并确保各个个体可以在这个和谐状态中自由发展，这才是上位者应该要去努力确保的常态吧？而上位者如果能够具备这样一个意识，并时时检视自身的关注点是否放在“和常”上面，则是一种明达的状态了。

通过上位者的对于“和常”的明达，让处于这个环境中的万事万物因此而受益，就能让整个组织机构获得发展的势头和积极的状态，因此就能让组织的发展处于顺畅的状态中，由此对上位者自身以及整个组织都是一种好的趋势，即“祥”的趋势。但若上位者也好，还是组织内的各个个体也罢，都一味地以满足个人的私心欲望作为主要驱动力，一味地想通过催动个人非正常的极端行为来使自身和组织处于一种亢奋的状态，随着时间的推移，必然加速组织的过度强盛，导致的后果就是透支本应该可以健康发展的组织由于透支过度而急速衰亡。

在老子眼中，事物的生发消息都应该符合相应的“德”，即“道”对应在这个事物上的作用规律和发展趋势，而不是仅仅靠某个个体的意志来催动事物的发展。一旦过度使用“精气”，让事物急速发展并进入顶峰状态，下一个阶段必然是逐渐地后继乏力而进入衰退的状态。事物若成熟太早，发展太状，就是衰败的开始啊！因此老子认为，若要保障事物处于最佳的状态，应该是与道和同，按照道的运作法则和作用方式，通过“无为”的方式来影响和引导事物的发展，才能避免过早的进入昌盛阶段，进而提前将事物送入衰退中。这些“用强”催生出强盛的方式，都是同“道”的作用方式相违背的，都会提前将事物送入消亡的境地。

综上所述，符合“道”的方式就是不断地针对具体的对象物，采用“与道和同”的方式不断增加对事物的“德”，使得自身的“德”可以与这个事物相匹配。通过“无为自然”的方式来发展和引导事物的发展，才是符合“道”的行为。

五十六、知之者弗言章

知之者弗言，言之者弗知。塞其兑，闭其门；和其光，同其尘；挫其锐，解其纷，是谓玄同。故不可得而亲，亦不可得而疏；不可得而利，亦不可得而害；不可得而贵，亦不可得而贱。故为天下贵。

【歪解】

你们已经知道的（“玄德”），我就不多说了；我要说的，是你们没听说过的（“玄同”）。克制过度的言教，阻断过度的探求；调和自身的光芒，降低自身的身段，让自己跟最低微细小的尘埃一般；减损过度的锋芒，消除过度的纠结，这就是我所谓的“玄同”。

因此，懂得“玄同”的人，你既无法通过亲近他们而获得他们的帮助，也不能通过刻意疏远他们而改变他们对你的态度；你既无法通过迎合、颂扬他们而获得他们同样的反馈，也不能通过刻意诋毁他们而改变他们对待事情的方式方法；你既无法通过珍视、重用他们而获得他们对你的支持，也无法通过刻意贬低、轻视他们而改变他们做事的初衷。（正是因为了悟“玄同”的人们不会因为外物对他们的态度而改变他们行为处事的方式方法，）所以他们才被天下所尊重。

【臆论】

五十六章开篇，老子的名言就是“知者不言，言者不知”，往往被理解为“真正懂得‘道’的，并不会夸夸其谈；那些不知“道”的，反而口若悬河”，似乎真正懂得“道”的人，往往难以全面地、准确地描述“道”。而这句话，又被人拿过来反讽老子，说既然知道的人不会说，那么老子为什么还要写下这五千言去说“道”和“德”呢？还有，如果说真正知道的并不会说，会不会是指那些真正悟道的人，并不认为自己已经完全掌握了“道”，所以并不敢随便就下定论。而那些一旦有所了悟，就觉得把握了全面的“道”，所以才迫不及待地让他人知道自己已经悟道了呢？又或者我们是不是过度解读老子的意思了呢？假设老子写下这句话的时候，纯粹只是过渡作用呢？

我们用了楚简本的“知之者弗言，言之者弗知”来理解。“知之者”，是不是说读者或者老子的演说对象已经知道的内容和信息呢？“弗言”也可以理解为“不再说了”。为什么不再说了呢？因为前面已经说过了。“言之者”，就是本章或者下面要继续介绍和解释的内容是前面没有说过的，所以才说是读者们“弗知（不知道）”的。那么，整句话有没有可能就是承上启下的作用，即“你们已经知道的，我已经说过的内容，我就不再说了；接下去要说的，是之前我没提到、你们还不知道的内容”。知道的是什么内容呢？就是“道生之、德畜之”，万物“尊道贵德”，“生而不有，为而不恃，长而不宰”的“玄德”。联系本章下文中的“玄同”，是不是一对概念呢？所以我们歪解一下，老子说的“知之者”就是前文提到的“玄德”，“不知者”就是本章后文的“玄同”。

那么什么是“玄同”呢？联系第一张中提到的“玄之又玄”，探寻之后再探寻，否定之后再否定，“玄”可以是一种动作状态，也可以形容深不见底、永无尽头、讳莫如深的感觉。“同”，并不意味“归同、同化”，很有可能就是“配合”的意思，也是“自然”的一种表现。“舍己从人”，没有自己的主观意念，所有的状态就是顺应自然的“无为”：该做的义不容辞，不该做的心念不动。具体是如何做呢？就是做到上一章提到的“知和曰常”，防止“心使气曰强”，即要“守常”，避免“用强”。沿着这个思路，老子在后面提出的内容，要么在强调避免用“强”，要么在强调守常用“和”。老子认为，克制过度的言教和对感官的过度依赖（“塞其兑，闭其门”，即避免用“强”）；或者调和自身的光芒，降低自身的身段，让自己跟最低微细小的尘埃一般（“和其光，同其尘”，即“知和守常”）；减损过度的锋芒（“挫其锐”，再次强调避免过度“强”），消除过度的纠结和纷扰（“解其纷”，强调顺应、和谐）。这就是老子眼中“玄同”的概念，总结出来就是“知和守常”，避免“用强”，让“心”和“气”自然的作用，而不是通过主观意念的引导来催动“气”。

假设我们上面的歪解成立，那么上一章中的“含德之厚者”，就是懂得“玄同”状态的人。结合上一章老子将“含德之厚者”比喻为“赤子”，又说“赤子”不惧蛇蝎猛兽的原因是因为他们心气柔畅，可以与“道”和同。这为我们理解下面的“故不可得而亲，亦不可得而疏；不可得而利，亦不可得而害；不可得而贵，亦不可得而贱。故为天下贵”提供了一个视角。

昨天我们提到，解读本章需要同前一章结合在一起看，才能理解上下文的贯穿意思。在第五十六章中，老子形容“含德之厚者”如同“赤子”一般，因为他们都具有“和”且能守住“常”，遇事并不意味通过“心”来驱动“气”，让自己处于“强”的状态而是自身过早的衰亡。他们并不会因为身处蛇蝎猛兽或是兵戈战场而有改变，而是臣服于当下的情况，根据时势来调整自身应用“道”的方式和方法使自身同所处环境和同。那么他们具体如何做呢？就在

第五十六章中做了描述，就是“守和”的同时避免“用强”。这么做之后会有什么效果呢？这个效果就是与“道”和同，能够以“无为自然”的状态和谐地将自身嵌入自然之中，外物不能因此而改变他们，而他们却能在无形中影响万物。

老子说，一旦懂得了“玄同”，外物是难以通过“亲疏”、“利害”、“贵贱”来影响和改变这些“含德之厚者”的。为什么呢？因为外物都是停留在物质层面的影响因素，不管是亲近（通过肯定的方式），还是疏远（通过否定的方式）；不管是输送好处和利益（也是通过肯定的方式），还是对其施加伤害（通过否定的方式）；不管是抬高和尊崇（通过肯定的方式），还是贬低和作践（通过否定的方式），都不能对得道之人施行影响，换个角度说，一旦“含德之厚者”处于“玄同”的境界，不管外物和外界如何变化，他们都能安之若素地按照“道”的原则来处事。而为什么他们能够安之若素呢？就在于他们已经将自身同“道”和同一体，也就是他们自身就是行为本身，而不是行为的主体。

因为他们本身就同万物和谐，和“道”和同，不存在对外物外界的依赖，也不以外物外界的反应和反馈作为他们行动的触发点，因此，他们能够秉持大道的原则而在处理事务时不偏不倚。“天地不仁”和“圣人不仁”说的不就是这个现象吗？由于万物本身都有其归宿和目的，或多或少都会以私心欲望作为做事的驱动力，因此很难客观地做到公正。而“含德之厚者”因为不对外物外界的反应和态度抱有依赖的心理，即“含德之厚者”们不依赖与外物外界，而是完全依赖于对“道”，或者对自身含有的“德”，所以能够为天下正！这就是他们存在于世的宝贵之处。

五十七、以正之邦章

以正之邦，以奇用兵，以无事取天下。吾何以知其然也哉？夫天下多忌讳，而民弥贫；人多利器，而邦家滋昏；人多智，而奇物滋起；法物滋彰，而盗贼多有。是以圣人之言曰："我无为，而民自化；我好静，而民自正；我无事，而民自富；我欲不欲，而民自朴。"

【歪解】

用简单明了、不易更改的政令教化来治理和影响邦国；用出其不意、诡异多变的手段来用兵打仗；以无为自然、不扰民众的方式来统御天下，以此获得民众的支持和拥戴。我是如何知道这些道理有效的呢？若天下有太多需要顾忌和避讳的事物，民众会因此而感到束手束脚，不敢进行正常的生产活动而导致越来越贫；若人君过多地使用法律法规和权术（而忽略为政的"大道"），国家也会因此而受到负面影响，变得日益昏暗腐朽；人君若倚重用个人的聪明才智以期取得短期快速的治理效果，则各种各样投机取巧的工具和方法就会层出不穷；人君若想通过各种难得的宝物、器皿来凸显自己的地位、彰显自己的不凡，那么民众也会因此效仿，导致为获取这些难得的宝物、器皿而发生去偷盗的行为和违法的人数也会越来越多。

因此，圣人就说：“我不以自身意愿和私心欲望作为治国理政的依据，而是按照实际情况以符合“道”的方式来治国理政，那么民众就会自然而然地接受教化；我若能保持清静无为而不去干扰民众，则民众自然就能安心地从事自己应该做的事情而不需要额外的监督；我不折腾、不发起任何无意义的政令，则民众因此能有更多的时间去从事生产，进而变得愈加富有；我去追求那些一般人不愿去追求的事物，则民众受此影响也会自然而然地返璞归真，踏实做好本职工作。”

【臆论】

从五十七章开始，老子又从悟道体道转移到了为君者如何治国理民上面。本章一开始，老子就提出了影响中国政治治理理念发展的概念，即治理国家和治兵打仗是两码子事，使用的手段和达成目的的途径是完全相反的：以正之邦，以奇用兵（用正道来治理国家，用奇策来治兵打仗）。但这并不是老子本章想说明的重点，重点是后面一句：“以无事取天下”，即通过上位者“无事（无为）”的方式来轻松地获得天下的归心！

这三个短句常见的解读似乎都是针对上位者的，即作为君王，要用正直、可预见的方式来执行治国理政的方针政策，要用出其不意、攻其不备的方式来指挥战争，要以无为自然的状态来获取天下。似乎看着也没问题，但我们联系本章后面的论述，似乎老子对于“以正”和“用奇”并没有多大兴趣，倒是最后他用圣人的话对“以无事”做了衍生和扩展。这就奇怪了，如果“以正”、“以奇”和“以无事”三者对于君王都是那么重要，为什么要偏废前两个而只讲述第三个呢?

我们针对这三者尝试着歪解一下，假设老子的这三个短句并不是用来说明一个人（或者一个角色），而是为了说明三个功能，或者三个角色呢？那么“之邦”、“用兵”和“取天下”这三者之间就有了三个角色：治国的，带兵的和取天下的。治国的未必就是君王，也可能是下面具体执行内政事务的官员。带兵的也必是君王，很有可能是下面具体负责对外事务的将领和官员。而取天下的事情必定是君王，或者想要成为君王的上位者。这三者，一个对内（也包括认同我方价值观的盟友和属国），一个是对外（不认同我方价值观、同我方存在理念和利益冲突的敌方），一个是包含了所有方的（我方、敌方和中立方）的“天下”。从这三个角度我们分别来分析一下老子提出这三个不同措施的逻辑可能是什么。

首先我们来看，“以正之邦”，即用“正”来治理邦国。这个“正”往往跟“直”有同义，大概意思应该是正直、言如其人、言出必行的概念。衍生出来的意思，大概是想要说明治理国家的大原则应该是直接明了，而且不会朝令夕改，一项政令的出台时管理层审慎之后的结果，而不是某一人、某一机构臆想出来的随意行为。一旦一个政令出台之后，就意味着短时间内不会有什么变化，且上至管理层下至执行层都能理解和主动去执行。除此之外，“正”也意味着“真”，是管理层对下位者表述其真实意图的行为，而不是利用信息不透明来操纵和利用下位者们的行为。由此，我们有理由相信，老子在这里想说明的是，正确的治理原则应该是简单明了。一言九鼎且能够被民众信赖的行为。最后，我们也刻意进一步推测，老子另外可能还想说明，若要让国家治理顺畅，在选材用人方面，也要按照“正”的原则出发。“以正之邦”，也可以理解为“用正直的人来治理国家”，难道有什么问题吗？

我们再看“以奇用兵”，大概意思应该是用奇策不被人所预料到的方式来指挥军队赢得战争。按照上面“以正之邦”的歪解逻辑，我们大概可以认为，老子眼中，若目的是为了赢得战争，最好的方式就是出奇制胜，不按常理出牌，通过扰乱对方的战略布局来创造胜利的条件。为什么放着正规的方式不用（春秋时期的战争一般都以“阵战”为主，即双方兵士排列好阵线之后，由一方直接冲向另外一方做正面的攻击，看谁最后能取得胜利），而要用非常规的方法，且要不断地根据战况调整作战方案呢？首先，当然是为了赢得战争。但更重要的是如何通过最小的代价来赢得战争，即战争的目的仅仅只是为了“果而已”，并不是为了“乐杀人”，只要战争的目的完成就应该罢兵休战。显然，只有通过速战速决、快速取胜的方式才能避免大规模的“阵战”以防止更多的生命因此而丧生。所以，在选择指挥战争的人选方面，就应该选择那些能够领略战争艺术，在把握战争目的的前提下，通过灵活手段获得战争胜利的人才，而不是像选择治理国家那样正直、讲原则和谦让的人才。

最后，“以无事取天下”，就说到了如何“取天下”。这个“取”字很有意思，按照《春秋》的写法，“取”字往往代表着攻的一方没有费多大的力气和准备就顺利的接收了被攻的对象，很有被攻取对象期待进攻方的意思。那么，“以无事”的方式就能不费大力气且能让“天下”张开双臂来欢迎你的效果，应该是最佳的“取天下”的途径吧？而“无事”就是“不妄为”，一切都是水到渠成的效果，一切又都是自然而然地结果。“以无事取天下”是不是就意味着不用依靠武力和政策就可以了呢？未必！老子在这里说的“取天下”，更多的应该是赢得天下的认可和信任，进一步获得天下的拥戴而能够成为民众的官长。所以，这里的“以无事取天下”所关注的是如何获得可以影响天下的影响力和条件。若君王能够顺势而为、因任自然，以“无为”、“不妄为”的方式对天下施加影响，最终的结果就是获取天下。若君王采用“有为”和“妄为”的方式，那么其对天下的影响力就不会长久，因为这个影响力来自于他个人的“心使气”的结果，即“用强”的结果！夸张点说，老子认为若为君者在取天下过程中用力过猛，结果就是“拔苗助长”，虽见效奇快，但效果短暂且副作用强，“物壮则老，是为不道，不道早已”！

老子在论述完“之邦”、“用兵”和“取天下”这三者需要用不同的方式达到最佳的效果，不同的目的要借用不同的手段完成，这说明“道”本身是“无为”的，是根据具体的对象来决定自身所采用的方式和方法。那么我们就会问，老子又是依据什么推断出来“之邦”、“用兵”和“取天下”分别需要通过“以正”、“用奇”和“以无事”的方式达到效果呢？

老子自己说，他是通过观察反面现象来推测出正面行为的。他发现，“天下多忌讳，而民弥贫”，大意是指若天下有太多需要顾忌和避讳的事物，民众会因此而感到束手束脚，不敢进行正常的生产活动而导致越来越贫。而楚简本上的文字是“天多期违，而民弥贫”，大意是说作为施风化雨的“天”若违反农时和节气，本应该风调雨顺的但却风不调、雨不顺时，民众就难以进行正常的农作活动，从而导致民众难以获得足够多的积累而越来越“贫”（缺乏本应该有但没有的东西）。主旨大意相似，楚简本的“天多期违”，指的是天本来应该按照正常的农时和节气进行施风化雨的（对应的是“以正之邦”）。而帛书本的“天下多忌讳”，则侧重于“以无事取天下”。通过后面的“人多利器”和“人多智”，凸显的更多的是“多事”，所以我认为帛书本更优于楚简本。

为什么天下忌讳多了，民众反而越来越“贫”呢？或许老子这里的“贫”，除了泛指物质上的贫困，更多的应该是指民众本应该有的活力也因为要顾忌的事物太多而收到了打击。我们前面提过，老子眼中的“自然”，应该是万物自化、自正、自长的一种混沌无序但是平衡和谐的整体状态，不是通过压抑或是限制使之形成有序但缺乏活力的状态。因此，民众正常的生产劳作需要是应该被保护和鼓励的。若上位者不断地出台新的教令法规来规范民众的一言一行，最终导致的结果就是整个组织缺乏生机而得不到发展，造成的结果必定是整个组织和民众都陷入“贫困”的境地。因此，老子认为作为上位者，应该通过“无事”的方式来让民众脱离贫困，让民众自发自动的、自然而然地富裕起来（即后文的“我无事，而民自富”）。

按照相同的逻辑，我们可以顺利的推导出“人多利器，而邦家滋昏；人多智，而奇物滋起；法物滋彰，而盗贼多有”的大概意思。这里的“人”，并不是一般的人，而是特指处于上位者的具有一定管理职权的人，可以是君王，也可以是地方长官，也可以是小组长，只要是对一个团队和组织负有管理责任的人，都属于“人”的范畴。从这个角度出发，我推测老子后面的意思大概就是说，当上位者过多的倚重能够迅速起到短期作用的途径或是权谋的时候，整个组织就有可能因此而昏暗不治。为什么呢？因为大家都想追求速效而忽略了做事情、解决问题本身。如同当我们信誓旦旦地宣称我们已经找到答案时，往往我们忽略了问题是什么。结果就是“虚火上冒”，华而不实。

当上位者只注重动用智巧去解决表面问题而不做深入研究时，各种各样“头痛医头、脚痛医脚”的方案和策略就会流行天下，其结果就是“虚高”的繁华表象下的大乱。当上位者开始通过特立独行，开始通过各种稀有事物以彰显自己身份和地位的不同时，他实际上实在展示自身的不同。而上位者的带动效果势必会让下位者也跟风而动，开始通过各种难得之物标榜自身能力和价值的与众不同。其结果就是在因为宝物和稀有之物的稀缺性而导致偷盗行为的大肆泛滥。

上述四个反面例子都是为了印证“以无事取天下”的重要性和根本性。上位者若不能有效管理自身，认清楚作为上位者的榜样责任，其结果必然会使“取天下”的事情“不可为”、“不可得”。因此在本章的末尾，老子引用了圣人对“以无事取天下”的进一步阐述：“我无为，而民自化；我好静，而民自正；我无事，而民自富；我欲不欲，而民自朴”。我们明天接着歪解这几句。

老子本章的重点并不是突出“之（治）邦”或是“用兵”，而是突出如何才能“取天下”。按照当时春秋末、战国初群雄开始进行兼并和反兼并战争的情况看，如何在“以身观身、以家观家、以乡观乡、以邦观邦、以天下观天下”中实践“取天下”的构想，老子提出“无事”才能达到这个目的。那么具体“无事”是不是指上位者消极怠工，让底下的人自由发挥呢？显然不是！老子在本章上半段提出了若上位者“有事”会导致的情况都是消极的（民弥贫、邦家滋昏、奇物滋起、盗贼多有）。那如何防止这些消极情况的出现呢？就是“以无事”。

以道治国的圣人说，做到“无为”，民众就会自动选择最佳的方式去发展和繁衍自己；做到“好静”，民众的心智就会简单直接而没有歪心邪念、投机取巧；做到“无事”，民众就会充分发挥他们生产劳作的积极性而能自我富足；做到“欲不欲”（努力做到跟自己的本能欲望相反的事情、主动选择去克制自己的欲望，或者说“主动选择作为一般上位者不想要的状态（比如被人贬低、被人忽视等等不被他人特殊对待的情况）”，民众就能安贫乐道、专注于他们应该做的事情。

我们可以看到，老子并没有对民众提出什么要求，也并不像很多不理解老子的认为《老子道德经》里充满了“愚民”的思想，而是对上位者，对君王、长官、管理者提出了“无为”、“好静”、“无事”、和“欲不欲”的要求，总括之后的大意就是“少作不折腾”。在老子看来，正是因为上位者的“有为”，不管是处于为天下还是为自己的目的，违反“道”的客观原则而一味地试图通过

“用强”来强迫外界按照自己的想法、欲望、构想来改变他们原有的计划而服从上位者的行为都是不可取的。与此同时，老子也不认为光靠上位者一个人的聪明才智就能让天下得到恰当的治理，反而是透过所有功利性的想法直接要求上位者放弃“偷懒”和“投机”的想法，定下心来做领导者应该做的事情。只有上位者克制自己想要“越俎代庖”的冲动，才有了下位者充分发挥他们在生产、工作和处理具体事务时的空间和自由，进一步激发整个组织敢于“任事”的自发自动！牵强一点的说，这难道不是一种分工明确的“民主”自治吗？

本章老子提出的“以无事取天下”的进一步落地，就是“君无为而臣无为”，或者说“上无为而下有为”。现代管理学中，也有人提出，处于上位的管理者并不拥有提案和建议的权力，而是决策的权力。而决策权力的落脚点并不是肯定权，而是行使明智的“否决权”。这也就意味着所有的提案和建议，必须由具体负责处理决策对象的人提出他认为的可行方案给上位者。上位者通过行使否决权对决策进行驳斥和影响，但对最终的解决方案不提供他的意见。如此，才能激发下位者的积极性。我们看到太多失败的管理其根源就在于上位的管理者多做了那么一点点：言之凿凿地告知下位者如何去做，即使他们对自己的意见也没有多大把握！

五十八、其政闵闵章

其政闵闵，其民淳淳；其政察察，其民缺缺。祸兮，福之所倚，福兮，祸之所伏，孰知其极？其无正也。正复为奇，善复为妖。人之迷也，其日固久矣。是以圣人方而不割，廉而不刺，直而不肆，光而不耀。

【歪解】

当人君在为政治国时采用宽宏大度、处处按照“无为之事、不言之教”来治国理政，那么他治下的民众就会是淳朴踏实的；若人君用严苛的立法、事无巨细地去管理其邦国，那么我们可以推测，他治下的民众也会是处处刁难、难以治理的。灾祸中孕育着福瑞，而福瑞中有潜伏着祸殃，谁能搞清楚这祸福之间相互转化的点在什么地方呢？这两者之间根本就没有固定不变、可以以此推算的规律可言啊！那些看着似乎是按照预定轨迹发展的事物，有可能到后面会变得难以把握和令人费解（为什么会出现变数）；那些一开始可能按照优化和善意角度出发的行为，也有可能到后面变得难以预料和令人捉摸不定。但人君往往执着于找到一种百试不爽的法则（可以来解决治国理政中的各种问题），而且持有这种想法的君王不在少数，且自古就有啊！

（那些有道明君却放弃了这样的想法，他们不执着于固定的“陈法”，在做事的过程中尽量不让自己处于极端的状态。）有道明君们处事方正有原则，但并不会因此而用他们的原则去伤害他人的原则；他们廉洁而朴实，但并不会因此而肆意去评论其他人的价值观和行为；他们处事光明正大，但并不因此而到处炫耀以此来标榜自身的与众不同。

【臆论】

上一章中，老子提出，君王只有抱持“无事”的态度去治国理政，以“无为”、“好静”、“无事”和“欲不欲”方式处理好自身对组织的影响，创造出宽松、自由且充满活力的政治环境，民众才能“自化”、“自正”、“自富”和“自朴”。老子在写完这些论述之后，估计料到会有人对此提出异议，若君王无所作为，任由民众自发自动地去“胡作非为”，对组织的大环境真的有正面影响吗？老子于是就沿着这个思路，继续讲解为什么要“以无事取天下”。

老子说，当人君为政的态度是以宽宏大度，每当需要决断时，总是会有所顾忌，担心会伤到民众。因而在那些“有为”的人眼中，这样的君王就显得畏畏缩缩、混混沌沌不够果断。但正是在这样的君王治理下，其治下的民众却往往表现为顺应君王的响应、体谅邦国的客观条件，都能安心地做好手头上的工作而悠然自得。民众之间也彼此帮助，相互扶持，人与人之间没有尔虞我诈、机关算尽的现象。这难道不是因为上位者遵循了“道法自然”，以“无为”、“好静”、“无事”和“欲不欲”的态度来治国理政的结果吗？

与此同时，老子又说，基于他所观察到的另外一种迥然不同的治理态度，就是凡事规划清楚，法令和奖惩措施齐备，各种大小事务都有章法可依，看上去日常生活和工作中的各处细节都有具体的规定。这样的政治环境下，民众会有什么样的反应呢？老子的总结很有意思，说“其民缺缺”。“缺缺”是个什么意思？我们这里猜测一下，大概意思就是“以缺为缺”，就是大家都开始关注那些没有做好、没有做到、没有满足的事物，并认为这些“没有”的事物非常之重要，也就是开始关注“目”（欲望），而不是关注“腹”（需求）。再说的直白点，民众开始变得吹毛求疵，对上位者的种种行为开始欲求不满。为什么会有这样的情况发生呢？大概率就是“法无全法”，任何法律调律要么规定了应该做的事情是什么，要么规定了禁止做的事情是什么。不管是正面引导（规定要做的事情），还是负面引导（规定了禁止的事情），都没有办法说清楚“为什么”以及“是什么”这个根本问题。看看身边的规章制度，往往都忽视了设立这些规章制度的目的和初衷是什么。越详细的操作，很可能离通过这些操作达到什么效果越远，因为凡是看到这些操作内容的人，关注点势必会是如何正确的操作，而不会关注通过这些操作希望达到什么样的目的或是效果。条目越多就越容易迷失。这有点像基于KPI的绩效评估，KPI值很高，但绩效平平。所以当前管理趋势开始从KPI转向了OKR（目标和关键结果），将大部分的时间和精力放在对希望达成的目标的讨论上，以及如何衡量这个目标是否完成的关键结果的判断上，而将如何完成这些关键结果的权力和自由授权给具体接受这个OKR的人或团队。通过OKR，上位者仅需要参与到OKR的讨论和制定中，确保周期性的回顾，不对执行过程中的具体操作进行干预。这是不是另外一种“无为”的方式呢？是不是“欲不欲”的一个具体例子呢？

为什么“无为”也能起到管理效果，也能让民众获得发展的空间和自由呢？老子提出了“福祸”这对概念来解释。他说“福祸”之间的关系，很难用一种一维单向的规律去描述，往往两者是彼此交织、彼此生成、彼此包含的混沌关系，很难理清楚到底“福”就是“福”，就是完全的好。还是“祸”就是“祸”，就一定需要避免。在老子眼中，“福”未必是值得庆祝的，而“祸”也未必是不幸的，个中蕴含的具体关系和转换条件，他也不知道。但老子知道，不管是“福”还是“祸”，其中的规律没有“定法”。除了“福祸”，还有“正奇”和“善妖”的相互关系也是难以预见的。推而广之，凡是有正反两面性的可能，都是不可预知的。好的会因为事物的发展而逐渐产生消极的后果，坏的也会因为条件的变化而造成积极的影响。既然这些都没有一定的法则可以去遵循，为什么上位者们会认为他们所制定的法律条文会是绝对的真理呢？我想明太祖朱元璋当初自以为一部《大明律》可以保万世子孙长久富贵，但没想到就是这部《大明律》导致明朝中后期的种种问题和灾祸。

上位者若能明白祸福之间、正奇之间和好坏之间没有明确的、一成不变的界限，就应该放弃这个幻想，即认为可以找到万世可用的法则去规范民众的生产生活。道理是放在这，可是从古至今又有多少君王自认为其所发明创造的调律不仅能够囊括古今，还能囊括中外呢？人君陷入这种臆想无论时间还是广度，都是令人咋舌的。那么知道世间万物转换没有规律可循，圣人们又是怎么做的呢？

君王“有为”的表现之一，就是希望通过制定某个法规教令来确保民众按照他所期望的方式来行动。或许这个法规教令一开始的确具备积极意义，但随着时势的变化，当初的积极意义会转变成阻碍后期发展的消极存在。这就是为什么老子并不认同这世间存在适用万世的法则，也不认为事物的状态会一直维持不变。不管是从“反者道之动”还是“道法自然”的角度看，“道”的一个属性就是随顺事物的发展而对当下发挥作用。作为上位者的君王若不放弃“有为”的思想，一味地沉浸能够一劳永逸地解决问题的幻想中，结果会非常悲惨。

针对这个现象，老子提出了圣人们的做法。“方而不割，廉而不刺，直而不肆，光而不耀”，重新排列paraphrase一下，就是“虽方但不割，虽廉但不刺，虽直但不肆，虽光但不耀”。重排之后，我们可以认为，圣人的关键是保持“方”、“廉”、“直”、“光”，但要把握好“度”，也就是老子说的不能过那个“极”，因为一旦过了这个“极”，“方”就会“割”，“廉”就会“刺”，“直”就会“肆”，“光”就会“耀”。

“方”，方正，有原则有底线，能够把握住事物创生和发展的决定因素。也可以理解为按照具体价值观来决定行为的方式和方法，而这个价值观是被认为正确的、合理的。为什么“方”过了会“割”，会伤害其他事物呢？你不能因为自己占理就去指点别人的不够占理，或者自认为站在道德的制高点上就可以对他人颐指气使。刚正不阿本身是好的，但因此而对他人进行道德攻击，势必会将本应该是好的情况，转变为最后的坏的情况，“好心办坏事”说的就是这个道理。与此类似的，清正廉明是个优秀的品质，但不能因为自身清正廉明而要求所有人都按照你的标准执行。若因自身的清正廉明使得人人都为之效仿，而你有因为自身的清正廉明就觉得自己是个榜样由此对他人的行为指手画脚时，你的清正廉明或许会导致你的“不近人情”。你的直接坦率也可能成为你肆意攻击和口无遮拦的借口，由此让你逐渐被人疏远而丧失影响他人的机会。你的知名度和影响力会帮助你更好地去改变身边的人事物，但若你因此而觉得自己是个“人物”，进而到处标榜自己、吹嘘自己的作用而忽略团队和平台对成就你的知名度和影响力的作用，其结果势必会造成你的知名度和影响力的消失，好事也会变成坏事。

因此，老子认为把握好“方”、“廉”、“直”、“光”的“度”非常重要，要能根据具体情况采用合适的方式达到预期的效果。凡是过了“度”就会往“极”的方向发展。而事物发展到“极”端的时候，就开始了反向运动，朝预期的相反方向变化，最终不但达不到预期效果，还会造成负面影响。把握好这个“度”才能创造出“自然”的节奏和效果。在不知道合适的“度”在什么地方时，最佳的方式就是“谨慎”，也就是第五十九章要强调的点。

五十九、治人事天章

治人、事天，莫若啬。夫为啬，是以早服（复），早服（复）是谓重积德。重积德则无不克。无不克则莫知其极。莫知其极，可以有国。有国之母，可以长久。是谓深根固柢、长生久视之道也。

【歪解】

作为君王，无论是具体的治国理政、护养民众，还是遵循天道、行使君王的权力，都需要简朴节约、谨言慎行。

君王只有时时处处谨言慎行，才能尽快让自己回归到“道”的本源上。而回归到“道”的根本源头，就是平时治国理政时能时时刻刻关注“德”的积累，让自身的治理结果都能符合“道”的原则。若君王的治理行为都注重积累德行，治理结果都是依照“道”来取得的，那对他而言，没有什么事情是他不能做的。对这样的君王而言，任何事情都可以做成，人们也就难以确切地知道他的能力到底有多大。当君王的能力难以被人所探明察觉时，他的执政基础就很难被动摇。若君王的能力可以确保其执政基础的稳固，他的执政地位和执政效果就能长久地存在下去。

这就是我想说的根基深厚、基础牢固的表现，也是君王能长久执政、持续发挥治理效果的基本法则和规律。

【臆论】

我们对五十九章的解读，应该把它同五十八章（孰知其极？）和六十章（治大国若烹小鲜）放在一起看。为什么这么说呢？从逻辑上看，五十九章提出凡事都具备正奇、善妖两面，即正反两个因素。这两个因素彼此之间存在互为基础、彼此包容的关系，且两者之间的转化是没有规律可以遵循的。因为圣人认识到这个“其极孰知”，所以就采用守住根本但不追求极致的方式，以便能把握那个处于“明面”上的因素（不管是正还是反）。而六十章则强调治理国家应该像烹煮小鱼虾米一样，不能随便搅动。一搅动，鱼肉就会从鱼骨头上掉下来变成肉泥骨刺了。这是说君王治理国家是就应该减少非必要的治理活动。那么老子在本章中像强调的重点就是君王如何在“其极孰知”的情况下，如何才能“烹小鲜”，那就是“啬”，即素朴简约、谨言慎行。

一开头老子就说，不管是治理民众还是执行天道，按照天道来行使自己的君权，都应该尽量不去做大的动作。“啬”大概有节约简朴的意思，跟老子“三宝”中的“俭”大意差不多。具体到上位者如何去“节俭”上，我们可以理解为少言寡行，无为自然。或者说上位者至少在日常的治国理政中应该谨言慎行，对自己的言行可能造成的过度影响时时处处保持警惕，不随意发挥自己的观点和意见。若上位者能够做到日常管理时多听少说、谨言慎行，那么就离“道”清静无为的属性很近了，就能尽快地达到以“道”治国这一根本原则上。

“早服”往往被理解为早早地臣服于“道”的作用。而我认为这个“服”字很有可能是第十六章中的“归根曰静，静曰复命”中的“复”字。当君王能够谨言慎行、清静无为时，就达到了“归根”的状态（跟下文的“深根固柢”对应），就是“复”的一种行动。

能比一般的君王更早地通过清静无为来治理国家，以“无事不言”的状态来施加影响，就是在通过“道”的原则来得到治理成果，因此是一个不断重复积累“德”的行为。这里的“德”，我理解为“依照‘道’的原则所产生的治理成果、效果、状态”。不断地通过对“道”的运用和遵守，君王所获得的治理成果势必包含了“德”。而不断积累这些“德”的人，就会成为“含德之厚者”，也就是得道的人。

“重积德则无不克”，大概意思是若君王以道治国的成果显著，且越来越能把握大道的运用法则，那么他将无所不能。这里特意要提一下，“克”虽然有“攻克、战胜”的意思，但联系上下文，没有任何要去攻克的对象，更谈不上没有什么打不败的（“无不克”），何况后面还有“无不克则莫知其极”（因为无所不能，所以不知道那些事情是他不能成就的）。若解释为“攻克”、“战胜”，似乎跟上文的“啬”矛盾了。当“克”解释为“具备某个能力”，比如“克勤克俭”（能够勤、能够俭），那么“无不克”就可以解释为“无不能”，也就是依照“道”可以解决任何治理过程中的问题和挑战。当上位者具备能够解决任何问题的能力时，很难去推测什么样的问题会让他感到棘手，不知道这样的管理者的能力顶峰在哪。用一句话概括：以道治理天下而能谨言慎行、清静无为的管理者是深不可测的存在！

君王按照“道”的法则，通过“无为”和“不言”的教化来获得管理的成果。在不打破万物自然的前提下通过清静无为实现管理的目的，这个过程就是“积德”的过程。若君王能够持续地通过“无为”的方式，尽量控制自己的“有为”冲动，对自身管理行为的“吝啬”才能精准聚焦在少数几件极为重要的事情上。由此可以获得处理任何事情的能力。

昨天我们歪解到“莫知其极”的时候没有说明，其实这四个字的关键点并不是在强调“莫知”，而是“其极”，强调当君王能够通过“道”来治理国家时，便很难去把握他的治理方式和方法，难以察觉他的做事风格和方向，为什么呢？因为有道的君王根据治理的对象来调整自身的方式方法，因而能够“因时制宜”、“因事制宜”，通过对治理对象的把握有针对性的采用治理的措施，没有非得按照一定的规则才算治理。这就呼应了第五十八章中的“熟知其极”的概念。

君王治理不以过往的经验和自身的主观意念为出发点，而是就事论事地采用灵活的方式来处理治国理政中的各种问题，但总的原则就是“无为”、“自然”。如此，君王就有了治理国家的能力，自然就能把握住国家治理活动中的根本原则，才能长久的将自身的管理行为转化为有利民众和邦国的管理成果，而自身的治理威望也能获得长久的认可和拥戴。归根到底，老子想要表达的点就是以道治国，清静无为，君王要尽量吝惜自己的管理精力，治理活动要按照“道”的法则（“道法自然”）来获得自然而然的治理结果（“重积德”），由此成为“含德之厚者”，进而能够达到最终“深根固柢、长生久视”的效果。

六十、治大国若烹小鲜章

治大国若烹小鲜。以道莅天下，其鬼不神。非其鬼不神也，其神不伤人也。非其神不伤人也，圣人亦弗伤也。夫两不相伤，故德交归焉。

【歪解】

治理国家如同烹饪小鱼小虾一样尽量少翻腾。

以“道”来治理天下，那么就没有什么需要去顾忌。按照“道”的原则来治国理政，连鬼怪神祇之类的存在都不用去过度关注。按照“道”的原则和规律处事，鬼怪神祇就会失去效用。倒不是说这些鬼怪神祇不灵异了，而是说它们虽然还在发挥作用，但这些作用的效果不会伤及民众。鬼怪神祇的作用效果不伤及民众，而以“道”治理天下的圣人也不会去伤害那些鬼怪神祇。由此圣人以“道”治理天下，但并不对鬼神施加伤害；而鬼神按照自己的“道”发挥作用，但并不对圣人治下的民众造成伤害。因此，圣人和鬼神都能借助各自的“道”，做好自身的工作，使两者各自获得依“道”治理的成果而能相互成就而不相伤。

【臆论】

《老子》一书全文五千多个字，除了不少名言警句。但“治大国若烹小鲜”这句话，即使没有读过老子全文的人，也能边摇头便慢吞吞地吐出这句话来。若再加上点社会上承认的“积累”，有了一定的“权力”，管理着一拨人，那么这句话就会经常被拿出来炫耀自己“无为而治”的精神，管理这件事情就像清水煮小鱼虾一般容易！只有这样才能显出自己管理水平的高超。当然，也有人说道家人物缥缈不定，给人感觉就是“神龙见首不见尾”，动不动就甩下一句振聋发聩的言论，然后背着手驾着云就走了。真的是这样吗？

如果我们联系前面两章看第六十章的问题，老子把治国同烹饪联系在一起，实质上是为了说明任何不必要的行为，都可能导致我们的结果和初衷相背离。因为世间的事情，难以用一成不变的规律去复现，正的可能发展为反的，好的可能发展为坏的，那么初衷是要治理一个问题，可能结果却加剧了这个问题。初衷是为了烹饪出一道美味佳肴，结果却可能是一锅乱炖。既然不管是出于善意还是恶意，其初衷未必就决定了它们的结果，那最好的方式就是谨言慎行，上位者要对自己的管理言行采用“啬”的态度，并以结果推导出具体应该采用的管理措施是什么，从而能够不断地积累“德”。

从这个角度看，治理国家应该小心谨慎，如同一个锅里面放了清水和小鱼小虾，目的是将鱼虾煮熟之后可以食用。这个过程就涉及水多水少、盐多盐少、火大火小，以及配合着不同阶段的恰当翻腾。只有在必要的时候，正确的时间采用正确的方法，才能做出一道可以食用的“清水炖鱼鲜”吧？老子用这个例子，不就是为了说明多余的管理行为可能会造成过度管理，由此得不到积极的管理效果吗？

但“治大国”毕竟跟“烹小鲜”有区别，除了尽量少折腾（“清静无为”）之外，还有什么共通点呢？若我们联系本章下文提到的用“道”来治理国家的重要性，或许老子用“治大国若烹小鲜”这个例子，重点是想说明只要把握治国的根本（“火候”），其他的都可以忽略不计！而这“火候”，就是“道”。若能够像烹饪小鱼虾时掌握火候一样，在治国理政时掌握“道”的运用和把握，最终对于上位者而言，“治大国”就如同“烹小鲜”一样游刃有余！其心法就是“以道莅天下”。

若老子对于“治大国若烹小鲜”的初衷是为了说明把握好治国的根本方法（第五十九章中的“有国之母”和“深根固柢”）就能无往而不利（“无不克”），那么这个治国的根本方法是什么呢？就是“道”！所以在第六十章的后半部分，老子甚至开始讨论鬼神和圣人的关系。

老子说，若上位者（即君王）能够以“道”来治理天下，来影响天下，来作为自己“取天下”的根本，那么天下即使有再多的“鬼”都难以发挥它们的作用。这里要说明一下，春秋时期对于“鬼”的理解跟我们现在对于“鬼”的理解多少有点出入。“鬼”在当时更多地被解读为常规现象难以解释但又存在的一种作用。而当人们难以回答人死了之后会发生什么这个问题时，将这些人生前的能力，一并地联想到了他们死后的状态。所以，“鬼”也会被解读为人死之后的“归”来。当然，老子在这里谈的“鬼”，很有可能是当时流行的巫术文化影响下对于超自然力量的归集。那么上位者用“道”治理天下会有什么样的结果呢？就是“鬼”难以发挥它们的超自然力量，也就是即使像“鬼”这样可以操纵人所不能操纵力量的存在，也不得不按照“道”的规律来规范它们的行为。为什么呢？老子接着做了进一步解释。

若上位者以“道”来作为自己治理和管理天下的基础和根本，那么“鬼”也得按照“道”作用于它们的方式规范它们的行为。这不是说“鬼”就不是“鬼”了，而是说“鬼”即使具备超自然能力，也不得不控制它们作祟的欲望，至少它们的那些作用不能伤害民众，不能伤害上位者以“道”治理下的民众。为什么呢？因为这些民众在上位者影响下也处于“自正”的状态，不会受到“鬼”的负面影响。

与此同时，更为重要的是，若老子承认这世间有“鬼”的作用存在，而圣人是敢于正视它们的存在以及它们可能具备的潜在破坏能力。通行本中，将“圣人亦弗伤也”改为“圣人亦弗伤人也”，在“伤”后面加了“人”字。或许改动这个内容的人是出于后面“两不相伤”出发，认为上位者以“道”治国，那么在其治理下面，鬼怪神祇不能发挥它们的潜在破坏作用，而圣人也不会因为他们具有的影响力而对民众产生伤害。这么理解看似有道理，实则没有完全理解老子心目中“圣人”的地位！若要排序，我们按照“人法地，地法天，天法道，道法自然”看，“人”处于最底层，而“道”处于最高层。人效法地、天、道，而“道”的运行规律和特征就是“自然”。那圣人呢？老子全文中没有具名的“圣人”，但从诸多出现“圣人曰”的文本中，我怀疑“圣人”是比君王更加高一级的存在，甚至可以说“圣人”是得道的“人”，是“道”的具体人格化的存在，可以等同于“含德之厚者”，或者更直接地说，“圣人”就是在人世间的“德”。因此，称得上“圣人”的就是“德”，不可能去伤人！那问题来了，圣人既然不伤人，那为什么老子会说“圣人亦弗伤也”呢？

联系上下文，我们尝试着歪解一下。首先我们明确一下，老子承认这世间有鬼怪神祇的存在，并且它们是有“神”的（超越我们所认识到的控制事物运动的神秘力量），但这些“神”更多的是对民众起到消极破坏作用（比如地震之类的自然灾害）。而圣人是知道有鬼怪神祇的存在，并且知晓它们存在的方式和作用方式，也清楚它们具有的潜在破坏能力。若按照正常人的想法，这些鬼怪神祇就是“不稳定因素”，必须提前扼杀掉。而圣人以“道”治天下，以“无为自然”态度处理发生的事情。若鬼怪神祇都能约束自己像作乱的冲动而不出来害人，圣人也就没有必要提前对这些不可预知的超自然存在进行治理，所以我们可以说，“圣人不伤”的对象并不是人，而是“鬼”，也就是任何莫名但有可能存在破坏作用的力量和因素。圣人不会主动的、刻意地去伤害这些“不伤人”的“鬼”。

正是因为圣人以“道”治国，把握住了这个治国理政的根本要诀，所以即使有那么多潜在不可控因素也不会对其造成影响，甚至说这些不可预知的潜在消极因素也都可以“被谈判”。如此这般就能达到一种“鬼神”和“圣人”彼此之间的平衡，也就是预料之外、不可预知的破坏因素和可预知的、有规划的管理行为之间的平衡，达到“两不相伤”的状态，从而有效地完成和达到治理的结果和预期，最终使民众获益，而上位者“积德”的“德交归焉”的境界。

六十一、大邦者下流章

大邦者下流也，天下之牝也。天下之交也，牝恒以静胜牡。为其静也，故宜为下也。大邦以下小邦，则取小邦；小邦以下大邦，则取于大邦。故或下以取，或下而取。故大邦者不过欲兼畜人，小邦不过欲入事人。夫皆得其欲，则大者宜为下。

【歪解】

大国的自我定位，应该是像是处于下游的江河一样，如同天下万物自生、自长、自发的母体。你看，天下万物之间的各种错综复杂的关系中，往往处于下位的雌性事物都能以守静不动、静观其变的状态让雄性事物自动折服。正是因为守静处下能够不用强力而取胜，所以“取天下”的君王也应该从中学到“处下”的作用和重要性。

对照着上面说的道理，作为实力超过其他弱小国家的大国，应该主动的降低自己的身段同处于弱势的小国，这样就能以最小的阻力获得小国的拥戴从而拥有小国。对于那些实力有限而处于弱势的效果而言，主动放下身段同实力比自己强大许多的大国交往，则往往能获得大国对其的支持而得以存国。国与国之间的关系，总逃不过主动降低身段以获得他国的拥戴，或是主动降低身段以获得他国的庇护这两种情况。

因而我们可以说，作为实力强大处于上位的大国而言，它们不过是想通过自己的实力能多蓄养民众。而实力处于弱势的小国而言，它们不过是想寻获可以依赖的保护者而同其交好。若不管是大国还是小国，都想要各得其所，满足自身的需求，则最好的情况则是处于上位的大国首先主动降低自己，以柔弱处下的方式同小国开始将往才是。

【臆论】

从五十七章开始到六十一章，老子的主题始终围绕着君王应该如何正确理解“道”在治国理政方面的具体应用：无为自然的重要性。无论是“无事取天下”还是“治人事天莫若啬”，无论是“治大国如烹小鲜”还是“以道莅天下”，都在强调“道”对于君王而言，最重要的是能克制自己“有为”的心态，把握住治国的最核心的原则，就是“不妄为”。或许老子意识到，阻碍人类应用“道”的原因在于人类本能的欲望和恐惧，而对这两者的恰当把握就成了是否能“治大国”的一种条件。“贪多”（欲望）跟“恶少”（恐惧）、“求全”（欲望）同“恐缺”（恐惧）之类的心理活动，直接影响了君王对“有为”（欲望）和“平庸”（恐惧）的主观判断呢?

本章中，老子一开始就说，大国的风范应该是处下的，而不是处于高位上的颐指气使。只有大国能够像出于下流位置上的江河湖海一般，才有可能引得上游的众多溪谷小河在重力的作用下（“道”的作用下）奔向自己。对于大国而言，它唯一要做的事情就是确保自己出于合适的、正确的位置上。这个位置不绝对，都是相对的，针对具体的事情和对象决定自己所处的位置。但这个位置也可以是绝对的，就是针对具体的事情和对象，确保自己的位置比对方低。人都有好高骛远的倾向，但这个倾向不代表就是正确的事实，而是人基于自身的欲望和恐惧产生的主观理解。在“治大国”的过程中，君王要警醒自己的事情莫过于摆正自己的位置。若能够主动地放低自己处于高位的身段，以柔弱处下的方式去影响管理对象，就能使最小的运动产生最大的效果，这种情况正是老子眼中的“无为”，减损掉一切无价值、无影响的活动，把握最核心最基础的具有决定性作用的活动！

为什么老子会认为上位者主动降低身段可以达到最佳的治理效果呢？他或许观察到，不管事物中间的发展变化过程如何充满活力，但若穿透这些活动轨迹去看最终的归宿，往往结果都是一样的。如同某些人在拥堵高峰时穿小巷过小桥希望能够提前到达目的地，但事情的发展结果却跟虽然拥堵但仍然走主路的人达到时间相近。即时走“捷径”的人提前达到，但若必须等所有人都到齐才能进行工作，那么为了提前达到而花费的诸多额外努力，似乎对最终的结果没有起到实质性的帮助，反倒是浪费了中间的躁动。同样的，若在超市中总是想通过不断变换到最短的排队结账队伍中去，以便尽快结完账走人，其结果也往往看到相似的现象，即不管你排到哪个队伍，最终发现其实节省不了多少时间，国外叫作“illusion of motion”（运动的错觉）。

老子估计正是透过了针对如何具体做事的“术”，把握住了针对最终结果的“道”，才会提出要能通过“柔弱处下，清静无为”来达到珍惜自己的管理精力，确保用最小的投入获得最佳的效果。事物开始和发展过程中的运动轨迹和活动状态不能决定事物最终的结果。如果运动轨迹和发展过程不决定结果，我们就应该摒弃一切“自我感觉”良好的对过程的执念，而是清醒地去把握那个结果。或许对于老子而言，坐着想清楚“我想要什么”比“我能做什么”更重要。正是因为先想清楚了“我要什么”，才能具有执行过程中的战略定力，才能确保“无不克”。“静”只是外在看到的“不妄动”，而本质上是为了更好地达到目的，而这个“达到”都发生在上位者“无为”的内在活动过程中。

老子认为天下万物，往往都以柔静的一方战胜躁动的一方。因此，君王在治国理政时也应该效仿雌柔的特性，尤其是在取天下、治天下、莅天下的过程中应该以柔弱处下的状态来获得最佳的管理效果。这个原则或许对于本就力量薄弱的弱势方而言，是不得不采用的方式。那么对于那些本身实力雄厚的国家而言，为什么也要采用“为下”的态度呢?

老子说，实力强大的一方若只是战胜或者侵略弱小的一方，那么通过强大的军事力量是没问题的。但是，如果处于强势的一方希望用尽量小的代价下去获得弱势一方的拥护和认可，那么以“为下”的态度去操作应该就是最佳途径。而处于弱势的一方以“为下”的姿态去跟强势的一方交涉沟通，则能更好地获得最符合自身利益的条件和强势一方对其要求的认可，由此获得更好的发展。这个逻辑表面上看没有问题，因为强者放低姿态更显得自己是个“翩翩君子”。而弱势方放低姿态去跟强势方交涉沟通则是迫于无奈，真的是这样吗?

老子说了，强势的那一方明明可以用“强力”去攻取弱小的一方，可以用简单粗暴的方式征服小国，为什么要用“为下”的姿态去达到这个目的呢?这是因为大国之所以要去兼并小国，完全是因为“兼畜人”，为了能够通过自身的实力护佑更多的民众。而小国之所以采用“为下”的姿态，则完全是为了能够找到靠谱的“靠山”，以便能更好地完成自己“事人”的目的。“兼畜人”是同时可以护佑更多的人。“入事人”字面意思似乎是为了找个“主子”或者“宗主国”去服侍他人。但我怀疑“入事人”的真实目的，是为了通过稳定国家生存安全之后，作为小国的君王可以更好地去从事治理民众的事情，类似于“安心处理内政”而不用总是担心不同的“大邦”回来攻取占领自己。这更符合春秋战国时期出现的情况。

我们不禁要问，这第六十一章到底是写给谁看的？显然，章末老子点题，说，为了大邦和小邦都能各得其所，各自满足自己所追求的目标，最佳的方式就是“大者宜为下”，大邦主动的放低自己的身段更加符合“道”的原则。那么，若大邦和小邦都“皆得其欲”，会是个什么状态呢？就是“天下皆得其欲”，天下大治！那么对于一个组织而言，若上位者能以“为下”的态度进行管理，而下位者又能以“为下”的态度工作，这不就是《孙子兵法》中说的“上下同欲者胜”吗？

六十二、道者万物之注章

道者，万物之注（主）也。善人之宝也，不善人之所保也。美言可以市尊，【善】行可以加人。人之不善也，何弃之有？故立天子，置三卿，虽有拱壁以先驷马，不若坐而进此。古之所以贵此者何也？不谓求以得，有罪以免欤？故为天下贵。

【歪解】

“道”蕴含在万事万物之中，是万事万物生、长、发、育的驱动力，如同万事万物的宗主一般。对此，有德的君王就会将“道”作为自己的宝物而珍视它的价值；德不足的君王即使难以完全按照“道”的原则治国理政，也会将“道”作为保护自己、防范执政过失的重要依据。发表迎合大众心理的言论是可以换回大家对君王的认同，但是符合“道”的有德行动才是君王之所能站在人前领导民众的根本啊！对于“道”而言，即使执政的君王偶有失德的行为，“道”也不会就此完全失效。因此，在天子登基的时候，会同时设置太保、太傅和太师等三公重臣。虽然作为天子而言，前有美玉宝璧开道，后有驷马车驾跟随，显得威严神圣，但这些仪式上的尊崇都比不上来自三公重臣们对天子“以道莅天下”的忠言劝谏啊！

为什么自古以来都将“以道治国”看得如此重要？你难道没听

过只要君王能够“以道莅天下”，那么他所有的诉求都能得到回应，即使执政过程中有所差池，也能够在“道”的指导下通过后期的行动弥补前期失误，从而让君王免于来自民众的罪责吗？这就是为什么自古以来就将“以道莅天下”看地如此之重要啊！

【臆论】

这章的内容插入的似乎有点突兀。为什么呢？因为前面讲的都是很具体的治国方略，无论是“以道莅天下”，还是“大邦者下流”，都是在教君王如何具体地实践“道”的原则，以便能以最小的治理投入获得最大的治理效果。到了本章，老子忽然又开始讲解起“道”来了。

他说，万事万物的发生生长，充满着活力。透过这种活力，是“道”作为主宰发挥着重要作用，如同是万事万物不用表明但心知肚明的主人。这是什么意思呢？字面意思很容易理解，就是“道”决定着万事万物的生长发育，推动着这个世界的发展。但为什么老子说“奥”，或者“注”呢？查阅很多注解之后，我们似乎可以“感觉”这个“主人”并不是一眼就能看到的，而是那种不需要你有任何形式上的认同，但内心深处对它的尊重和敬重是完全自发自动的，没有丝毫怀疑为什么“道”是“主人”这一事实。心悦诚服的臣服于“道”，并将“道”视为自身存在的前提条件，就是“奥主”。

对于人君而言，他们已经明了“道”的根本性价值，所以始终将自己的治理活动规范在“合道”的范围之内，将自己对“道”的把握视为一种义务，并深信“道”对于治国的决定性作用，因此将“道”视为一种难得且必须拥有的宝贝。而那些还没有完全掌握“道”，还不善于用“道”去治理国家的君王们，即使没有完全地了解“道”的全部含义，也因为见识了“道”的部分力量而对“道”的重要性毫不质疑，将自己对“道”的有限认识视为能够保全自身的一种必要行为。不管是善于“以道莅天下”的君王，还是不善于“以道治国”的君王，都将“道”对自己的价值看得非常重要。

日常的管理活动中，通过发表能引起大众共鸣的言论能够获得民众的认可和拥戴，但对于上位者而言，比迎合大众更重要的是用行动去践行“道”，时时刻刻在治国理政中去实践和应用“道”，才能区别有道君王同普通君王之间的区别，也自然地将有道君王推到民众的前面，在政治活动中引领着民众，以“无为之行”和“不言之教”对民众进行教化和影响。只要人君能有心向“道”，即使有为政上的偶尔失误，也能通过后期的“有道”行为纠正前面的失误而返回到正道上来。对于“道”而言，一切都是自然发生的结果，正确的和错误的都只是阶段性的结果，只要能坚信“道”为万物之主，万物之奥，并将之视为人君治国理政的宝物而实践之，最终的结果都能在“道”的作用下归于“善果”。

在老子看来，“道”在治国安民上的重要程度，不管是有道君王还是“失德”天子，都深信不疑。尤其是对“失德”天子而言，虽然不能完全以“道”的原则来治国理政，但至少他们知道“道”对他们的保护作用。而君王在施政过程中难免会有不足的地方。这并不能说明这个君王就是“无德”的君王，而是要看他是否能够意识到这个施政错误，并能够在后面改正过来。或许这就是老子眼中的“善行”——知错能改，从善如流！

为了确保君王能够尽量少的失误，或者能够确保君王始终能够立于人前起到领袖和榜样的作用，所以在设置朝廷以及建立治理制度的时候，除了设置领导岗位之外，还需要有辅助领导的其他重要岗位。在周代是天子搭配着“三公”（太保、太傅和太师）：天子自然代表最高权力者，而三公则除了代表执行层面的最高权力者之外，更重要的是匡扶和谏议君王的决策活动。因此，在老子看来，即使贵为天子，拥有着超大的宝璧和众多的宝马车驾，都比不上拥有对“以道莅天下”有着深厚了解且能实际操作的肱股重臣。同时，对于下位者而言，呈送再好的物质宝贝，都比不上想君王提供合于“道”的治国方略。不管是上位者还是下位者，若能够上下同心地实践“以道莅天下”，那么即使“人有不善”，最终结果还是不会被“弃之不用”。从这个角度看，第六十一章中的“大邦”和“小邦”，是否也就意味着本章中的“天子”和“三公”呢？所以内在还是有联系的，不是吗？

无论是对于天子而言，还是对于三公而言，自古以来都对“道”的重要性以及它的主宰地位没有丝毫的怀疑。为什么呢？因为把握了“道”的精髓，就能够有求必应，有过错也能够免责。这个“求以得”的前提是符合“道”的“求”，就能“得”（同“德”）；而那个“罪”则是在真心实践“道”的过程中出现的无心失误，也能通过执着地践行“道”而得以免责。综上所述，对于任何人而言，只要把握住了“道”这个根本，这个“内在的宗主”，在做事应物时将“以道莅天下”放在核心地位，则会无往而不利，无事而不可克！

六十三、为无为章

为无为，事无事，味无味。大小，多少，报怨以德。图难乎其易也，为大乎其细也。天下之难作于易；天下之大作于细。是以圣人终不为大，故能成其大。夫轻诺必寡信，多易必多难。是以圣人犹难之，故终于无难。

【歪解】

将“无为”当作自己有所作为的目的，在“无为”中去成就功业；将“无事”作为自己从事管理活动的初衷，把“无事”当作自己的头等大事；将“无味”当作自己咀嚼品味的对象，在“无味”中品尝所有滋味。不放过细小不为人所关注的细节，谨慎仔细地去对待“小”，能够在治国理政中“以小为大”、“见微知著”；重视当数量还未引发质量变化之前的状态，能够在教化安民中“以少为多”；即使在治理过程中遇到不能同心同向而行的人，即使他们有怨言，也要一如既往地一视同仁，仍然以有利对方的态度对待这些人。

在攻克难关、处理棘手问题之前，应该在这些难关和问题还处于容易处理时就要准备应对措施，并开始行动；在成就一项伟大工程和事业时，就要在这些事情还处于萌芽阶段就进行规划和细节上的设计。天下所有看似难以完成的事业，都是在这些事业还处于发端容易之时（圣人们）就开始从事这项工作。而天下所有看似伟大难以企及的功业，也都是（圣人们）在这些功业还只是发心时就开始着手准备的。正是因为圣人在开始做事之前并不关注这个事情最终要做的多大、多好，因此往往他们的行动最终却能成就伟大的功业。

同样的道理，如果有人一开始就吹嘘自己，一开始就轻易地承诺将来还不知道是否靠谱的事情，这样的人几乎说的话很难兑现。而那些把事情看得太简单的人呢，往往低估了执行过程中的难度，所以必定会觉得自己所做的事情比预想的要困难很多。因此，圣人总会觉得开始做一件事情是非常难的，从开始发心到最终完成一件事情就没有简单的情况。正是因为他们总觉得事情不会简单，（所以他们时刻准备迎接难题，并为之提前做着充分的准备，）所以对于圣人而言，自始至终都不会遇到让他们觉得棘手的困难。

【臆论】

终于，老子在六十三章又开始强调“无为”。同之前对于“无为”更加侧重在“无”上面不同的是，这次老子道出了“无为”是如何发生的。此外，同“无为”同时并列出现的还有另外两个“无”，即“无事”和“无味”。大部分解读老子的人认为，老子尚“无”，因此就强调“无”是上位者应该保持的最佳治理态度，即尽可能不做事。但很遗憾，通过第六十三章中的文字我们可以毫无疑问地判断，老子的“无”更多的是强调做事情时应该具备的正确态度，这个“无”的前提是“做事情”！我们下面来看这段文字的第一部分内容。

老子说，“为无为，事无事，味无味”，看着挺饶舌，到底在说什么呢？我们给他变通一下，以“无为”为“为”，以“无事”为“事”，以“无味”为“味”。还是看不懂？那么再直白一点，老子大概意思是说，上位者要以“无为”当作自己最大的作为，以“无事”（不滋事）当作自己最重要的事情，以“无味”当作自己最大的口味。这看上去有点玄，不明觉厉的感觉是不是？我们来一一做个歪解。

“为无为”，相信之前我们讲了很多关于“无为”的相关情况。大概意思就是“当仁不让”，该做的事情一点不含糊，不该做的事情即使再怎么想做也要克制住不采取行动，而这一切发生的前提就是效法“道”运行的特征，即“自然”（“道法自然”）。明白这个“无为”是不难的，难的地方在于实践和应用这个“无为”，尤其是当你有强烈的“有为”冲动时如何克制自己的冲动去做正确的事情才是最难的。老子不认为圣人一出生就能够“无为”。圣人的“无为”是圣人主动的“为”出来的！所以你看，老子并不是告诫上位者要虚位以待，什么都不做，而是要做正确的事情！这个正确的事情就是“无为”，就是“做无为”，主动的、刻意的并且时时地要求自己能够以“无为”的标准去做事。归根结底还是落实到“为”，也就是具体的“做”上面！实干才能兴邦，这个放之四海而皆准。但针对不同的分工，对于“实干”的定义也会有所区别。一个组织内如果全部都是实干家，而没有人去关注未来，做些“务虚”的事情，比如战略规划、流程优化、组织架构优化、人力资源整合等等工作，就难以形成一个长久的聚合力。若一大堆专业技术人员聚在一起只讨论具体的技术问题而不讨论技术问题背后的应用场景问题，最终的结果也似乎仅仅只能解决当前的技术问题而不能将这个问题的解决方案运用到更大的应用场景中。因此，对于上位者而言，更多的是要让“下有为”（实干和实施），而自己更多的应该做些“务虚”的工作（“上无为”，规划和沙盘推演并最终找到最有的“自然之道”）。你看，把握住这个角度再去看老子的“无为”，就能更好地在管理过程中实践道家的“清静无为”，这就是上位者要尽可能在不扰乱现行工作节奏的前提下进行务虚工作，并逐渐通过上位者的影响对组织和机构产生“不言之教”的作用，进而使组织整体上更加有效，更优地完成组织目标和使命。而这个“务虚”工作是需要上位者从全局出发，更多的思考方面的投入。这个工作是上位者需要“做”的！

那么“事无事”呢？如果我们能够按照上面的“务实”和“务虚”角度出发，下位者更多的是在执行层面需要一步一步解决具体问题，而上位者则是更多通过思考完成“无形”对象的加工再造，使得整个组织分工明确且效率卓越。那么，跟下位者通过具体实践一步步工作有具体结果不同的是，上位者的“思考”结果是难以看到且难以通过量化的方式获得肯定的。这就说明，若上位者也强调“有事”，积极地去参与到具体的某个环节的某项工作中去，势必减少了他能够用来进行思考和布局的时间和精力，也就难以优质地完成“务虚”工作，最终导致的结果可能使整个组织缺少方向感而原地踏步甚至是退步。上位者从事的工作既然是“务虚”的，自然看上去就是“无事”，没做什么具体的事情。但老子说了，上位者要关注的就是这个“无事”，并且要把这个“无事”的重要性放到最高层级来处理。这个“无事”既然涉及了“思考”，有个角度自然就是“防患未然”，即提前对即将可能发生的事情做好准备！当事情还没有发生的时候，怎么可能会“有事”呢？等到发生了，自然就是“有事”了。所以老子的“事无事”也是对后文的“天下之难作于易；天下之大作于细”一个提炼吧。从这个角度看，我们不得不说，上位者唯一需要慎重对待且时时刻刻都要进行的工作就是“思考”，这件事对于老子来说，就是“事无事”。

那么“味无味”呢？仍然按照上面这个思路去看，老子的本意估计是想强调上位者在治国理政的过程中，他所要关注的点都是前瞻性的，需要在常人难以发觉的地方去提前做好准备。“味”直接的意思就是品尝。“味无味”就是在没有具体“味道”的情况下品味这个“味道”。听上去又很玄对吧？这个没有“味道”的“味道”具体是什么“味道”呢？“味”从字的本义上看，是指食物进入口腔咀嚼时或者饮用时给人的一种综合感觉。“口”和“未”的组合，就是用嘴去品尝未成熟的东西，或者稚嫩的东西，比如有经验的老农通过抓取麦谷即将饱满之前谷粒，将它们放在嘴中品味谷粒的饱满度和甜度以判断什么时候可以收割就是个最好的例子。“无味”或许并不是指完全没有味道，而是在这个预想的“味道”还没有完全产生之前去品味它的存在，就像上面的老农一样，本意是收割成熟的麦子以获得麦子的“味道”，但需要提前通过品尝“未成熟”的麦子以帮助自己确定何时能够收割到“成熟”的麦子！那么，老子的这个“味无味”就跟前面的“为无为”、“事无事”形成了一体的思路，即在事物还未完全定性之前去对它进行检测和体验，确保它不会“变味”，以便能尽早对可能发生的“变味”环节提前做好针对性的准备，获得预期的“味道”。

不管是“为无为”，“事无事”还是“味无味”，老子想强调的点更多的侧重在上位者对事物的关注方式应该区别于“有为”、“有事”和“有味”之前的那个状态，即在事物还可掌控和干预的情况下提前做好预案。这就不难理解后面的“大小多少”和“报怨以德”了：“大”的是从“小”的来的，因此在事物还是“小”的时候就要把它当作“大”的事物来看，这样就能提前为“小”事物变“大”做好准备，以便获得足够的空间应对突发情况；“多”的事物是从“少”的事物发展来的，因此当事物还处于“少”（劣势）的时候就应该为它即将到来的“多”（优势）做好准备，以便获得足够的空间应对突发情况；“怨”的强度是双方不断积累、相互作用导致的，要将关注点放在最终希望看到的“德”上面，因此当对方"以怨报德"忽略"德"是双方都希望看到的结果时，提前做好自己的工作，使自己能对对方的"怨"提前做好准备，准备随时对对方的"怨"可以报之以"德"，这样就能为最终的"德交归焉"做好充足的准备。

从这简简单单的十七个字老子就把上位者正确的行为方式和态度，以及应对事物发展规律的方式方法交代给我们。具体为什么要这么做的原因，他则在后面缓缓道来。我们明天接着歪解老子！

如果说老子在六十三章第一部分是为了说明"务实"和"务虚"的不同，且上位者需要更多的关注"务虚"层面的活动。那么接下去的内容，老子从"为大"和"图难"两个角度出发，说明了"务实"如果能提前在"务虚"层面做好准备，那么实干的时候就会相对容易很多。

老子说，如果一个君王想要规划一件困难的事情，最好从容易着手的地方入手去解决；如果要去规划一件伟大长久的事情，最好从当前可以入手的细节处着手去一步一步地落实整个规划。一般我们的理解是，老子通过这两句话告诉我们要注重细节，但实际上我们都已经忘了要给前提，就是不管是这个"易"还是"细"，按照老子的惯性逻辑，必须先看正反面，也就是"易"和"细"成立的前提是需要有"难"和"大"存在的！这就充分说明老子对于上位者的要求就跟执行层面的要求完全不同。上位者要关注全局和战略，而下位者则要关注局部和执行！因为只有当上位者能清楚地规划出全局和战略时，才能聚焦到对全局和战略而言最重要的、当下可以行动的方向在什么地方！

因为上位者把握住了全局和战略方向，所以剩下的就比较容易了：所以困难的、非常的事情，都是从容易的地方一步一步入手的（只要大方向对，剩下的就是微调）；凡是伟大的、恒久的功业，都是一点一滴从细节处积累而成的（只要全局规划不出问题，剩下的就是局部调整）。而当圣人把握住整个事物发展的布局和侧重点之后，剩下的就是“落地”，就相当于进一步的“降维”到更微观的一层来做“难易”和“大细”的推演，直到获得能够当下立马可以做的事情，也就是当下就能产生影响的“易”和“细”。由于“图难”和“为大”都需要配合着时间和发生条件，因此，对于圣人而言，最好的行为方式就是承认当下的客观条件而做力所能及的最佳动作。这就是“无为”，也是“自然”（自然而然的去做对的事情）。所以圣人心中的是“图难”和“为大”，眼中的“作易”和“作细”，整个过程就是“无为自然”。所以圣人不会让自己纠结和沉浸在宏伟的蓝图和规划中而忘了落地。正是因为圣人明白最终大的都由小的发展而来，攻坚部分都是从容易切入的地方入手，所以他们就会关注实际中可以产生影响事物发生的正确行为，一步一步通过自身的身体力行去将这个“蓝图”和“规划”落地，最终就完成了整个全局和战略，成就了常人眼中难以企及的功业。

我们说，圣人因为能够做到关注全局的同时聚焦细节的实践上，所以他们并不会因为全局和战略而忽略了实操和细节上的处理。也正是因为圣人能在治国理政中始终把握全局和战略方向，但又能聚焦在当前自己力所能及的具体行动上，所以不断地在细微处催生这伟大工程的产生，最终往往能成就自己当初设计的战略和宏伟蓝图。

但如果上位者聚焦在全局和战略的“宏伟规划”而不能自己，违反客观条件要强行推进或者缩短事物生发的规律，试图跳过“易”和“细”直接硬上，在老子看来，这不但不“自然”，而且还违反了“无为”的准则，完全就是纯粹的“有为”行为！这样的上位者往往不能理性地评估实施战略必须具备的客观条件，过于乐观地估计了整个规划执行上的难度，因而就会轻易地、脱离实际的对执行层面所需要获得的阶段性成果进行定义和预设。因为一开始就乐观估计了结果，对现实中可能的困难准备不足，所以一旦真的运作起来，反而会显得处处都是困难（“多易必多难”），且当初轻易定下的目标就很少能有被达成的（“轻诺必寡信”）。而这些困难在一开始就应该通过“务虚”工作，针对执行过程中的细节问题和推进过程中的难点做好充分的准备。正是因为发现“务虚”不到位导致的盲目乐观对整个工作的影响，所以圣人们往往在开始一件事情之前，总是会预估事情本身的难度，不断地去推演可能遇到的问题，至少先从自身开始准备。因为圣人提前做好了迎接困难的准备，所以当困难真的发生时，他们早就有心理准备和预备方案。若一切执行中的困难都已经被提前定义出来且做好了相应的应急预案，那么这些所谓的“困难”都是圣人预料之中的，因此也就没有真正的困难让圣人们手足无措了！所以老子最后总结到，圣人们往往将问题的难度做了充分的准备，最后的结果却显得一切事情对于圣人们而言就没有困难的，没有他们做不到的事情！

反过来我们是不是也可以这么理解：因为圣人们对待事情严肃而谨慎，有能根据客观条件和实际情况提前预估出“可行方案”和“不可行方案”，提前放弃了那些“不可行方案”而只聚焦在“可行方案”上，所以最终的结果就是一切都是“可行”的呢？这是不是老子眼中“无为而治”的另外一个解读呢？提前避免掉“无用功”，跳出表象直接对事物的本质进行解读，从而避免贸然的“有为”，最后仅仅花费必要的时间和精力但获得了几乎圆满的结果？“无为而治”不就是“顺应自然”吗？“道法”所表现出来的特点之一不就是“自然”吗？

六十四、其安易持章

其安也，易持也；其未兆也，易谋也；其脆也，易泮也；其微也，易散也。为之于其无有也，治之于其未乱。合抱之木，生于毫末；九层之台，作于累土；百仞之高，始于足下。为之者败之；执之者失之。是以圣人无为也，故无败也；无执也，故无失也。民之从事也，恒于其几成而败之。故慎终如始，则无败事矣。是以圣人欲不欲，而不贵难得之货；学不学，而复众人之所过。能辅万物之自然而弗敢为。

【歪解】

当事物还处于安定平和的状态时，正是君王把握和引导它们的时候；当事物处于混沌未萌芽的状态时，也正是君王最容易规划和筹谋它们的时候。当事物还未成熟还处于稚嫩脆弱时，正是君王溶解消化它们的时候；当事物还处于微小难以形成气候时，正是君王消散它们的时候。最佳的无为方式，就是当事物还未生成的时候，就开始针对它们可能的发展轨迹提前做好规划和筹谋；当事物还处于安定而未发生混乱时就提前针对性地进行治理。合抱粗细的树木都是从毫毛大小的嫩芽开始成长的。九层高的祭台，都是从一筐筐的泥土堆积而成的。想要到达百仞高的山顶，不也是通过一步一步攀爬才能上去的吗？那些自认为可以通过主观作为就可以绕过这些规律而有所成就的人，往往最后不得不以失败告终。而那些妄图颠覆这些客观事实而肆意对这些规律进行破坏的想法和行为到最后也不得不放弃。圣人明了“道”的客观存在及其作用，所以采用“无为自然”的处事方式，按照客观规律来有所作为，因此他们总能最终将事情办成。圣人承认“道”的客观规律，所以不会抱着一成不变的思路处理不同的事情，因此他们总能准确地把握事物及其发展轨迹而能以最小的管理行为获得最佳的管理效果。

然而，同圣人不同的是，民众在他们的日常活动中，往往在快要成功时（因为忘记这些规律）而最终以失败告终。如果他们也能将开始一件事情时的慎重谨慎态度保持到结束，自始至终保持谨慎的态度，就不会处处以失败告终了！圣人们做事的方式和态度就跟民众不一样，他们往往将民众厌恶的（做事态度和方式）当作自己应该把握和坚持的，而是能够不刻意追求这些难得的宝物以保持自己内心的清宁安定；圣人们学习那些民众厌恶学习的事情，从而能够从民众们所犯的错误中总结沉淀经验教训，以便自己能够避开这些错误的行为。圣人跟民众的最大区别，就在于他们总是基于万物自然的状态，借用万物自身的发展规律和发展阶段来有所作为，而不敢贸贸然地违反“道”的客观规律，妄想靠着自己的想法和意图所有成就。

【臆论】

第六十三章中，老子关注的是见微知著，能够从小处、细节处入手去谋划全局。通过把握全局，关注细节的方式，一步一步地落实整个战略，才能最终以最小的客观代价获得最佳的管理效果，第六十四章仍然延续这个思路。如果说六十三章更多地强调的是事物发展过程中圣人应该抱持的态度，那么六十四章则更多的关注事物角度去看待"道"的作用方式。

老子说，圣人之所以要在"易"和"细"处入手去谋划和作为，是因为当事物的状态处于安稳、初生未生、脆弱和弱小的时候，是最容易对事物施加影响以达到治理的目的。不管是事物处于相对稳定的状态时通过主动的把控和引导（主动运营），还是当事物仅仅只是有某个趋势但还为显现具体的现象时的谋划和提前准备；不管是事物对全局的影响仅仅只是可以忽略不计时的迅速消除这个影响，还是事物对全局的影响已经发生但还不足予对全局产生重大作用时的迅速消散这个因素的行为，都是为了达到提前消除可能影响全局的、未在当初计划范围内的突发事件。

只有当上位者既能从全局和战略角度出发，而后从细节和微小处入手去经营整个局面，同时又能对突发性、无征兆性的事件做好心理准备，随时可以根据不可预知性的突发事件采取恰当的措施，才能最终完成大业。如果说第六十三章要求上位者在"务虚"阶段时侧重大局的谋划和经营，在"务实"阶段又能从细处和容易处入手，达到节节推进，最终能完成全部的大业。那么第六十四章就告诉上位者，不管当初规划做的再怎么全面和详细，都免不了有突发性的、不在规划范围内的事件发生。针对后者，老子就提醒君王，要在事物仅仅只是趋势还未形成实质现象时就要针对性的采取措施和行动，要在任何可能对全局产生干扰作用的非计划事件（混乱）发生之前就要开始进行管理上的疏导和引导，提前消除可能因此而产生的不良后果，从而避免任何突发事件对全局产生的不良后果。那么如何才能预防突发事件的发生，在发生之后又如何消弭这些事件的不良影响呢？老子通过描述几个事物发展壮大的例子来说明圣人是如何来处理这类情况的。

老子说，合抱大的树木是从小树芽生长而来的；九层高的祭台则是从一筐筐的夯土累计出来的；而攀爬上百仞（一仞约等于现在的1.6米）的大山，则是从自己脚下一步一步的努力中完成的。事物的发展都有其规律，其中一个规律就是从无到有、从小到大。这个规律不管是对民众还是对生人都是一样的。有人会仅关注起点和终点，忽略中间的积累和发展过程，因此想要跳过事物生发的这个规律，希望一下子就能从起点跳到终点，实现一蹴而就的结果。老子估计看到这个现象，内心是很无语的！所以他说，事物从无到有、从小达到的生发规律是颠之不破，任何试图忽略这个规律的行为，希望通过操作这个规律以加快或者减慢事物的发生，最终的结果都将是徒劳无功，以失败告终。

正确处理突发事件的方式，则应该效仿圣人"无为"的做法，臣服于"道"的运行方式，承认客观规律的存在以及它们作用于事物上的现象和方式。去了解和把握这些客观规律的触发机制，而不是去试图改变这些规律，就能够从容有度的按照这些规律提前去消弭突发事件对全局的影响。按照客观规律办事，则不会失败；放弃妄图对这些客观规律的改造，而是从掌握并运用这些规律的角度出发去有所作为，则能做好全面的准备从而避免失误的发生。

老子在本章中透露的是对"务虚"规划之外的突发事件处理方法和方式。那么在本章的下半段，老子谈到圣人跟民众做事的区别，或者圣人通过观察民众做事往往难以善终的现象中总结提炼了教训之后，让自己避免犯类似的错误。顺便提一下，通行本和帛书本的六十四章，据专家考证，通过对比楚简本，应该是独立的两个章节，即"其安也……故无失也"为一章，"民之从事也……弗敢为"为另外一章。

老子观察到的现象是，民众开始做事的时候往往对形势会乐观估计，在做事的时候往往就会产生本可以避免的困难（第六十三章提到）。而更为严重的是，由于规划不到位，同时对于突发事件毫无准备（心理准备和物质准备），因此都不能顺利地完成所开始的工作，而且大部分都是差不多快成功的时候就选择了放弃，以失败告终。这是为什么呢？老子在第六十三章中说，"轻诺必寡信，多易必多难”。低估了实际行动中的困难而盲目乐观地估计了需要付出的所有代价难以保持进度上的安排；将执行过程想的过于粗略简单导致了后期的困难重重，都是说民众低估现实困难（或者说，高估了自己的执行能力）。那么六十四章中，老子就说民众大多关注开始时的壮烈，但缺少执行中的“长情”，即难以坚持可能漫长的执行和等待过程。所以老子说，如果民众能够像对待起点（发心时的决心）对待终点（对到达终点的决心），或许就不会有那么多的失败了！老子只是点了这个结果和现象，那么发生这样结果和现象的原因是什么呢？就是民众“常立志”的心态，也是“轻诺必寡信，多易必多难”的一个表现。其中“轻诺”不就是“常立志”吗？“寡信”不就是“少成”吗？那么圣人如何做的呢？

圣人“欲不欲”，大意是说“要”“不想要”的，或者追求“不追求”的。“欲”是圣人自己，“不欲”是民众，也包括圣人作为常人的欲望。圣人主动选择去做那些大家都不想做的、不去追求的。那么大家都追求什么呢？“轻诺必寡信，多易必多难”，这个是大家普遍的行为。圣人反其道而行，就是“圣人犹难之，故终于无难”。而“欲”作为正常的欲望而言，就是去追求那些具有稀缺性的事物。而圣人可以正视自己的欲望，但能超越这个欲望，所以他们能够“不贵难得之货”，不会特意去追求那些稀缺性的事物。这不是说他们不使用那些“难得之货”，而是说他们不特别强调“难得之货”的作用。

除了对自己的本能和欲望进行超越之外，圣人还要“学不学”，学习那些大家都不想学的事物。这个“不学”的是什么呢？显然就是同“民之从事”相反的行为，就是“圣人犹难之，故终于无难”的学问，也就是本章上半段提到的“无为”和“无执”，就是对“道法自然”的坚持和认可。而“学不学”最直接的行为，就是去复盘众人的过失，从这些过失中吸取教训，从而避免自己也犯类似的错误。通过“欲不欲”，圣人能跳开本能欲望而理智客观地去治国理政；通过“学不学”，圣人能够在执行过程中从过往的失败中吸取教训（过往的教训就是“为之者败之，执之者失之”），能够实践“无为”和“无执”的做事方式方法。最终，圣人就能够“辅万物之自然”，即为万物自然而然的生长发展创造条件，根据万物自然而然的发展诉求引导它们的发展方向，进而能够最大化圣人的价值和贡献，效法“道法自然”，让自己的行为能够跟“道”合一。而整个过程中，圣人需要像“道”一样放任万物的自由生灭发展，不能肆意地根据自身的意图而操纵万物的发展轨迹。所以最终，老子对于圣人“辅万物之自然”的落脚点定在了“而弗敢为”上面。

对比各个版本的“辅万物之自然”这一句，楚简本同帛书本和通行本的区别比较大，全局为“圣人能辅万物之自然而弗能为也”，其他各个版本都差不多。楚简本清楚地指出，“辅万物”是圣人具备的能力，也就是说，圣人通过自身的管理活动，能够辅助万物的生长，具备为万物自由生长创造条件的能力。但是圣人并不因为自身具备的这种能力而肆意妄为，而是克制自己有所作为的欲望，不去做那些“有为”的事情。这个跟通行本中的“弗敢为”有着动机上的区别：“弗能为”更多的就像是圣人清楚自己的能力，而主动选择不去做（主观上认同“有为”是有害的而采取放弃的行为）。而“弗敢为”更多的像是圣人内心实际上是有“敢为”的冲动和意愿的，迫于圣人知道“道”的威慑力，通过主观控制自己不去作为。这个“不去作为”的驱动力是圣人迫于“道”的威慑力，而非自愿选择“无为”。

不管是“弗能为”还是“弗敢为”，都说明圣人通过对“道法自然”的感悟，虽然具备“有为”的能力，但他们最终都认同“无为”“无执”的方式才是“辅万物之自然”的正确选择！

六十五、古之为道者章

古之为道者，非以明民也，将以愚之也。民之难治也，以其知（智）也。故以知（智）知邦，邦之贼；以不知（智）知邦，邦之德也。恒知此两者，亦稽式也。恒知稽式，此谓玄德。玄德深矣，远矣，与物反矣，乃至大顺。

【歪解】

过去那些依照“道”来治国理政的君王们，并不是通过像民众展示自己的聪明才智来达到治理国家的目的，而是通过向民众展示君王们淳朴自然的本性，通过“无为之行”和“不言之教”来影响和教化民众的。民众难以治理的根本原因，恰恰是因为为君者们放弃了对“道”的坚持，通过自诩君王们自己的智巧聪明来达到他们治理的目的（出发点是标榜自己的“不世之功”）。因此，如果一国之君是通过任用聪明智巧来治理这个国家的，这可能是这个国家的祸害；若一国之君能够放弃对智巧聪明的执着（而是倚重“道”）来治理国家，对这个国家及国家的民众而言，则是一种福德。

为君者们如果能常常反思和复盘过往“以知之邦”和“以不知之邦”这两类治国行为的得失，也就相当于吸取了过往历代的治国经验了。经常能够复盘并能从中获得有益的经验，就是一种“玄德”。这个“玄德”幽深玄远，能够影响带领万物最终回归到它们的淳朴本性，进而使得万物都能顺应各自的自然，实现整个天下的安定和社会的和谐。

【臆论】

这第六十五章历来都被很多人拿来攻击老子“愚民”思想，似乎全文就是告诉君王要通过愚民的手段，让民众乖巧，从而减轻君王的管理负担。是不是这个意思呢？对也不对。因为老子的确在文章说了“非以明民，将以愚之”的话啊！这么理解呢？歪解老子到了第六十五章，我们从前面的文章中可以看到，老子对于世间的万物感情，更多的是站在第三者的角度去看，虽然同情，但是知道自己无能为力，所以只能抱着悲悯的心态去劝诫上位者如何处理治国理政中的各种问题。这个悲悯的心态并不是出于“有为”，而是明知道自己说了或许无助于任何变化，但做与不做、说与不说则完全取决于老子本人。这个“道可道”跟“知者不言”的态度，不仅对民众，更是对君王的“胡作非为”心有戚戚焉。

老子在本章中是想论述“智”在治国上的作用，是负面作用还是正面作用。老子说，自古以来以道治国的君王们，都以“愚民”作为其治国的目标和方式，并不是“明民”。这个“愚民”和“明民”就有两种解释了：一种是使民众愚笨和使民众开明；一种是让民众保持淳朴和使民众使用智巧。这个都把民众当作主要的施为对象去理解。而我们是不是可以换个角度看，“为道者”都应该是“含德之厚者”，也就是“赤子”一般对外物没有任何成见和主观判断，如何去有意识地去愚弄民众呢？这个“明”和“愚”的结果，有没有可能是民众对上位者的反应呢？因为本章后面老子进一步提到，用智巧和手段来治理国家的上位者，对国家而言就是个灾星；而如果能摒弃智巧和手段（剩下的选项是不是就是本真、淳朴和“无为”呢？）治理国家，则这个君王就是整个国家的福星。由此可见，如果老子的目的是为了愚弄民众以期减少上位者的管理投入，那么这章的上下文就难以成立。

所以我们歪解一下这个逻辑，很有可能老子想说的大意是：那些古代通过研习“道”来治理国家的君王们，并不希望在民众面前显得聪明和有智慧，而是尽量让自己以愚笨本真的状态出现在民众面前。“明民”是否就是“使…让民众得知、明示”呢？而“愚之”的解释是否可以理解为“认为…是未经设计的行为”呢？同样的情况出现在第三章“不尚贤”的内容和论述之中。它们论述的对象都是君王或是上位者自身，而不是治理对象，即民众。

按照这个思路，老子认为，民众之所以难以治理，都是因为上位者【“以其知（智）也”的“其”还是指君王】自身过多地表现出对智巧手段和权谋的使用，所以上行下效的结果就是民众也开始通过智巧来获得他们最大的个人利益。这无疑会造成一种“尔虞我诈”、彼此猜忌的社会风气。因此，老子对这种情况的定义就是，过往那些以“道”治国的君王，并不以自己的智慧彰显于人前为目标，而是以展示自己淳朴的一面以影响民众。通过这样的“不言之教”来获得民众同上位者之间正向积极的“将心比心”（将“愚直之心”比“愚直之心”），从而增长整个国家的“德”。而那些以“智”治国的君王则以崇尚通过智巧和权谋来获取民众对其的关注，而民众也通过上位者的“肯定”从而干预效仿上位者，去通过智巧和权谋来彼此应对，使得整个社会形成一个负面消极的“将心比心”（将“是非之心”比“是非之心”）。不管是“以道治国”还是“以智治国”，都是治国方式的最原始初衷。在老子看来，如果一个国家的君王能以“愚直”本真治国，那他就是这个国家的福瑞；如果一个国家的君王是“以智治国”，那他可能是这个国家的灾星啊！

或许在老子眼中，万物在“道”的作用下都是因任自然地发展着，并不会妨碍谁、强化谁。放在人的社会中，由于有地位和权责的不同，就会产生目的和欲望。而这些目的和欲望，有多少又是合理的呢？当人处于优势地位时，往往将人和地位混为一体，认为是人造就了地位，离开人这个地位就失去了意义。这些人中有出于善意的理解自己的价值（比如汉武帝），也有出于恶意理解自己的价值（比如影视剧中的那些自以为是的暴君）。不管是出于善意还是恶意，似乎都逃脱不了“用智”的模式，即处于上位的君王利用手中的权力去巩固和验证自己的“智慧”，通过个人的智慧来治理国家。那么在老子眼中，这类人就是“邦之贼”，会对国家造成损失，且这个损失是暗暗发生的。反过来，那些能够放弃自己“有为用智”的冲动，能够本分的做好自己作为君王的职责，通过“为无为、事无事、味无味”来完成治国理政中君王的角色要求，那么就是国之宝、国之福星啊！

作为当下的君王，如果能够把握好自己施政时的界限，对“以智治邦”和“以不智治邦”有着绝对的警醒，并将这两类作为衡量自己施政活动的标线，那么也就把握住了最基本、最核心的治理态度。老子将“以智治邦”和“以不智治邦”作为治国的两种方式（或者底层思维）来衡量一个国家的治理是否有“德”，实际上是将“有为”和“无为”做了具体化的陈述。凡是倚仗上位者自身的智巧来治理国家，通过利用权谋手段达到治理目的的，或许能取得一时一事的成效，但长远看则对国家的社会风气造成了无形的消极影响。反过头来，如果君王处处以低调的方式，做好自己本应该做好的事情而有意识地主动控制自己“有为”的欲望和冲动，腾挪出足够多的政治和生活空间给处于下位的人发展，往往得到的治理效果不会差到哪去。

作为君王而言，如果能够在治理活动中摒弃“用智”而以“无为”（无伪？）的方式去治理，他所产生的影响就是深刻长远的。君王的这类行为，可以配得上是不易察觉但影响深远的“玄德”。而这类活动所呈现出来的外在表现，除了深刻悠远之外，还能影响万物朝着本源发展。这也就是说，当万物因为欲望和私心产生了通过“用智”达到个人目的时，“玄德”之君所表现出来的行为方式却是相反的。当民众觉得君王应该伟大开明时，君王自己却表现出愚钝无知的样子；当民众想用智巧来迅速满足自身欲望时，君王却摒弃了智巧和权谋，坦诚踏实地做着自己的本职工作。君王的表率作用造成的直接结果就是：他不用否定打击智巧，只需要强调淳朴；他不需要否定打击权谋，只需要表现真诚踏实；他也不需要反对和攻击战争，只需要支持和鼓励和平。这些种种，都跟我们常人所理解的“直接打击”相反，但却能影响民众去关注那些“正面”的而忽略那些“负面”的。心理学上说，凡是关注的都会被强化。那么否定打击是不是也算得上一种“关注”呢？因此，有道明君所作所为，跟我们常人理解的“正确”往往相反，但最终的治理和影响结果，却是天下大治！

六十六、江海所以为百谷王者章

江海所以为百谷王者，以其善下之，是以能为百谷王。圣人之在民前也，以身后之。其在民上也，以言下之。故居上而民弗重也，居前而民弗害也。天下乐推而弗厌，非以其无争与？故天下莫能与之争。

【歪解】

江河和湖泊之所以能够成为溪流山谷的汇聚之地，成为百谷之王，那是因为江海主动选择放低自己的身段，将自己的位置放于溪谷之下，所以它们也就具备了吸收汇聚溪谷的能力和条件。圣人依此道理，效仿江河湖海善于处下的特点，他们虽然在民众之前率领民众，但总把自身利益放在后面；他们虽然站在民众之上统御民众，但他们却以谦卑的言辞来表达自身的卑下。

正是因为圣人们虽然处于民众之上，但其治下的民众却并不以他们的存在而感到沉重劳累；圣人们虽然身处民众之前，但其率领下的民众却并不因此而感到有所妨害。圣人们往往能获得天下人的拥戴和推举而不会对他们感到厌恶和排斥，这难道不就是因为圣人们不与人争的原因吗？因为圣人无争，所以天下没有事物具备同圣人们争夺的能力和条件啊！

【臆论】

这一章中，老子又开始阐述对于君王而言“为下”的重要性！如果我们对之前的章节还有印象，那么就不难发现，本章中老子在上半段所阐述的例子和理念，不仅在《德经》中出现过，而且在《道经》中也出现过多次。最近以此出现就是论述“大邦者，下流也”这一章中，论述无论是大邦还是小国，能够做到“善为下”就能以最小的代价获得治理的成果。而在本章中，老子论述的“为下”则更加侧重在民心。

一开始，老子说，你看那些江河湖海没有任何多余的动作，就是找个最低的位置静静的待着，就能让那些崇山峻岭中来自溪谷的山泉雨水流入它们，进而不断地扩大它们的涵养量，最终成就它们成为举足轻重的存在，成为百谷之王。仔细想想，那些大江大河唯一做的事情就是尽量让自己处于下位。只要能让自己处于下位，客观上就具备了吸引和成就自己作为百谷王的能力和条件。老子或许不知道万有引力产生的重力的存在。即使他知道万有引力的存在，山泉雨水是因为重力的作用而奔赴低处的江海，他也会微微一笑告诉你，重力难道不就是那个作用于山泉雨水的“道”吗？的确如此！

那么圣人看到了江河湖海这种吸纳百川、涵养千流的行为和能力之后，做了什么思考呢？老子总结的特点就是“善下之”，就是对“为下”把握准确和到位！这种把握“为下”的能力和意识放在治国理政和教民华育上，就意味着圣人的基准线就是“下”，时上时下、时前时后都不会离开这条基准线。所以，圣人们虽然需要站在民众之前来率领和领导民众进行生产生活（跑前面去了），但这个领导工作结束之后，或者圣人的责任行使完成之后，他就会恢复到基准线以下，将自身放于民众之后（以断绝自己作为上位者可能产生的特权思想）。圣人们因为他们工作的特殊性会处于民众之上，但即使是这样，他们也会主动地选择谦卑作为自己的处事原则，并不会以处于民众之上就需要时时刻刻通过褒扬自己以表示自己特殊的功劳和地位。圣人们所做的就像江河湖海一样，善于端正自己的位置来确保自身的行为不会偏离“道”的规律和趋势。

本章的上半段老子陈述了“为下”是江海之所以能够具备称为百谷王的原因。而“为下”的两个表现方式，一个是“处后”，另外一个就是“不争”。为什么“处后”和“不争”对于上位者那么重要呢？老子承接着上半段的论述，提出了他的理解。

老子认为，如果君王处于上位，能够安守自己的本职工作，不依赖于个人的智巧和权谋，而是以“清静无为”作为自己治国理政的方针，凡事能够以“无事”为事，以“无为”为为，注重管理行动的实效而不是管理行动的本身，那么民众就会认可他的领导，并不会因为他们的存在而感到有任何的沉重感（焦虑感、压迫感、不认同感）。与此同时，君王若能够“柔弱处下”，那么虽然他们因为地位和管理责任的不同需要时时站在人前带领民众，给民众以发展方向和价值导向，但因为圣人们的处事方式是“为下”，不强调圣人们个人的智巧，而是通过“无为不言”的方式来影响民众。因此，即是圣人的管理是对民众现有生活的改变，因为圣人的管理方式和作用结果是“无为自然”的，民众也不会认为圣人在强迫他们做他们不希望做的事情，因此并不会觉得圣人的管理措施或是教化内容会对他们产生伤害，由此进一步拥戴圣人们的决定，认可他们的管理地位。

之所以圣人们的能够同普通民众或是一般君王区别开，获得天下一致的认可和拥戴，并对圣人们的行为和目的无条件地接受而没有抵触情绪，难道不就是因为这些圣人们没有私心，不会出于个人目的和私心而做任何错误的行为吗？圣人们能够“为下”的原因，不正是他们“无为自然”的治理态度和治理方式决定他们的治理行为吗？因为圣人能够“为下”，将自身的利益和欲望压缩到最小，放到最后，所以民众就能安心地去信任圣人们的治理行为，进而去认可圣人优于常人的地位。民众之所以放心，是因为圣人能够真正做到“不争”，可以放弃常人所追求的物质和欲望，将自身放在众人之后（“以身后之”），将功劳都让给民众（“以言下之”）。常人对个人的得失和利益看得太重，又不能放弃标榜自己的任何机会，所以处处就希望能够表现自己的不同。而圣人们都放下之后，在另外一个维度开展工作，自然就没有人可以跟他们处于同一个格局而发生冲突。正是圣人们追求的和看重的并不是民众（普通大众）所能看到和理解的，所以天下的民众都不可能跑过去跟圣人争夺（因为圣人们追去的恰恰是民众们丢弃的）。那么圣人们追求什么，而民众们丢弃的又是什么呢？那便是圣人们追求“道”，他们“无为”“无执”；民众追求的是“智”，他们“有为”“有执”。

六十七、小邦寡民章

小邦寡民，使有十百人之器毋用，使民重死而远徙。有车舟无所乘之；有甲兵无所陈之。使民复结绳而用之：甘其食，美其服，乐其俗，安其居。邻邦相望，鸡狗之声相闻，民至老死不相往来。

【歪解】

君王应该不以邦为大，而应该以邦为小，以此来节制对国力的虚耗；不应该以民众数量为多，而应该以民众数量为寡，以此来节制对民力的虚耗。意识到国力和民力的有限性，就能让君王放弃那些需要动用大量人力驱动的器械才能完成的大工程，也让君王意识到养活民众、重视民众生存，以及留存民众的重要性，让民众能够以保全自己的生命为重，以迁移挪动为远。虽然有现成的车船可以乘坐，但因为君王珍惜国力、民力而不肆意妄为，所以民众都懒得搬迁，所以没人去使用和乘坐舟船；虽然国家有足够多盔甲和锋利的武器，但因为君王珍惜国力和民力，不愿轻易发动战争，因此这些兵器盔甲也没有机会去使用。正是因为君王能够以“小邦寡民”的态度去治国理政，意识到国力、民力的有限性，所以能够无为而治，不轻易“有为”，从而达到民众能够安心在其治下生息不止，没有过多的欲望和恐惧，如同生活在上古时代结绳记事般的纯朴自然环境中一样。

这样的环境中，人们对食物、服饰、社会生活和居所环境都感到满足、满意，吃着觉得可口的食物，穿着得体舒适的衣服，进行着幸福满足的社会活动，居住在舒适安全的环境之中，即使周边的邻国近在咫尺，能够听到邻国的鸡犬声声，也因为本国生活的幸福感而并不好奇于邻国的生活，从生自死都满足于本国的生活环境而从来没想过要去其他地方走走看看。（这正是因为君王能够以国为小、以民为寡的态度去珍视国力、民力，不胡乱作为的结果啊！）

【臆论】

本章真是太难解了！为什么这么说？因为历来对于本章的解读，似乎都侧重在老子推崇的是小的国家、少的民众，让大家生活在小环境中，返回到上古“结绳记事”的状态，没有任何的社会交流，就生活在自己的小圈子里面自娱自乐。真相是这样吗？显然，有可能是这样。但如果按照这个思路去解读老子，那么本章内在的逻辑是什么呢？跟君王又有什么关系呢？读不通，也解释不通！

费了不少脑细胞之后，我发现本章内在的逻辑由于被历代的句读点散了，导致其中的主旨被错误的理解和放大。其实本章内容的逻辑关系一共有三个，都是先论述君王应该做的行为，通过对行为的论述，引申出君王的管理行为能够产生的管理效果，或者说理想的治理情况。按照这个思路去句读本章内容，就会有如下三个段落：

论述君王抱持“小邦寡民”及其治理预期：“小邦寡民，使有十百人之器毋用，使民重死而远徙”。

论述君王弃用工具而崇尚淳朴的行为及其治理预期结果：“有车舟无所乘之，有甲兵无所陈之，使民复结绳而用之”。

论述君王少私寡欲的行为及其治理预期结果：“甘其食，美其服，乐其俗，安其居，邻邦相望，鸡狗之声相闻，民至老死不相往来”。

只有把这三个按照原因/行动和治理目的/预期结果相对应起来，才能准确的理解老子通过第六十七章想论述的管理行为。我们现在开始对第一组概念，即“小邦寡民”（“小国寡民”）来做歪解。

“小邦寡民”中，“小”和“寡”并不是形容词，而是意动用法，即“以邦为小”和“以民为寡”，大意就是“无论邦国大小或是强弱，都将其当作小邦小国家来对待”，“无论民多民少（民力强弱），都将其当作民少民弱来对待”。只有这么解释，才能跟前文从六十三章开始论述“大小，多少”、“图难于易、为大于细”，以及“慎终如始”、“为下”、圣人“欲不欲、学不学”相联系，形成一个完整的逻辑论述。老子文中，也一再强调“大邦者，下流也”这么一个概念，并总结出“大者宜为下”的结论！这难道还不能说明“小邦”就是劝谏君王不管国力如何，治国的态度就应该是始终处于创业的态度，始终不以当前的成就而沾沾自喜吗？而“寡民”的意思也是同这个相似，不管处于上位的管理者通过合道的治理行为获得了什么样的结果，使得整个组织积累了足够多的实力，也应该将这些实力视为不足的，以此来约束自己对当前的力量进行有节制、有规划的合理使用。

如果上位者能够以“小邦寡民”的谨慎态度来治国理政，珍惜来之不易的民力和国力，在治理过程中不强调和炫耀其所拥有的邦国实力如何强大、治下的民众数量如何之多（考虑到西周的国力基本上来自于某个邦国所拥有的民众人口数量），也就是采取了“为无为、事无事、味无味”的“无为、无执”策略，自然就能形成“无败、无失”的治理结果。“小邦”的认知，就是对国力的珍惜，对国力有限的认可，从而避免胡乱作为导致的不必要的浪费。比如召集民众开展大规模的修建活动，“十百人之器”大概就是需要十人、百人、千人合作才能驱动的大型器械，需要动用如此大的器械完成的工程，自然耗费巨大的人力、物力的投入。如果本身的邦就很“小”，难以承受巨大工程所需要的投入，那么试问，君王还会动不动就召集民众做这些没有实质价值的事情吗？同样的，因为上位者能够明白“民寡”，进而就会侧重强调“活民”和“留民”，要创造一切机会让民众能够远离死亡，并且能够留在其所治理的范围内，进一步创造更多的民众。只有将死亡这件事情提升到足够高度，才能造成“避免死亡”的治理结果。同时，因为“民寡”，所以上位者应该思考如何才能在保证现有民众不流失的情况下创造更多的民众，其中一条就是“远徙”。这个“远徙”并不是现在说的“走得远远的”，而是“以徙为远”，将任何的移动过程都认为是一个很遥远的距离，或者说将任何不必要的迁移都理解为是一趟遥远的旅程，从而放弃要进行搬迁的想法，踏踏实实地在原地生长发育。“生于斯长于斯、老于斯逝于斯”是不是最好的“留存”呢？

综上所述，当上位者有“小邦寡民”的认知之后，就会珍惜有限的国力和民力，对自己的管理行为和“有为”冲动进行合理的抑制，从而达到“无为而治”的结果。

老子的“小邦寡民”是他对君王的劝谏，其目的还是为了说明“无为自然”的态度，通过君王有意识地降低对自身所处的国力和民力的认知，达到珍视有限资源而控制“有为”的冲动和欲望。从而放弃大的、虚耗的工程，护养民众的生存，并确保民众不会因君王的“有为”而远徙。这样，君王治下的邦国才能越变越大，民众的数量也会越来越多，从而达到“大邦多民”的治理结果。

老子接着说，对于君王而言，因为其所处的阶级自然拥有特权，比如出行就会有舟舆车马仪代劳，大批的仪仗队跟随。对于一般的君王而言，这些舟车仪仗除了代步之外，更多的是凸显君王的特权及其享有的特殊性。此外，君王拥有军事决策权，通过拥有兵器盔甲，对内可以将自己保护起来，对外可以发动战争，这些都是君王所处的位置决定的特殊权力。但在老子看来，即使有这些特权，君王也应该尽量弃之不用，将“无事”和“无执”作为自己治国理政的基本原则。虽然有舟车可以供君王乘坐，有军队和武器供君王使用（以征服不服从自己的对象，或是对外发动战争显示自身的“强力”），但有道之君都会弃之不用，以“无为、无事、无味”作为自己治理的基本模式，通过这些“无为之事、不言之教”来引导民众保持淳朴状态。通过君王本人的“无为”，达到民众的“结绳以用”的淳朴，就是老子理想中的治理状态和治理效果。

当民众能够淳朴如初的时候，也就能实现天下万物的自然发展。君王也就不会对民众的自生、自长、自正造成干扰，使民众自然而然地实现自富。这样的解释，完全符合老子全文对上位者应该“无为而治”以达到“万物自然”的思想。

老子本章的重点，是强调君王在治国理政时要对有限的国力和民力保持珍惜的态度，不胡乱地由着个人的意愿和欲望，为满足自己“有为”的冲动而消耗不必要的资源。这是老子从另外一个侧面来论述“无为”的重要性！如果君王能够意识到本国国力的有限和民力的不足，那么就会侧重强调保存这些有限的资源，并尽可能发展民生以“活民”，让民众能够感到安全、幸福，不会产生恐惧和焦虑，也不会产生不合实际的欲望。这样的治理态度和治理方式，就能创造一个安全无害的社会环境。身处其中的民众自然就不需要有太多的顾虑和恐惧，因为他们知道他们的君王对他们没有害处（“居上而民弗重也，居前而民弗害也”），也因为满足于君王治下的社会所提供给他们的安全感，所以民众自足且自富，就跟生活在上古时代一样，不需要有太多需要关注的事物，通过简单的结绳就可以处理一切他们需要注意的事物了！这一切发生的前提就是处于上位的君王能够珍视国力、民力而不去刻意作为。

身处于这样环境中的民众会对他们的生活感到富足和幸福，没有过多的欲望去索取，也没有必要去迎合攀比，对衣食住行涉及的方方面面都心满意足，从而全身心地认可自己所处的社会给予他们的自由和安全感。由此，民众进一步认可和拥护他们的君王，从而“天下乐推而弗厌”。因为民众对自身所处环境充满满足感、幸福感和安全感，以至于他们对任何外界的刺激和诱惑都不感兴趣。即使邻国可能有更精彩的生活，也因为需要民众离开现在的环境而导致类似的“行万里路”失去吸引力，民众对于身处一地就已经感到心满意足，认为当前的生活就是最好的生活，由此也就不想跟其他国家的民众相互走动，以自己所在国家的生存环境感到满足和自豪。这一切发生的前提，就是因为君王能够做到“无为而治”，克制自己“有为”的欲望，能够“为下”“为小”为“不足”，没有任何想要争夺其他国家的想法，也没有想跟民众争夺的意愿，反而是对自己国家的国力、民力吝惜不已。这难道不是“非以其无争与？故天下莫能与之争”的另外一个例子吗？

六十八、信言不美章

信言不美，美言不信。知者不博，博者不知。善者不哆，哆者不善。圣人无积，既以为人，己愈有；既以予人矣，己愈多。故天之道，利而不害；圣人之道，为而弗争。

【歪解】

真话、实话听上去未必顺耳好听，而听起来顺耳的话呢又未必可信。真正知晓事物大道的人或许并不会事事精通、物物明了；而那些看似无所不知、无所不晓的人却未必像他们自以为那样的知晓万事万物的本质（大道）。那些真正擅长某事某物的人，并不会特别夸大地去诉说他们如何了解这个事物；而那些夸夸其谈、口若悬河的人或许并不像他们所说的那般擅长于那些个事物。

圣人不会有私心，想着为自己多积攒点，而是所作所为总想着如何可以为他人贡献更多有价值的事情，反而成就了让自己不断积累而有所收获和成就的结果。圣人们越是想为他人做贡献，尽量助益他人，却在这个过程中不断地收获对自己有利的结果。由此我们可以认为，天之道总是去作为那些对他人有利的事情而尽量避免那些会对他人造成伤害的事情呢？圣人之道效法天之道，所有的作为也是为了成就他人而不为自己争取利益。

【臆论】

本章内容似乎跟上下文没有多大联系。因此，在通行本中本章是第八十一章，也就是总结性质的内容。常见的注解，往往结合本章作为总结性的最后一章，说老子最后对自己全篇《道德经》做总结，认为听上去不顺耳的话都是真理，且最后对天道和人道做了总结，“利而不害”和“为而不争”就是全书的核心。问题来了，在帛书本中，本章是插在六十七章（“小邦寡民”）和第六十九章（“我有三宝”）中间。这就有意思了，如果这张跟其他章节是一样的地位，而不是总结性质的，那么老子想说什么呢？我们一段一段来解释。

老子说：“信言不美，美言不信”。大意就是说，能够被反复验证的话听上去并不会辞藻华丽，而那些措辞优美的语言又似乎难以有什么实质性的作用。由于“信”大概意思多指“有信用”、“靠谱”，而“美”似乎更加注重表面而忽略实质性。那么老子是不是真的在推崇“信”而批判“美”呢？似乎从文章中我们难以看出这一点啊！问题来了，老子到底是不是在批判“美”呢？我怀疑不是！

老子拿“信言”和“美言”在做正反论证，而“言”才是重点。什么意思呢？就是如果我们要写一篇说明文，自然要详尽可靠且基于事实去写这篇文章，因为我们需要通过这篇文章来描述一个事物，以便读者能够了解，并在必要的条件下复现我们所描述的事物。这个时候，“信”非常关键。但如果我们要写的是一篇抒情性质的文章呢？类似于司马相如的《子虚乌有赋》，或是屈原的《离骚》，是不是就要夸张且尽可能地用辞藻去堆砌一种“美言”的效果呢？由此，我们是不是可以歪解到，老子只是客观的在描述“信言”相对于“美言”而言，就是“不美”；“美言”相对于“信言”而言就是“不信”罢了吧？

同样的道理我们就可以大致推论出，“知者不博，博者不知”，大意是说，侧重具体深入掌握某一事物的，未必具备广博的知识；而那些追求广博知识的未必能够对具体某一事物有深入的了解。术业有专攻，专业要求的是精深，所以要对某个领域深入钻研；而那些追求知识面宽广的人而言，具体某个专业的了解反而阻碍了他们去获得更多的可能性。当今社会，既需要有专业人才，还需要有通用型人才，难道不是个最好的例子吗？

而“善者不哆，哆者不善”呢？通行本把“哆”写作了“多”，侧重强调数量。而帛书本则是“哆”，侧重强调言说，大概意思则是能言善辩且不厌其烦地来回说到。如果用“多”，就跟前面的“知者不博，博者不知”有重复的嫌疑。因此，我认为这个“善者不哆”应该是“哆”，大概意思就是说，那些擅长于某一事物的，未必能具体说明他们所擅长的事物个中关系；而那些擅长于阐述事物、生动介绍事物的，未必需要真的擅长于某一事物。现实中不乏这样的例子，如苹果的创始人乔布斯并不是个出色的编程工程师，也并不是个出色的工业设计师，但他是个伟大的“布道师”，因为他，才能将那些工程师、设计师做出来的苹果软硬件推到极致！这不就告诉我们，善于某事的，未必能够讲解清楚；而对某事只是基本了解的，听上去却能将这个事物描述到位！

如此一来，我们似乎可以理解老子在这说的，并没有批判或者褒扬，只是客观的在陈述事物的正反面都是相对的，都各有其作用。而这些作用要发挥出来，则必须有对立面的存在。这对于人君治国理政有什么借鉴意义呢？明天我们接着歪解。

本章老子并没有褒扬或是贬低某事某物，而是在客观的论述“正反”之间彼此相互成就，彼此以对立面为其本身存在的基础。那么作为得道的圣人，在治国理政时可以如何借鉴和应用这个现象呢？

我们要知道，老子写作《道德经》的目的，是对君王进行劝诫，希望君王能够按照大道来治国。那问题来了，如果他的言说对象们已经是得道的君王了，那还有必要去这么做吗？所以，我们有理由相信，老子言说的对象，大部分就是具有一般觉悟的普通君王，也就是他们出生就是君王，但并不一定具备君王应该有的能力和觉悟。所以老子才需要不断地拿圣人（榜样）来同普通君王做对比。假设你一出生就是富二代，对于如何创业或是守成可能并不会有特别的感触，而是认为一切都是理所当然的。但人们贪多恶少的心理，以及标榜喜功的欲望是避不开的。通过本章第一段，老子论述了正反两面都有其作用，如果按照人的本能和所能观察到的大部分普通民众的所作所为，或许就成不了得道君王。正反的存在，以及正反相互之间转换的关系，或许正是老子为下文埋下的一个伏笔。

老子说，有道的君王，并不会刻意去注意其行动本身是否有益自己，是否能够推动自己进一步提升。这个提升，不仅仅是物质上的，还有声名、权力、地位、威信等等任何世人都向往前进一步的心态。如果圣人追求的不是个人的提升，那他追求的是什么呢？老子说“为他人”，圣人不在意某事某物是否对自己有益，而是关注这件事这个物是不是对他人有益。而圣人去持有事物的目的也并不是为了自己，而是为了将这些事物更好的分配给需要这个事物的人。这就类似于资源的整合再分配，只有通过没有私心、秉持公正之人的手，才能真正实现物尽其用、人尽其才的治理效果。老子发现这个现象之后，就说，圣人不在乎“积累”这一相对状态，在乎的是最终用途及其产生的终极价值！在这个过程中，圣人通过利益他人来实现自己作为上位者的责任，也通过助力他人的成功迎来了他人对其价值的肯定，进而进一步收获更多可以分配和使用资源的机会和权力。由此，圣人的治理机会和治理权威性得到不断的加强和积累，由此也使更多的人、事、物因此受益（因为圣人公平、合理的再分配是不含有私心欲望的）。

圣人之所以这么做，是因为他们参透了天道和人道。天道是什么呢？就是“利而不害”。常见的解释是利益万物而不伤害万物。

其实我觉得“利”就已经是有所得，而“不害”则是不伤害、不为害。这里面包含了两层意思：最好能够对万物有利；如果难以对万物产生良性作用，那么至少不产生恶性效果，也就是“不作恶”。这个就跟老子说的“三生万物”一个意思：圣人做事，“有利”、“有害”、“不害”，“有利”、“有害”就是“一生二”的那个“二”，而“不害”（即“不作恶”）就是那个“三”。“不作恶”能够最低限度的保证圣人的所作所为至少不产生负面效果，反过来也就为万物生长创造了最大限度的自由空间。

天道的这个“不作恶”如果用人道来阐述是什么意思呢？老子说，就是“为而不争”！老子不是说“无为”吗？怎么在这里又说要去“为”呢？而且很明显，老子的意思就是让圣人去作为，只是作为之后不要去“争”！“为”就是作为、有为，带着主观目的性去改变事物既有轨迹，使之按照圣人的规划发生变化。那么“不争”呢？这个并不是跟其他人去争夺或是争抢，而是跟这个“为”的对象发生直接冲突！所以，圣人依照天道来做事，首先尽力去“为”，但“为”的过程中发现条件还不成熟的事物，就采取“不争”的方式来处理，也就是不用“强力”来改变“为”的对象，“不争”也可以理解为“自然”，也就是“居无为之事”、“行不言之教”。综上所述，老子说的“为而不争”其实就是他对“无为”下的最准确的定义：条件成熟的，尽全力地去作为（“为”）；条件不成熟的，等待条件的成熟而不是直接“用强”（“不争”）！

通过上述的歪解，我们不得不佩服通行本《老子道德经》的编排者把这章放到全书最后一张，将“天之道，利而不害；圣人之道，为而弗争”作为全书的总结来呈现！的确，“天之道”其最低要求就是“不作恶”，“人君之道”的最低要求就是“不用强”！而天道的最高理想就是“利”万物，人君之道的最高要求就是“为”万事！

六十九、天下皆谓我大章

天下皆谓我大，大而不肖。夫唯不肖，故能大，若肖，久矣其细也夫！我恒有三宝，持而保之：一曰慈，二曰俭，三曰不敢为天下先。夫慈，故能勇；俭，故能广；不敢为天下先，故能为成事长。今舍其慈，且勇；舍其俭，且广；舍其后，且先，则必死矣。夫慈，以战则胜，以守则固。天将建之，如以慈垣之。

【歪解】

天下万事万物都称呼我（这里老子是用拟人的手法，以“道”的口吻在述说）为“大”。这个“大”跟世间普遍理解的“大”不一样（世间的“大”需要跟“小”相互成就）。正是因为我的“大”不同于需要相对成立的“大”，所以我才能成为绝对的“大”。若我的“大”跟世间相对概念的“大”一致，则这个相对的“大”迟早也会成为相对“小”啊！

我长久以来具有三个重要特征，这三个特征始终存在在我的运行规律和作用效果上，并不断地被呈现出来。这三个重要特征一个叫作“慈”（慈爱、慈悲），一个叫作“俭”（俭约朴实），还有一个叫作“不敢为天下先”（无为不争）。“慈”，所以能够义无反顾、毫不计较得失地去成就万物；“俭”，所以能够克制自己的欲望而为万物创造广阔的生存和发展空间，广德普施；“不敢为天下先”，所以能以“不争”的行为方式成就万物的功业却获得万物的拥戴而成为它们的官长。

而现在居于上位的长官们，舍弃了慈爱而一味地使气用强去作为；舍弃了俭约朴实而一味地扩张消耗；舍弃处后谦下而一味地争先逞强，这样必然导致覆灭。保有慈爱，用它来进攻则能取胜，用它来防御则能固守。上天要树立某个事物，则必然会用慈爱来护卫这个事物。

【臆论】

老子在第六十八章中指出来，天道是“利而不害”，圣人之道是“为而弗争”。到了第六十九章，老子换了一个口吻来阐述天道。这次他用了拟人的手法，从“道”的角度来阐述“道”的属性和三个特征。

老子说，不管天下万物是否承认“道”的存在，抑或是把“道”称呼为“道”，这个都不打紧。最重要的是，天下万物对于“道”的认识都是统一的，就是“大”。一般我们认为的“大”，总是跟“小”联系在一起，且无论这个“大”具体大到什么程度，我们总是能够通过描述与之相对应的“小”来间接地衬托这个“大”。比如，一般我们想形容某个事物“很大”或者“非常大”的时候，往往会搭配着说“相当于xxx的xxx倍”，或者说“相当于xxx个足球场/篮球场/大象”之类的“小”以衬托和说明我们想要说明的“大”。甚至于有些词用“比大更大”，看似没有具体的“大”，但实际上还是以“比大”的这个“大”为“小”来说明后面的这个“更大”的“大”。由此我们可以认为，世间所有的

“大”，总是可以通过描述与之对应的“小”来确定。

但老子说，“道”的“大”不同于我们所理解的“大”，它是一种绝对的“大”，不可能在天下找到一个与之相应的“小”来形容它。若真的需要找到与之相对应的“小”，那么就是“绝对小”。按照现在的话来说，老子眼中“道大”，是一种“无限大”，是无所不包、无所不容的“大”。若强行要像世间相对概念的“大”一样找一个与“道大”对应的“小”，那就是“无限小”。但是我们要知道，“无限大”这个“大”，它并不是“大”，是“无限”接近“大”，也就是即使我们用了“无限大”这个概念，还是难以接近老子说的“大”，只能是无限接近，但却不是。同样的，这个“无限小”也不是“小”，而是无限接近这个“小”，但不是“小”。

明白了这个概念再去看世间所有的“大”，我们就会发现，所有相对产生的“大”，随着时间的推移或是事物强弱转换都会碰到比它更“大”的那个“大”，从而一开始的那个“大”就会变成“小”、“细”。因此，任何我们所能理解的、观察到的、操作出来的“大”都是在特定时间和空间以及条件下的产物，跟“道”的“大”完全不是一个概念。

为什么老子在六十八章提出“为而弗争”之后开始在六十九章讲“道大”或者“大道”呢？且六十九章的后半段开始讲“三宝”？我想“大而不肖”是为了怕读者把“为而弗争”的“为”理解为“有为”的“为”，就如同把“大而不肖”的“大”理解为“大小多少”这类相对概念的“大”一样吧。“道”的“大”一如“天之道”的“利”，是绝对的“利”，不包含一丝一毫的“害”；圣人之道的“为而弗争”中的“为”就是绝对的、符合天道的“为”，不包含一丝一毫的出于“争”的目的而有所作为！这就是为什么老子在六十八章之后就开始讲“道”这一“绝对大”的属性问题！

老子在本章中论述了“道”的“大”是绝对的大，是无所不包、无所不容的大，也可以说是没有边界、难以限定的大。紧接着，老子提出了他的“三宝”。因为本章用了拟人的写法，很多人错认为这个“三宝”是老子本人珍视的。但从上下文看，这三个“宝”，应该是上一段中的“我”，也就是“道”的“三宝”。考虑到“持”和“保”都是描述一种状态，“持”是拥有、把持的意思，“保”是保养、时不时要去查看一下的意思。那么这个“三宝”，我们可以理解为是老子针对“大道”总结出来的“道”运行时的三个特征，或者叫作“道”作用时的征兆、特点，也可以理解为特性。我们具体来歪解一下这三个特征可能具有的含义。

第一个特征是“慈”。“慈”是什么意思呢？我们常用“慈母”，“慈”的本意就是“兹心”，特别用来形容无条件、无期待的爱，发自内心希望对方更好的强烈意愿和行动。如同正常的母亲一样，明明知道自己已经尽力了，但还会觉得不够，还想对孩子更好。与一般有目的性的社交性示好不同，社交性质的示好，是为了回报。不管是这个回报是来自被示好对象的，还是示好行为本身带来的名誉等等。而慈爱之心引导下的示好，则是不计回报，也就是“为而不争”的那个“为”，只为耕耘，不为收获的一味付出。“行善的机会就是对善人最大的回报”。为什么老子会说“慈，故能勇”呢？“勇”是正向的无所畏惧，“敢”则有负面的无所畏惧，比如有违道义的大胆作为。无私心就可以无所畏惧、勇往直前。勇的行为，没有任何的牵挂，不为他人，只为自己，由此获得的倾尽全力是发自内心的自发自动，因此，若怀着慈爱之心所从事的工作，发自内心认可的行为，其本身就具备了所向披靡的大无畏精神。老子正是看到“道”本身是“利而不害”，所以即使做到“天地不仁”，万物仍然不会因此而责怪天道。不责怪的原因，正是因为“道”本是具备了“慈”的特征：无条件、不加目的的利益万物。

第二个特征是“俭”。什么意思呢？大概意思是说，“道”因为地位特殊，大可以为所欲为，将天地万物当作自己的私产来随意处置。但“道”所呈现出来的特征，却是“无为”，对天下万物的施为是以最低限度的干扰来完成的。“道”的“俭”，就是用最小的施为方式创造最大的自由空间，确保有限的定量资源可以覆盖更多使用对象。也有人将“俭”理解为“有而不尽用”，即有权用尽所有资源，但不因为要“用尽”而去浪费，而是通过尽量的节俭来使更多的对象受益。这个特征，符合老子文中提到的“天之道，取有余而补不足”。可以取不足而补有余，但是天道却因为“俭”，所以反其道而行，通过“俭”实现“有余”，用这个“有余”来“利而不害”，取“补不足”，最终让广大的万物受益。因此，老子说“俭，故能广”，可以“德施普也”（《易经》）。

第三个特征是“不敢为天下先”。“不敢为”不是“不为”，而是主动的选择不去做。这里就用了“敢”而不是“勇”，说明从内心并不认同“为天下先”是一个积极的行为。这个“不敢为”，就是“让”，就是“处下”，就是主动的谦让以便更好地“利而不害”，也就是“为而弗争”。我们可以这么理解，老子在六十八章已经点明了“圣人之道，为而弗争”，那么六十九章就具体阐述了“为而弗争”首先就是具有“不敢为天下先”的思想准备，从而主动选择去成就别人，去主动的选择创造条件，但不利用这些条件来成就自己，而是为了成就别人。正是因为圣人通过体道悟道，与道同体，所以也就能够在不断成就万物的过程中积累了万物对其的认可和信任，反而将自己推举到了万物官长的地位。反过来我们也可以从“成事长”这一结果，推导出“成事长”的一个特征就是“让”，就是“为而弗争”。

“慈”、“俭”、“让”这三宝，可以理解为是老子对“道”本身的三种特征做的总结。而老子言“道”，也就是在言说“人道”，即圣人之道。这是在六十八章“天之道，利而不害；圣人之道，为而不争”的基础上进一步阐述了“天道”对应“人道”的三个重要特征。圣人将“慈”、“俭”和“让”做到自然，也就成就了“为而弗争”的行为特点，达到了“利而不害”的治理效果了。

老子提出的“天之道”或者“圣人之道”共享的三个特征是“慈”、“俭”和“让”。因为“慈”，所以能无所畏惧；因为“俭”，所以能“损有余而补不足”，“德施普也”；因为“不敢为天下先”，所以总是能够“为而弗争”，却成就了自身的“长”（官长）。正面效果说完了，老子开始讲反面作用了。

老子说，“道”的“三宝”，或者说“圣人”的“三宝”到了当前的环境中（老子当然指的是春秋战国时期，也就是诸侯峰起的时候），往往为了“三宝”而“三宝”，并没有将主观认识和客观行为结合在一起。什么意思呢？就是思想上认同，行为上鄙视！你看，老子说，君王往往舍弃了“慈”，但却觉得自己是“勇”（实际上是“敢”）；舍弃了“俭”，却说自己还能“广”；舍弃了“不敢为天下先”，反而追求处处要出于人先，最终的结果就是啥？必死无疑！为什么这么说呢？

舍弃了“慈”的“勇”，根本就不是为了他人，也并不是无条件、无要求的对人对事对物进行助益，而是期待着某种回报。而这个回报就是为了满足自己的“有为”欲望。且看看春秋五霸和战国七雄，哪怕是那些个打着“尊王攘夷”的齐桓公，最终目的也是为了更加方便的去“取小国”，为了更加方便的成就自己的地位。“勇”是“勇”了，但好处都被其个人所占了，你能说这是出于为了“天下”的目的吗？同样的，君王舍弃了“俭”，凡是拥有的，必须物尽其用，非得消耗到最后一点不剩，才觉得自己不亏。抱着这种心态取治理一个国家、一个组织，势必造成资源的高度集中且浪费严重。若没有了节俭，凡事都竭尽物力财力人力，能剩下什么东西呢？自然也就不可能造福更多的对象，使更多的人事物因此而受益。所以说，离开了“俭”取谈“广”，就像是某人过来找你借钱买彩票，说等把他借的钱都用去买彩票了，告诉你等他中了头奖了一定还你一样，开的都是空头支票啊！而最严重的就是舍弃了“让”而突出了“先”，就是连表面文章都不做了，干脆直接上来抢就行了！上位者开始同下位者开始争抢了，你说下位者能有什么好处和利益呢？表面的“慈”、“俭”和“让”都掩盖不了实质行为上的“作死”。所以老子说，那些舍弃了“道”这个“因”，认为可以跳过“道”这个“因”直接获得“果”的想法，只能是自我作死的节奏啊！

“道”的“慈”，作用在人道上面，就是“勇”（“慈，故能勇”），就是身处官长的上位者，能够抛弃个人得失而为民众舍身忘义，则能激发其本人和其下属大无畏的气概。因此，若以慈爱之心来作战，则能逢战必胜；以慈爱之心来守城，则敌军难以攻占。说白点，只有上位者能够抛开个人的私心欲望才能唤醒民众的众志成城！《孙子兵法》中对这个“慈”的作用就重点体现在“不战而胜”，认为直接的战争是最后的选项，也是为了避免更大伤亡时才采用的手段，其目的还是为了“以战止战”。老子进而指出，那些获得天道助益的事物，最明显的一个特点就是“慈”，就像是建造一个城郭，为了保全城郭里面的生民，首先就需要构筑一道坚固的城墙！“慈”就是天道用来保护事物的这堵围墙。

总结一下，“天之道，利而不害；圣人之道，为而弗争”，表现在“人道”上，就是君王做到“慈”、“俭”和“让”。做到了这三件事，就能超越自身欲望的局限而能着眼于更宏大的格局，使其治下的生民和万物受益。君王的“慈”也将成为天道助益其“成事长”的强力保障，使得君王获得更多民众的爱戴和拥护，从而自然而然地成就万物的功绩，也因其“慈”、“俭”、“让”的行为成就了君王自身的地位！

七十、善为士者不武章

善为士者，不武；善战者，不怒；善胜敌者，弗与；善用人者，为之下。是谓不争之德，是谓用人，是谓配天，古之极也。

【歪解】

真正懂得如何与臣属配合的上位者不会贸然下决定，更不会刚愎自用而独断专行；真正擅长于指挥战争的统帅，不会轻易地让情绪影响自己，进而轻易被敌军激怒而贸然行动；真正擅长于克敌制胜的人，往往不会制造同敌方正面冲突、直接接触的机会（而是间接的、出其不意的完成克敌制胜的结局）；真正懂得为君、为主之道的上位者，往往主动选择降低自己的身段，以谦卑的心态去处理同下属之间的关系。上述种种就是所谓的“不争之德”，也就是我们常说的为君之道，换句话说也可以理解为按照天道来施行人道（为君之道）的行为，是古代君王们所遵循的最高准则。

【臆论】

一般常被误解的是“为士”和“用人”这两个概念。“为士”

常常被理解为“做君王的属臣”，或者干脆夸张地说“作为有道明君”之类的，但从下文中的“善…者”这一结构看，“善”后面跟着的都是一个动词，比如“战”，比如“胜敌”，都是动作。与之类似，只有把“为士”（成就“士”、针对“士”有所作为和影响），才能符合上下文的写作句型。而“用人”则往往被理解为君王统御术，即如何去使用人才。但这里的“人”，应该同“用”是一个概念，即“用人”是一个概念，可以理解为“利用人道”，或者“施行与天道对应的人道（有道明君的治理之道）”。只有这样去理解整段内容，才能形成一个逻辑清晰、逐一递进的关系。

老子在六十九章中阐述了“天之道，利而不害；圣人之道，为而弗争”的三个重要特征就是“慈”、“俭”、“让”。在六十九章中，老子似乎重点突出了“慈”，认为若“道”要成就某人某事某物，往往会以慈爱来守卫这个即将成就的对象。那么在七十章中，老子进一步阐述了“俭”和“让”的重要性。

“善为士者，不武”

我们在上一章的歪解中说，“俭”的一个重要特征就是“有而不尽用”，知道自己有特权，但不轻易使用；知道自己有足够多的资源可以名正言顺的调用，但能够做到能不用就不用，能少用绝不多用。如果从个体上说，就是君王能够克制自己的欲望，放弃自己好大喜功的冲动，能够做到符合天道的“本职”工作就可以了。从这个方面上说，有点儒家的“克己”的意思。沿着这个思路，老子说，“善为士者，不武”。“不武”很好理解，字面意思大概是说就是不轻易动用武力。但我想老子在这里说“不武”，更多的是从上位者的角度看，不刚愎自用，不自以为是，就是老子说的“不自是”。如果这个推断成立，那么“为士”这件事情，就是针对上位者如何同下位者相处的问题了。如果上位者能够放弃独断专行，更多的依赖身边的“士”，也就是臣属或者幕僚，时下流行的“团队”，依靠大家的智慧将事情处理好，才是真正擅长于统御团队的人。反过来说，如果一个团队的领导者可以放弃对自我能力的盲目迷信，放弃自以为是的行为，则对整个团队建设起到积极的作用。而这一点，又是针对团队中的领导者而言的，也就意味着团队领导者要在带领团队“做正确的事情”上，要“俭”。只有克制了自己“有为”的冲动，通过群策群力，完成最佳的管理效果。而团队的领导者也能通过“俭”，获得更多的意见、方案、可能性论证，照顾到更多有真知灼见但苦于无法实行的人，最终形成如老子在六十九章中说的“俭，故能广”的“广”！

“善战者，不怒”

老子接着又说，那些真正擅长于作战的统帅，不会轻易发怒。“善战”者，一如《孙子兵法》中强调的，应该是“以不战而屈人之兵”作为最高战略目标来排兵布阵的。善战者，能够对自己的情绪保持足够的警觉，尽量避免在战争这件事情上情绪化，也就是说，善于把握战争这件事情的人，能够进行很好的情绪控制，区分理性和感性两者的关系，并且在决策过程中让理性来主导，而不是让情绪或者自己个人的好大喜功的“有为”欲望来控制自己。这难道不是一种“不自彰”的表现吗！当敌方激怒自己，以各种方式来羞辱我方时，主帅能够控制自己不被对方激怒，从而确保其整个作战规划的执行！当年司马懿能够忍受住诸葛亮对其百般的侮辱，审时度势的采用“不战”的方式逼着诸葛亮六出祁山的失败，不正说明司马懿在自己情绪控制上的成功吗？而善战者能够控制自己情绪（或者说关注点），聚焦在最重要的战略目标上，不也是“俭”的一种表现形式吗？老子前言中所说的“少则得，多则惑”，只有减少非关键因素，把握主要矛盾，才能达到最佳的治理效果。这也是“俭故能广”的一个侧面引申。当然，“善战者，不怒”的另外一个层面，或许是出于“慈”的一面。如果轻易地就能被激怒，就会随时造成人员的伤亡，这也是老子所排斥的一种行为。

“善胜敌者，弗与”

很多人读到这里总会觉得有点迷糊，理解不了“战胜对方”和“轻易地给予”两者之间的关系。即使感到两者之间有关联，但又说不清具体不能轻易给予的是什么？我们用现在的话说，这个不能轻易给予的，就是“主动权”！

战争一旦开始，势必随着局势的变化，敌我之间的力量也会因为各种各样因素的相互作用产生此消彼长的交换。不管是哪一方，若在战争中能够掌握主动权，不断地去营造让对方陷于被动局面的战局，则能较为顺利的引导敌方朝着我方设定的战争发展方向运动，从而取得对我方有利的战争结果。对这点阐述更加详细的，还是要去看《孙子兵法》，可以说，《孙子》全书都是紧紧围绕如何把握战争主动权在展开，尤其是其中的《军形》、《兵势》和《虚实》三篇，都是以直截了当的语言告知当时的吴王，如何在作战过程中把握战争的实质，即如何把握战争的主动权。

结合《孙子兵法》中的内容，我们进一步可以将老子的“弗与”理解为两个方面：一方面，这个“弗与”可以指我方主动营造使敌方陷于被动局面的各种环境和条件；另外一方面，也可以是我方提前预知敌方希望我方陷于其所预设的局面，反过来不让敌方达到其战局规划而使对方计划落空的事情。《孙子兵法》将两者做了具体的论述，论述的核心总结起来，就是老子说的“善胜敌者，弗与”。《孙子兵法·军形》中是这么总结的：“昔之善战者，先为不可胜，以待敌之可胜。不可胜在己，可胜在敌。故善战者，能为不可胜，不能使敌之必可胜”，大意是说：那些善于战胜敌方取得胜利的统帅，首先是确保自身的防御无懈可击，让自己难以被战胜，以此来等待敌方的战略失误而将对方击败。不被对方战胜这件事情是完全可以由我方主动去营造的，而战胜对方的条件则取决于对方是否会犯错从而使我方获得战机。所以说，善于作战并取胜的人，总是先做好绝对的防御措施，换句话说，就是避免创造任何可以被敌方利用而使我方失败的机会。与此相似的论点，在《虚实》

一篇中还有，比如“故善战者，致人而不致于人”，大意是说，那些善于克敌制胜的人，总是能够牵制住敌军，牢牢把握主动权，而不是被敌军牵制而处处陷于被动的局面。这些都是对老子“善胜敌者，弗与”的最佳阐述。

通常，针对老子在第七十章中的行文特点，会把“善为士者”到“为之下”作为一个段落，从“是谓不争之德”到“古之极也”作为另外一个段落。但我认为，这个七十章跟上文的六十九章实际上应该是一个章节：“夫慈，以战则胜，以守则固”。天将建之，如以慈垣之”来针对“慈，故能勇”做引申和阐述；“善为士者，不武；善战者，不怒”；“善胜敌者，弗与”则针对“俭，故能广”做阐述；而后面的“善用人者，为之下，是谓不争之德，是谓用人，是谓配天，古之极也”。则是针对“不敢为天下先”进行阐述和论证。按照这个逻辑，那么第七十章的分段，就应该在“善胜敌者，弗与”结束，重点论述上位者在领导作战以及攻克目标是应该尽可能减少过多的干扰因素，聚焦在极少数重要的事情上，从而创造出更广阔的战略成果。后半段则重点在论述“不争之德”的重要性，而这个“不争”则是为了“配天用人”。

鉴于春秋到现在已经2500多年，不能用当下的“统御之书”或者说“御人之术”来解释老子语境中的“用人”。老子语境中除了个别“人”的用法是针对“王侯”含有民众的意思，大部分的“人”指的是老子言说的对象，即一般的君王，或者即将成为君王的人，是未来的“圣人”（有道明君）。所以，在本章中的“用人”，则不能简单地理解为是借助他人来完成自己的目标，而是“践行人道”，更具体点，就是第六十八章中的“圣人之道，为而弗争”！只有紧紧把握住了老子全文中的内在逻辑，才有可能解读各个看似不成关系之间的相互内在逻辑。

老子说，善于用“人道”（即“圣人之道”）来治理国家的，必定是以“为下”的做法达到“为而不争”的目的和效果。把“人道”同“圣人之道”相联系，就能推导出“为下”的目的是为了实践这个“人道”，也就是同“天之道，利而不害”对应的“圣人之道，为而弗争”！同样的，出于上位的君王若能“为下”，主观的选择将自己的身段下放，这难道不是“不敢为天下先”的一个表现吗？而“为下”的“下”，也是“弗争”的一种行为。那些真正掌握了天道，并且能将这个“天之道”落地到人世间，将对天道的体悟运用到社会活动中的行为，是不是可以称得上“配天”呢，跟“天之道”匹配的行为？而跟“天之道”匹配的行为，必定是“圣人之道，为而弗争”，也就是“不争之德”！

理解了这个内在论述逻辑，我们有理由相信，老子在六十八章提出“天之道”和“圣人之道”，在六十九章提出这个“道”就是绝对的“大”，无所不包、无所不容的“大”，且独立于世间相对存在的“大小”的“大”，是绝对意义上的无限趋近的绝对存在。基于此，提出这个“大道”的三个属性，以便在人世间的社会活动中将之具体化。这三个属性就是“慈”、“俭”、“不敢为天下先”（即“让”）。“慈”是为了激发“勇”；“俭”是为了能够更加全面的处理问题，更加全面的庇佑万物；而“不敢为天下先”则是区分“长”，也就是成就君王的基础，而这个基础却是“为下”，就是去追求那个“不争之德”（放弃争夺而后所获得的成果）。这个“不争之德”是所有有道君王所遵循的治理原则，也就是君王本职工作中需要遵循的原则，即“用人”：主动采用“圣人之道”，通过“为而弗争”的态度去治国理政。一旦君王能够“用人”，则势必能使自己的治理活动符合“天之道”的要求，进而可以实现“利而不害”。同“天之道，利而不害”相匹配的，换句话说，也就是“天之道，利而不害”在社会活动中的写照，即“圣人之道，为而弗争”。因此，老子在最后的总结中，将“为下”定义为是“不争之德”，是“为而弗争”的“圣人之道”，是同“利而不害”的“天之道”相匹配的行为，是古代君王践行的最高准则！

七十一、用兵有言章

用兵有言曰：吾不敢为主，而为客；不敢进寸，而退尺。是谓行无行，攘无臂，执无兵，乃无敌矣。祸莫大于无敌，无敌近亡吾宝矣。故抗兵相若，则哀者胜矣。

【歪解】

关于如何行兵布阵，有这样一个说法：作战中，我方不应主动进攻（以暴露我方防御不足），而是应该静候敌方首先出击（以此寻找对方的弱点而用之）；我方也不应该将正面进攻以较大代价攻取意义不大的敌方阵地为目标，而是应该以主动退让的方式（诱敌深入）从而把握主动。

这就是我所谓的善于行兵布阵的将帅，往往不按常理排兵布阵，明明已经布置好攻防阵列，但却不为敌方所了解，看上去行不成行，列不成列；明明已经蓄势待发、随时可以发动攻击，但却不为敌方所觉察，还以为并不会有猛烈的攻击发生；明明已经磨刀霍霍、剑拔弩张，但却不为敌方所观察到，还以为我方没有可以克制敌方的武器而放松了对我方的警戒。主帅能够做到这些，就能无敌于天下，没人可以战胜他。

遗憾的是，若善战者不能依天道而行人道，等他处于无敌于天下时，无敌的状态也就成了最大的祸害。无敌的状态实际上差不多将道的“慈”、“俭”和“让”丢得差不多了。所以若出现一个同“无敌”势均力敌的对手时，往往那个具有慈爱之心的人能够胜出。

【臆论】

上一章老子沿着“圣人之道，为而弗争”，阐述了“善战者”能够“不怒”，“善胜敌者”可以“弗与”，这两者都跟战争有关。在第七十一章中，老子进一步论述了他所理解的处理战争的战略手段，其大意是说即使面对你死我亡的战争，也应该在战略上以“不争”作为战争的核心态度。

关于老子说的“用兵有言曰”，很多解释都侧重强调说有本书叫作《用兵》，或者说古时候善于用兵的人留下的经验总结之类的。我们还是按照“知者不言、言者不知”的态度，强调这是老子想针对如何用兵打仗说几句话。这代表的是老子的态度和想法。

老子说，处理战争这类需要动用兵器（军队）才能解决的事情，首先要在态度上排除主动发动战争的可能，而是顺势而为的主动防御战争的发生。若不得不迎战，也应该以退为进，时刻掌握战争的主动权。这怎么了解呢？

首先，我们看看老子说的“不敢为主”。“主”可以理解为首先宣战的行为，抑或是带头宣战的行为。老子的态度是“不敢”，即对于有权力通过战争来解决问题的君王而言，放弃动不动就用武力来达到治理目的的想法。联系前面两个章节，这一点其实除了“慈”和“不争”外，还有“俭”的因素在这。如果君王首先宣战，随意开启战争这个祸端，那么战争本身就不是个基于“慈”的行为，更不可能是处于“不争”的目的。“战争”，就是“以战来争”的态度。而主动发动战争的行为，除了违反了“慈”（不主动造成万物的伤害）和“俭”（不妄动、不嗜欲），更是同“让”相违背。“为主”同七十章中的“善战者，不武”也是不相符的，真正擅长作战的人，并不会贸然的开始一场战斗。

除了提出“主”“客”之外，老子又对我们正常理解的“进”和“退”做了不一样的阐述。老子大意是说，用兵要强调的是防止冒进，必要情况下应该把退让看的比进取还要重要。“进寸”和“退尺”，进的只是一小步，而退的却是一大截。这个跟一般我们所理解的以侵犯为初衷、以攻取敌方阵地为目的的战争观完全相反。有点费解啊！怎么解释呢？

我们看，“主客”和“进退”都是一件事情的两个方面，你不为主就只有为客，你不进攻则必定退守。那么，如果我不是“主”，那必定是“客”。若我为“客”，谁为“主”呢？自然就是敌方。同样道理，如果我是“退”，那么对方就会是“进”。按照老子的逻辑，用兵的原则是尽量不为主、不进寸。通过我主动选择“为客”、“退尺”，就自然会造成敌方的“为主”和“进尺”，对方就会违反老子的“用兵”法则，势必难以胜战。若我方和敌方都选择“不为主而为客”，结果就是这样的战争难以打起来。若上位者都选择老子的“道”，都按照“道”来“用兵”，就不会有战争发生。

但是，大部分情况下，敌我双方在展开战争时，不是你死就是我亡的状态，势必会形成“主客”和“进退”这两对矛盾的动态转化。而我方的“为客”和“退尺”是我方主动选择的结果。这一选择会满足敌方的“为主”和“进尺”需求，造成他以为我方退败的结果，诱使敌方冒进，从而丧失它对战争的主动权。按照这个逻辑，“为客”和“退尺”的决策，则完全是为了印证前一章老子提出的“善胜敌者，弗与”（善于克敌制胜的将领，避免同敌人的正面交锋）。

如果我们上述的歪解成立，那么老子提出的“为客”和“退尺”，不仅印证了作为上位者主动选择避免战争的态度（“慈”），也是通过“让”的方式，完成了“善胜敌者，弗与”的战斗准备。一切都是提前筹划好的，看上去是不是很像《孙子兵法·始计篇》的主题思想呢？我们且看若我方的退让为能完成战略止战的目的，不得不“用兵”时，老子会以什么样的方式来处理。

老子的用兵法则更倾向于通过我方退让的行为，一方面避免战争，另外一方面为不得不战创造主动局面。通过主动选择“为客”和“退尺”，让敌方产生冒进的行为，进入到我方主动营造的战局中，完成“善胜敌者，弗与”的设计。

既然“善胜敌者，弗与”，那就不能让敌方抓到任何可能跟我方正面斗争的机会，也就是我方要关注的斗争方式，始终都是“四两拨千斤”的方式。具体如何操作呢？老子说要“谓行无行，攘无臂，执无兵”，大意就是“兵阵看上去没有整齐的行列，挥拳出击看不到拳头臂膀，短兵相接但看不到兵器在手”，总之一句话，就是不按常理出牌！

“行（xíng）无行（háng）”，大概意思应该是行军布阵却没有行伍（阵式）。春秋时期的战争方式都是阵仗，敌我双方列阵完毕之后由一方率先进攻，另一方以按兵不动的方式来抵御敌方的进攻。一方进攻完毕之后退回重新布阵，换另外一方进攻。如此循环往复，直至有一方主动投降或是被消灭干净。以现代战争观看，这是一种幼稚的战争方式。但在古代，它代表着一种仪式感和使命感并存，同时由代表胜利方是“师出有名”的符合“道”的战争方，否则就不会获胜。听上去是不是有点“赌命”的感觉？老子针对这种情况，提出“行不行”的命题，其实有两层意思：

一是不按常理排兵布阵，明面上给敌方造成我方没有成型的阵线，似乎已经乱作一团。实际上已经制定好针对敌方的具体作战方案，就等着敌方进来（“为主”和“进寸”），从而创造对我方有利的主动局面。

二是虽然战争还未开始，只是双方剑拔弩张，但是我方军队已经准备完毕，随时可以作战抵御外敌的入侵。这个“行不行”更加强调备战以及随时能战。

上述两层意思，都是以非战斗状态来达到战斗效果，都是通过向敌方呈现“无行”来实行“行兵”的目的，其目标就是来达到“善胜敌者，弗与”的效果！

同理可得，“攘无臂，执无兵”的实质是“攘臂”和“执兵”，大意是说“蓄势待发”和“枕戈达旦”的效果，只是这个“势”和“戈”都处于未显现的状态，使得敌方并未察觉到我方实际上已经做好了随时战斗的准备，并且已经围绕着敌方的作战状态提前做了预备。

不管是“行不行”还是“攘无臂，执无兵”，其最终希望达到的效果就是“胜敌”，通过“行不行，攘无臂，执无兵”的方式来完成“弗与”的效果。这样一来，作战的主动权始终把我在我方手上，则必定能够料敌如神，处于“战必果”的状态，也就达到了“无敌”的状态。

这个“无敌”，有人理解为是战胜了所有主动进攻的敌人，消灭掉了所有来犯的敌人，结果没有任何敌国干预侵犯我方。另外一种解释认为，“无敌”是我方因为备战充分，并且能够灵活运用“以奇用兵”的精髓，因此并不认为有真正的需要正面作战的敌人。不管是哪种解释，都强调这个“无敌”的状态是“善战”的结果。那么，当我方的将领“善胜敌”且“善战”，达到无人敢来进犯，或者没有打不赢的战争时，会出现什么情况呢？老子说“祸”就要发生了。

上文中的“无敌”，到底是“因为善于胜敌所以无人敢来进犯”，还是说“因为备战充分，所以无人敢来侵犯”，不同的人有不同的解释。还有的版本将“乃无敌”写作“扔无敌”，大概意思是说“应战应敌时如同没有敌人一样”，这个就有点毛主席的“战术上重视敌人，战略上藐视敌人”的感觉，还是在强调对敌作战过程中要主动创造战局以此来把握战争的主动权。

但从上文中提出的主要战略（不敢为主，而为客；不敢进寸，而退尺），以及主要战术（“行不行，攘无臂，执无兵”）相联系，从战略和战术上都强调主动防御性行为，做到这些行为之后所产生的结果就不会有跟自己实力相对或是备战相当的对手。这或许才是“无敌”的本意吧。

按照老子“反者道动”的思想，事情一旦到了极致，势必往相反的方向发展。“无敌”本应是福，但长久处于“无敌”的状态是，是否就会忘了“不敢为主而为客，不敢进寸而退尺”的战略，开始进行“有为”的“为主”且“进寸”的操作呢？一旦往主动进攻，强行进取的方向发展，那么祸端就会开始，且这样的祸端所产生的危害是巨大的。因此老子在上文点明如何达到“无敌”之后，紧接着就说“无敌”如果不加注意，就会成为最大的祸端。为什么呢？因为人主若长久处于“无敌”的状态，很容易产生“有为进取”的欲望，进而将老子的“慈”、“俭”、“让”这“道之三宝”丧失殆尽，容易朝这三者的反面发展，也就是放弃“清静无为不争”的“合道”行为，开始朝着“有为进取用强”的方向发展。

或许是老子发现事物始终处于主客转换、强弱易手的动态发展过程中，任何事物都会有它强盛和衰败的时候，也会有它受制于敌和无敌天下的时候。当两个同样自觉“无敌”天下的事物产生争斗时，往往那个更加合道的会取得胜利，也就是说，最终决定事物是否能够处于“无敌”天下的，还是要依赖“道之三宝”，尤其是对“慈”的持守上。用老子的话说，若两个同样处于“无敌”的对手相遇，往往那个意识到因为要作战而有所伤亡而感到哀伤，对战争具有悲悯心态的人会取得胜利。这个悲悯心正是处于慈爱，也同老子前文三十七章中的“杀人众，则以悲哀泣之；战胜，以丧礼处之”的反战思想相吻合。

七十二、吾言甚易知章

吾言甚易知也，甚易行也，而天下莫之能知也，莫之能行也。夫言有宗，事有君。夫唯无知也，是以不我知。知我者希，则我贵矣，是以圣人被褐而怀玉。

【歪解】

我（这里指“道”）所呈现和宣言的主张和言论非常容易被人所理解和掌握，也极易被人实践和施行。但遗憾的是，天下人主却没有几个人能真正知晓，更别提有哪位人主能够体道悟道进而去践行“道”了。我（这里还是指“道”）呈现的言说和教化方式，应该以“不言之教”作为主旨；我所提倡的作为方式，应该以“为无为、事无事、味无味”作为根本。

只是因为人主们愚昧无知，理解不了我（即“道”）所呈现的治国理政的主旨和核心，因此也就理解不了我所描述的关于“道”的“不言之教”和如何以“无为自然”的方式来治国。知道我（即知道“道”）的人越少，倒反显得我（“道”）的地位越尊贵。所以有道明君总是穿着披着褐衣，穿着粗布，显得愚钝而朴实，但其内心却如怀里揣着美玉一般温润和美。

【臆论】

有意思，本章是最常被人引用的。为什么呢？因为从字面意思上看，似乎老子在讽刺那些不懂装懂的人，另一方面，似乎又暗含老子自视清高的意思！你看，字面意思看，“我说的话不仅简单易懂，做起来更是轻松上手！怎么天底下的人就是听不懂，更别提做了！”我们很多人捧着一部《老子道德经》，读上去跟天书没什么区别，老子在第七十二章中竟然说他写的东西不仅简单易懂还能轻松上手！这不把人给气死不成？其实同前面几章中的“吾”和“我”联系在一起看，七十二章中的“吾”还是指“道”，老子借用拟人的手法来为“道”鸣不平。若将主语换作“道”，即老子这章中的“我”就是“道”，我们再看原文，就能打通全本《老子道德经》了！

“道”在言说什么？又是如何去施为的？其实老子整本书都在描述“道”的言说方式和教化方式。若我们拘泥在老子的文字之中而忘了去透过文字体悟老子想要描述的“道”，那么读《老子道德经》就如同读天书一般。为什么呢？因为老子在这也只是“道”的代言人，所以他也只能“恍兮惚兮”的描述个大概而不能确切的去形容“道”。老子整本书都是在替“道”言说它的“言”和“行”。“道”的“言”是什么“言”呢？那就是“不言”，就是第二章中的“不言之教”；“道”的“行”是什么“行”呢，就是第二章中的“无为”。两者结合在一起，就是“道”所言所行：以“不言”行“无为”！你看，有意思不？说都没有说，就说自己的主张很容易理解；做都没有刻意去做（“有为”），就说自己的主张很容易施行。难怪天底下的人君知道的“道”的人不多，能够“以道莅天下”的人更是稀少。为什么？因为“道”的所作所为，不能按照我们通常理解的行为方式去理解和证明它，而是以“无为”和“不言”的方式去验证它！

因此，老子就替“道”说了，“道”所采用的“言说”方式，就是“不言”。“言有宗”并不是通常理解的“说话要有宗旨”，而是说“道”的言说方式是有其主要特征的，那就是“不言”。这个“宗”可以理解为“宗旨”，但在这个语境下，应该是可以同后面的“事有君”中的“君”互换，指的是“根本”、“主要”或者“核心”。所以“言有宗”要结合《老子道德经》全文看，指的应该是“道”的言说方式始终都是一致的、根本性的，就是“不言”。“事有君”就是“道”的所作所为、所施行和影响万物的方式都是有最主要的核心方式，就是“为无为”。如果一定要把这个“事有君”的“事”翻译过来，就是“事无事”，即，以“事无事”作为主要的作为方式”。扩展一下，就是以“为无为、事无事、为无为”作为主要的行为方式来实践“道”的主张。只有将“言有宗，事有君”放在整本《老子道德经》中去理解，才能将本章内容上下贯通，且逻辑清楚！

【事了拂衣去，深藏功与名】

上一节我们说，老子以“道”的口吻来代言“道”的主张和施为方式，“言有宗，事有君”可以大概的理解为“言、事有宗君”，即不管是主张教化万物，还是施为成就万物，“道”都是有它自己的主旨和方式的！这个主旨和方式就是“不言之教”和“无为之事”。

但是，理解并且遵行“道”的“不言无为”来治国理政的人主，少之又少。为什么呢？这是因为人主们并不真正地去理解和体悟“道”，理解不了为什么通过“不言”反而能够达到最佳的教化作用，也理解不了为什么“为无为，事无事”却是最佳的治国方式？这两个看似完全同常识相反的管理方式如何产生人主们预期的治理效果呢？这正是一般的君王难以知晓“道”已经显现出来的管理主张和作为，自然更加不会理解和知晓“道”了。

知晓并明了“道”的人主很稀少。而事物越是稀少，就显得越是宝贵难得。因此，老子替“道”打打广告，说，知道“道”的人不多，因此更加应该显示我（即“道”）的尊贵和难得啊！所以那些知道并明了“道”的圣人们，总是跟通常的人主所作所为相反。一般的人主尽可能显示自己地位的特殊和尊崇，而明道的君王们却是披着褐衣，穿着粗布，就跟一般人没什么两样，但他们却处处显得特殊。究其原因，是因为这些明道的圣人们已经将“道”的主张和言论落到了实处，不需要说太多冠冕堂皇的话，也不需要做哗众取宠的事情，而是以“不言之教”的方式来影响民众，以“无为之事”的作为去成就万物，最终反倒是成就了圣人们自己对“道”的信心和认可。“道”对于这些圣人们的价值，就如同美玉一般温润和美，圣人们“以道莅天下”，就如同身披褐衣，胸怀美玉一般感到温润和美。

七十三、知不知章

知不知，尚矣。不知知，病矣。是以圣人之不病也，以其病病，是以不病。

【歪解】

知道但认为自己还不知道，这是值得推崇的！不知道但以为知道，这是非常愚钝的。所以圣人之所以有别于那些愚笨之人，正是因为他们时刻警惕自己是否已经了解了“道”的“言”和“行”，所以圣人们才能避免“不知不知”的蠢钝行为。

【臆论】

本章读起来真实饶舌，如同绕口令一样。字面意思大意是说，人主要知道对于“道”的主张和施为原则，要抱着一种自知之明，能够意识到自身对“道”的体悟是没有尽头的。若人主对“道”的主张和作用方式毫无察觉，或是以为自己已经无所不知，这就是一种病态（不正常的现象，有危险的现象）！而圣人们之所以能够避免这种“自以为知”（实际上是不知道自己的无知）的病态，正是因为他们将这种“自以为知”的状态视为一种不正常、不正确的状态，所以总是时刻提防着自身是否自以为知实则有所不知的情况出现。因为能够时刻检视自身对“道”的认知，所以能够有效避免自以为知的情况出现，因此总是能主动地、有意识的提前规避这类危险，提前将自以为知的病害及时革除，让自己处于一种正常的、和顺的、自然的状态中。

老子在这章中提出“病病”的概念，就是“以病为病”，有病就应该革除这个病！上一章中，老子说，圣人是“褐衣而怀玉”，我们可以理解为虽然已经对“道”有所感悟、有所得，但还不敢将这个“玉”在人前显摆，或者将“道”这块美玉展示在天下人面前，不正是因为担心自己“不知知”吗？明道的圣人们虽然已经深通于大道，可以通过“不言之教”来教化民众，以“无为之事”来成就万物，但并不自以为了不起，更不会自以为贤明智慧，如同有美玉也只是“珞珞如石”，透过现象看本质，“言有宗，事有君”才是圣人们追求的！圣人们能够常常处于“不病”的状态，正是因为他们时时能够做到“病病”，即对“不知知”这样的病态保持足够的警觉，一旦发现就要立即采取措施将之革除，才不至于因此而产生祸患。

第七十一章老子说，“言甚易知，甚易行”，提到了“知”和“行”。而“言有宗，事有君”也是提到了“主张”和“实践”。在七十二章中，老子提到了“知”、“不知”和“病病”、“不病”，对于那些读过王阳明《传习录》的人而言，看着是不是眼熟？若从王阳明的“知行合一”角度看，老子对于“知不知”和“不知知”的态度，是不是就是王阳明所提倡的“知行合一”呢？如果“言”极其容易就能理解，行为极其容易就能做到，是不是就是说，对于那些真正懂得大道的人君而言，一旦真正知道了，就会自然地去作为；一旦真正的在实践了，也就是真正地知道了呢？这不就是“知性合一”吗？也正是因为圣人们已经做到了“知行合一”，所以他们才能“病病”。若对于什么是“病”都不了解，如何将这个“病”视为一种不正常的状态加以警惕呢？从这个角度看，老子应该说是第一个提出“知行”关系的人！“知行合一”在《老子道德经》中的体现，还未被人所知晓哦！

七十四、民之不畏畏章

民之不畏畏，则大畏将至矣。毋闸（狭）其所居，毋厌（压）其所生。夫唯弗厌，是以不厌。是以圣人自知而不自见也，自爱而不自贵也。故去彼取此。

【歪解】

若民众对本该具有敬畏感的事物不再持有敬畏心，那么对于人主而言，那意味着离真正会让他们感到畏惧害怕的事情也就不远了。

因此，作为人主不应该限制民众们自发形成的行为方式和生活习惯，而应该让民众自然的发展；也不应该否定或压抑民众自发创造事物和习俗，而应该让民众能够自然地发挥他们的创造力。正是因为人主能够接受民众自发形成的做事方式方法，能够鼓励并承认民众所创生的事物和行为，而不是去否定甚至是压制民众的自然作为，因此民众也就会乐于接受人君以这样的方式（即“清静无为”、“不言之教”的方式）对他们的治理和教化。

因此，圣人能客观地看待自身作为可能产生的影响（因此而有所节制），而不是肆意作为、自我夸耀；圣人们能够重视自身言行的影响力和民众的信任（因此吝惜自己犯错的成本），而不会因为民众的信任感到自己高人一等、地位尊贵。因此，对于人君而言，也应该效仿圣人一样自知（对自己的权力和因此产生的潜在影响力）、自爱（对自己言行背后所需要付出的信誉成本），而不去追求自我夸耀和抬高自己的事情啊！

【臆论】

如果我们能够充分理解第七十三章中老子“知不知”、“不知知”的写作手法，那么看到第七十四章中的“不畏畏”的时候，应该能够理解“不畏畏”的意思类似于“知不知”、“不知知”（第一个“知”是动作，去了解、知晓；第二个“知”是名词，关于某个事物的信息），第一个“畏”是指动作，“感到畏惧”、“感到惧怕”的意思；第二个“畏”则是名词，指“让人感到惧怕、感到恐惧的事物或者行为”。只有理解了这章是跟七十三章内容连在一起的，是同一个思路下的不同侧面的论证，我们才能真正理解这章的主题思想。

老子说，当民众缺少对事物的敬畏感，比如人主治下的民众缺少对“道”的敬畏感之后，开始背离“道”的法则，以满足自身欲望为行为处事的出发点，开始利用机巧智谋等手段达到“非道”的目的。缺少必要的敬畏感之后，势必对自身的欲望和能力之间产生不匹配的现象，也就是出现自我满足、自以为是，并且不以“不知”为“病”的现象。若这类“不畏畏”的现象出现时，往往意味着民众开始脱离其朴实自然天性而去追逐私心欲望，这是不符合“道”的行为。对于处于上位的人君而言，一旦民众失去必要的敬畏感，势必会有天下大乱的一天。人君不得不对此感到畏惧啊！

为什么民众会失去那份敬畏心呢？民众缺少必要的敬畏感，是因为放弃了对那些能产生敬畏感的事物的信任。敬畏感产生于对该事物的尊崇和信任，按照被敬畏对象（比如“道”，比如圣人）的教化行事，可以带来安全和自由。若本该给民众带来安全和自由的事物并未能如民众所愿，也未能满足民众自然而然的诉求，更有甚者则完全忽略甚至控制民众自然而然的生存活动和必要的生存创造，而是一味地倚重上位者本人对事物的偏好和理解来规定民众的生活方式和方向，则必定让民众寒心，进而开始藐视上位者本人及其所代表的影响力和公信力。藐视是一切鄙视的开始，演变到最后就是对上位者的终极否定。

那么上位者如何做才能避免这类情况发生呢？老子说，必须要肯定和尊重民众的生活习惯和自发形成的社会准则，认可民众之间彼此确立并保持的社会关系以及社会运行法则。“毋闸（狭）其所居”字面意思是不要限制民众的居住地。实际上这个“居”另外一层意思，则是“居无为之事，行不言之教”的“居”，即以某种特定的方式、特定的态度、特定的行为来处理事物。那么，民众已经自发选择了他们的生活习惯，以约定俗成的方式完成他们日常生活中的各种社会活动。作为上位者而言，要乐于去成全民众已经维持下来的这些行为，不应该去否定和限制民众业已形成的生活规范，尽量不因为上位者个人的理解或是计划去打乱或是改变民众已经稳定的生活状态。

除此之外，为了避免民众对上位者丧失敬畏心和认同感，上位者还应该去鼓励民众自发的创造力。“毋厌其所生”常常被解释为“不要去厌恶他们的出生”，显然太过于直白。“生”除了出生、发生之外，还有一层“创生”的意思。联系前一句“毋闸其所居”（不应该限制民众的状态），那么“毋厌其所生”则可以解释为“不应该排斥或否定民众所创造的事物”。只有当上位者能够对民众自然生发的创造行为予以认可和鼓励，民众才能由着上位者的这份鼓励而充满生活的热情，反过头来更加尊重上位者的地位。不管是“所居”还是“所生”，都是民众在“道法自然”的作用下，自然而然的行为，并不是出于私心欲望通过智巧或是权谋做的不合道的行为，反而是“小邦寡民”下的朴实行为。一旦上位者能够客观地认识到“居”和“生”都是自然而然的行为并加以肯定和鼓励时，民众也就并不因此而感到上位者治理下的阻力和存在。

按照老子“我无为，而民自化；我好静，而民自正；我无事，而民自富；我欲不欲，而民自朴”（五十七章）的思想。正是因为圣人能够正视民众自发的、自然而然的活动，以“无为”、“好静”、“无事”、“欲不欲”的方式给民众提供最大限度的自由，从而实现民众的“自化”、“自正”、“自富”和“自朴”，真正的创造万物自然的治理环境，由此活动民众的支持和信任。所以老子总结到，“夫唯弗厌，是以不厌”。这个“弗厌”，跟六十六章中的“天下乐推而弗厌”时一致的，表示“不排斥、不否定”。正是因为人主能够以“清静无为”、“不言之教”的方式施行其教化，接受民众自发形成的做事方式方法，能够鼓励并承认民众所创生的事物和行为，而不是去否定甚至是压制民众的自然作为，因此民众也就会乐于接受人君以这样的方式对他们的治理和教化。

正是因为圣人能够明白，民众具备“自化”、“自正”、“自富”和“自朴”的自主性，治理的结果并不取决于上位者个人的“有为”，而是通过上位者来营造让民众能够自发自动的社会环境，进而实现治理的目标。

常识往往错误地认为，民众的难以治理责任都在民众，组织的难以管理也是因为员工不服从管理。但老子却指出，不管是“民之难治”还是“民不畏畏”的根源，都是因为上位者“闸其所居”和“厌其所生”，对民众自发产生的生活和社会活动进行了控制，而不是顺应民众自然而然的发展诉求导致的。

圣人因为始终都能“病病”，不认为自己已经完全掌握了关于“道”的一切，也并认为凭借一己之力就能彻悟管理的本质，因此总是能够保持对自己能力不足的理性认识。正是因为圣人们在治理天下时总是能够保持这份理智，因此才能充分地将自我的认知控制在合理范围之内，不会被自己自大的心态和夸耀的欲望控制，能够舍弃对自身能力的过度自信，不因个人对民众生活诉求的理解来治理国家，而是充分肯定并鼓励民众自发的生活和社会活动。

与此同时，圣人能够意识到他个人言行对民众生活和社会活动可能产生的影响力有好有坏。正确的言行能够让民众更加推崇和信任圣人，不良的言行就会让民众“不畏畏”。正是因为意识到这一点，所以圣人会对自己的言行举止小心翼翼，特别会吝惜自己的言行所产生的结果，这就是圣人“自爱”的原因。只有特别小心谨慎地处理自己的言行对民众生活的影响，尽量重视和肯定民众自然而然的合理诉求，将圣人自身的活动限制在“以道莅天下”的正确范围之内，而不因为自己身处高位自我标榜地位的尊崇，才能长久地出于“天下乐推而弗厌”的状态。

圣人以“自知”和“自爱”的方式，严防自身言行偏离“道法自然”的方向，通过牢牢把握“道”的“言有宗，事有君”，以“无为之事，不言之教”为民众创造最大化的活动环境，达到治理上的“自化”“自正”“自富”和“自朴”的效果！老子在这一章中，再次强调了“无为”“自然”的总要性。

七十五、勇于敢者则杀章

勇于敢者则杀，勇于不敢者则活。此两者，或利或害。天之所恶，孰知其故？天之道：不争而善胜，不言而善应，不召而自来，繟（chǎn，通“坦”）然而善谋。天网恢恢，疏而不失。

【歪解】

对于那些有强烈进取心，但是不顾其行为是否“合道”就敢有所作为的人事物，就应该消灭它们；对于那些虽有强烈进取心，但因为对“道”有所畏惧而不敢轻易有所行为的人事物，就应该允许它们存在。到底是消灭事物好，还是存活事物好，都有其利弊。天道到底是依据什么条件来决定对事物采取的是“杀”是“活”的，没人能搞清楚这个事情。

虽然搞不清楚天道到底如何杀伐活利的依据，天道所表现出来的特征我们还是可以总结一些的：天道不与物争，但能让事物按照自己的设计来运行，因此能常常实现自己的意图；天道没什么具体的主张，但往往能够体现它的规律性，因此按照天道的规律行事总能得到预期的结果；天道从来不主动号召什么，但万事万物却总会自然而然地臣服于天道的主张（因此服从天道的安排）；天道没有什么私心，坦荡荡地将自己的意图和目的告知天下，却往往能够顺利完成它的主张和谋划。天道所覆盖和包容的范围广大无边，看似彼此之间联系不密，但却包容万千，难以找到存在着不符合天道的规律或是事物。

【臆论】

上一章老子讲了“畏”的概念，强调只有当圣人能够克制自己“有为”的思想，能够通过“自知”和“自爱”，在治国理政过程中减少人为干预，充分认可和支持民众自发形成的创造活动，给民众自然而然的生产生活创造足够的空间，以此来实现“无为而治”的目的。

历来道家的人物都有“化腐朽为神奇”的治理才能，多少是因为老子眼中的治理，从来都不是教条主义，而是根据具体地问题来具体地处理。一如爱好和平的，并不一定需要反对战争，只要战争能够有利于促进和平。因此，在第七十五章中，老子针对民众中那些突破了“道”的原则而肆意妄为的行为做了点评，并拿出了邢杀做了例子。

老子开章就说，针对那些“敢为”的人，要果断地予以灭除。对于那些“不敢为”的，要尽量留存和保留。问题来了，这个“敢”或者“不敢”，针对的到底是什么？如果这个问题不解决，那么第七十五章乃至七十四章开始的主题思想就难以把握。

老子说，“敢”或者“不敢”都是针对“勇”的。那些“勇而敢”者，要灭除掉；那些“勇而不敢”者，要继续保护他们。这个“者”，可以指代人，也可以指代事，更可以指代物。问题来了，这个“勇”到底是什么意思。古汉语中，“勇”跟“敢”的意思大致相同，也有不同。“勇”，可以理解为果敢、胆大，引申为进取。“勇，从甬从力，力及所至，生命勃发甬甬然也”。源源不断的力气，可以不停歇的做事。“勇者，气也。气之所至。力亦至焉。心之所至，气乃至焉”。故古文“勇从心，恿”，“勇”等同于“气”，有意识地调动“气”使之产生“力”，进而能够驱使自身或是他物有目的地进行活动。联想一下，我们之前讲到“心使气曰强”（第五十五章），通过有意识地调动“气”就叫作“强”。那么，我们是否可以理解“勇”就是“强”呢？而“强”就是“有为”，就是主观上产生通过个体活动进行违反“道法自然”的活动。“勇”等同于“用强”，等同于“不合道”的想法和念头。

好了，老子说，“勇”只是内心有所“用强”的想法和念头，未必会有所行动。这个是正常现象。而“用强”想法产生之后，可以采取行动（“敢”），也可以不采取行动（“不敢”）。如果因为想通过“用强”来满足自身的欲望和私心，这就是“敢”；如果仅仅只是产生了“用强”的想法和念头，但对于是否应该采取“用强”的方式来满足自身的欲望和私心有所怀疑而能克制即刻有所行动，这个就叫作“不敢”。“勇”的行为本身已经是不合“道”的行为了，再加以实践，则必然违反“道法自然”的原则，也跟“无为之事，不言之教”相违背，所以老子才提出来，对于那些有想法又敢所有行动的，必须予以克制和消灭；但对于那些有想法但迟于行动的，应该想方设法挽救他们，而不能因为仅仅只是有想法就对他们进行剿灭。

对于“敢”和“不敢”这两种对象到底是“杀”还是“活”，都有其利弊，不能轻易地就说“杀”或者“活”就比另一种选择好。为什么呢？因为“敢”和“不敢”都是“勇”之后所做抉择产生的后果，而对于“勇”如何去区分“敢”或者“不敢”，实在是连圣人都不知道天道是如何进行取舍的。这就说明老子并不是一味地强调不能“用强”，而是要针对具体情况具体分析。他这边没有绝对的条件去界定如何进行“杀”或者“活”。那怎么办呢？他就说，我们看看天道如何运作。结果呢，天道也没有明确的条件，说这个该“杀”那个该“活”，而是通过天道表现出来的特征，给人君进行杀伐提供参考意见。具体的我们明天接着歪解。

老子对于天道如何进行“杀伐”并不清楚，但是他却描述了天道的几个特征。而这些特征，跟我们所理解的“常识”有所相悖。

老子说，天道往往通过“不争”来达到自己的目的，通过“不言”来完成对万物的呼应，通过“不召”来让万物臣服，通过正大光明来完成不为人知的工程，反正不管万物想做什么，看似能够投机取巧拜托天道的作用规律，但最终都逃不开天道罗织而成的那张大网。

我们看一下老子眼中的天道跟我们的常识有什么不同。“不争而善胜，不言而善应，不召而自来，繟（chǎn，通‘坦’）然而善谋”，我们改一下，“常识”会如何说：“争而后胜，言而后应，召而后来，密而后谋”，应该是通过争斗才能有胜负，通过主张才能有相应，通过召唤才会有人来，通过密谋才能计谋得逞。这个是我们所理解的常识，难道不对吗？老子看来，天道跟我们的常识完全想法。

在《老子道德经》中，老子眼中的天道都是跟人道反着来的。为什么呢？其实天道跟人道的目的是一样的，都是为了“胜”、“应”、“来”和“谋”，只是因为天道是“道法自然”，一切以顺应“道”运行的方式进行，没有任何的“用强”意图，自然而然地根据“道”的规律性和趋向性就达到了治理的目的，完成了天道想要的“胜”、“应”、“来”和“谋”的效果。而人（一般的上位者、人君）呢？因为迷信与“敢”的作用，往往采用脑力可以预见的方式直接作用于治理对象，通过主观意图，使用不合道（即“用强”）的方式以期迅速地达到治理的目的和效果。结果因为所采用的方式方法有违于“道”的法则而难以以预期的投入达到预期的效果，而是更大更费劲的方式才能勉强达到暂时的效果，且这个效果也不能长久维持，而是迅速就会演变成下一个“挑战”的开始。

因此老子在本章一开始就说，对于那些想通过“有为”的方式，通过上位者“有为”的“用强”手段来迅速完成某件事情的想法和做法，就应该毫不犹豫地扼杀掉。而对于那些有“用强”冲动，但出于对自身行为是否“合道”的顾虑而犹豫再三以至于不敢贸然采取行动的，就应该使之能够得到必要的关注和酝酿，以便最终能够采取“合道”的行为将之促成。从这点来看，老子在七十五章中所强调的，还是侧重在“勇于不敢者活”，而不是“杀”。只有对“勇”（即“用强”）采取客观的态度，只要能够预留足够多的关注加以观察可酝酿，最终总是能以“合道”的方式解决。这是因为“天网恢恢，疏而不漏”，不管你看上去是否有“道”的作用存在，但最终的结果总是逃不了“道”所涵盖的范畴内。

七十六、若民恒且不畏死章

若民恒且不畏死，奈何以杀惧之也？使民恒且畏死，而为奇者，吾得而杀之，夫孰敢矣？若民恒且必畏死，则恒有司杀者。夫代司杀者杀，是代大匠斫也。夫代大匠斫者，则希不伤其手矣。

【歪解】

一旦民众已经对关系到自身安危和生死的事物不再感到应有的畏惧，人君们又该如何通过刑杀去有效地警戒民众，使他们避免去做那些可能引来杀身之祸的行为呢？（一个有效方法就是）将民众中那些既怕死，但又有心去（违反“道”的法则而）有所作为的人抓捕起来杀掉。这样一来，剩下的民众中还有谁敢去作为（那些不合道的行为）呢？

若民众已经对不合道的行为可能招致的杀身之祸有所畏惧，那么事情就简单了，就交给专门掌管杀戮的人（这里很可能指“天道”）去处理就行了。若君王越过“司杀者”而肆意杀伐，这样的行为无异于常人（即非专业者）去代替专业木工加工木材一样。你看那些本想代替木工去伐木做功的普通人，有几个最终是没伤到他们自己手的？

【臆论】

老子在七十五章中描述了“杀”跟“活”，针对那些“勇且敢”的人要“杀”，针对那些“勇且不敢”的人要“活”。通过论述天道，老子虽然没有明说，但我们可以看出，他是偏向于尽量“活”人的。那问题来了，如果需要尽量“活”人，那就意味着对“杀”人这个事情要慎之又慎，防止错“杀”。所以在七十六章，老子就针对什么情况该“杀”以及如何“杀”做了论述。

老子讲“杀”的对象分为两类，一类是已经丧失了敬畏感，且对“死”这事不在乎了（“恒且不畏死”）。另外一类则是必然害怕死亡，对死亡这件事情看得非常重。针对这两种情况，老子给出了不同的建议。

针对第一类情况，老子说了，民众长久以来对死亡这件事情已经没有畏惧感，已经不能用“杀”这件事情来震慑民众了。为什么呢？或许是因为上位者太折腾，已经折腾得民众“生不如死”。那么问题就不在“民”上，而是在人君上。怎么办呢？简单，让民众对“死”产生畏惧，并不是一味强调刑杀，而是应该关注如何让民众对“活”产生期待，也就是通过上位者端正自己的行为，以符合天道的言行为民众创造足够的生存空间和生活条件，从而使得民众对死亡这件事情产生畏惧。如果民众已经对生活产生足够的信心和幸福感，必然就会害怕死亡的到来，也会对刑杀导致的“死”这件事情产生必要的畏惧感，对那些不合道的违“法”（这个“法”可以理解为“道法自然”的“法”）行为避之不及。若此时民众中还有那些不安分守己、为非作歹的人，就得抓过来杀掉，以此来确保民众能够“虽勇而不敢”，避免被“杀”的情况发生。

针对第二类本身就怕死的人，君王又该如何处理呢？明天我们接着歪解。

对于那些长久以来已经对死亡失去畏惧感，已经感到“生不如死”的民众，上位者首先要做的就是依照天道“不争而善胜，不言而善应，不召而自来，繟然而善谋”的运行规律，创造民众能够自由发展的生存条件，从而使他们充满对“活”的希望和渴求，进而对“死”这件事情产生畏惧。若不得不“杀”，也只是针对那些主动生事、为非作歹的“违法”（即不合道）的人，从而起到震慑余下有心违法但怕死的人。

而对于那些本身已经对“死”产生必要的畏惧感的民众，人主又该如何处理“杀”跟“活”呢？老子说，交给专门执掌杀伐者来处理。我们不禁要问，这个专门执掌杀伐者是谁呢？历来有不同的解释，有人解释为专门的官员，也有人解释为“道”，确切地说是七十五章中说的“天之所恶，孰知其故”中的“天”。不管是哪种解释，都暗含了一层意思，“杀”应该有专门的依据！若是有专门的官员来行使刑杀，那么这个刑杀的依据也应该是符合天道的行为。

若人君不按照天道，随意进行杀戮会如何？老子说，代替天来行使杀戮权的，就像是常人代替专业的木匠操弄斧子伐木做工一样，往往会将自己弄伤。这说明什么？这说明老子并不认为杀戮权是人君作为人主具有的特权，而是人君应该“替天行道”，做“道”的代言人对于那些“勇且敢”的“为奇者”们行使杀伐的动作。而这些被杀伐者们之所以被杀被伐，究其原因是因为他们违反了“法”，就是做了不合道的行为（“奇”，就是用智、用强、用刚，所以会“速死”）。老子的初衷是为了“活”，而人君也应该慎用杀伐作为治理的手段。若人君随意动用杀戮以期震慑民众，最终的结果往往搬起石头砸自己的脚，造成“民恒且不畏死”的局面，“杀”也就丧失了“惧”的作用了！因此，老子通过“代司杀者杀”来训诫人主应该归于天道，守住自身对刑罚的过度使用，能够通过“无为自然”的方式，通过理解天道来合理地使用刑罚。说到底，即使归为人主，也不得不服从于天道进行“司杀”。那么，“无为自然”就是人主能采取的最佳原则。

这就解答了我们一个疑问，就是到底是什么样的情况促使民众“恒且不畏死”呢？会有什么样的人连死都不怕呢？答案就是“生不如死”。这个“生不如死”，有其个人的原因，例如那些亡命之徒往往因为满足个人私欲，有不愿意通过合情合理合道的途径去满足个人的欲望，而是寄希望于通过捷径迅速获得满足。而这些作奸犯科的人，要么出于个人私心，要么出于个人私欲，逃不出这两种情况。因为无法清心寡欲，导致欲望迟迟不能得到满足，才会产生“痛苦的活不如痛快的死”这样极端的想法。这些都是因为“勇且敢”，即违背了“道”的规律和法则，没有做到“清心寡欲”、“自然而然”，而是通过心气的调动去强行做些违“法”（这个“法”可以理解为“道法自然”的“法”），即不“合道”的事情。正向上文说的，“天网恢恢，疏而不漏”，最终还是会因为“违法”（即“不合道”）招致天道的惩罚而“获杀”。

民众若用智巧招致杀身之祸，若出于上位的管理者也以追求满足个人欲望的行为，会是什么结果呢？这个问题，老子在七十七章中做了描述。

七十七、人之饥章

人之饥也，以其取食税之多也，是以饥。百姓之不治也，以其上之有以为，是以不治。民之轻死，以其求生之厚也，是以轻死。夫唯无以生为者，是贤贵生。

【歪解】

人君之所以会遇到饿肚子没东西可吃、没器具可用的原因（泛指匮乏、不满足），不正是因为他们抽取粮食的税赋太多太重（泛指追求奢侈），导致民众没有结余用于来年的生产耕种导致的吗？百官之所以不能很好地起到管理的作用，提升治理的效果，不正是因为他们的上位官员太注重自己的“有为”，处处事事以他们个人的喜好来指挥下位者按照他们的意图来进行治理工作导致的吗？

民众之所以轻身冒死，不正是因为他们太希望能够好好的生存下去，所以才甘愿铤而走险去，以轻身冒死的行为去争取更好生存的机会吗？因此，那些能够不以满足个人私心欲望、而是以“无为自然”去治国理政的人君，才是真正珍视贵重生命的人啊！

【臆论】

上一章老子跟君王讲，要“慎杀”。那么七十七章老子进一步围绕“民不畏死”展开论述，认为民众轻生冒死的根本原因是因为他们太想活下去。

一开始，老子说了，人主、人君感到匮乏和财力不足的一个原因，不在于国力不足，恰恰是因为人主抽税太多，取用于民太过分导致的。这个看似矛盾的论点，实际上是从长期的动态环境中看的：人君觉得自己可用的物资匮乏，于是就加重税赋希望能够增加税收供自己使用；民众由于缴纳更多的税赋，留下的可用于再生产的物资就更少；再生产时由于可用物资较之前更少，所以产出自然就更少；由于民众产出更少，应缴纳、可缴纳的税赋相应更少，人君就越感到可供使用的物资进一步减少！这个恶性循环，有个成语叫作“寅吃卯粮”，通过透支明天来满足今天！若人君只想着自己的今天，自然会损害到长远的明天。出于“有为”的想法，导致了最不希望产生的后果！

那么百官治理的情况如何？同样的，老子说，百官之所以治理效果不佳，恰恰是因为上位官员的太“有为”导致的！为什么呢？试想，上位官员的“有为”，势必需要通过下位官员的执行来体现。而若何体现上位官员的“有为”呢？就是“不知知”，或者如上一章中所说的“代司者杀”，越过负责的官员来直接操作！如果某一官员所做的事情都需要一一请示汇报，或者上位者对于下位者所做的事情无论大小都要指手画脚“点拨”一番，导致的结果自然是下位者无心真正办事，而是要么以“作壁上观”的态度消极怠工，要么就以迎合上位官员作为其工作重点而忽略事实。长久下去，自然对于真正的治理工作置之不理。

不管是人君出于个人需求多加征税和取用，还是上位官员“有为”以处处事事“干预”下位官员，都违背了“无为自然”的“道法”，其结果也就难以产生积极的效果：出于一个积极的目的、更多更好的目的，却产生了想法的结果。那么反过头来，是否我们可以理解，坏的结果，恰恰可能是出于完全相反的好的初衷呢？对此，老子就对“民之轻死”做了类似思考。

人君因为自己想获取太多，结果却适得其反；而百官则因为上位者想做的太多，结果削弱了百官的积极性或是做事的方向性，结果也是适得其反。那么民众呢？

老子说，与一般认识不同，民众之所以看似不把自己的生命当回事，冒着生命危险去做违法的事情，看似不惜命，实则却是真真切切地想活得更好！什么叫活得更好老子没说，我们暂且歪解两个可能性。

一种可能性，是因为民众看到上位者（人主）的生活穷凶极恶般的去享受，所以也希望有类似的生活体验，于是就开始冒着生命危险去追去那些“非分”的体验。结果自然就引来了杀身的祸患。这个可能性，跟老子在《道经》第三章中所描述的“不上贤，使民不争；不贵难得之货，使民不为盗；不见可欲，使民不乱”的主题思想一致，认为是上位者起了不好的带头作用，导致民众为了“厚生”而不如“死地”，也符合前文五十章中“而民生生，动皆之死地亦十有三。夫何故也？以其生生也”的“生生”相符合。按照这个逻辑，处于最上位的君王因为“有为”，所以陷自己于“饥”的状态；处于相对上位的官员因为“有为”，使得本该得到治理的政务，处于“不治”的状态；处于底下的民众因为“有为”（“厚生”、“生生”），反倒是给自己招引了“杀身”的祸患。这么理解是可行的。

另外一种可能，是否还包含着君王的"有为"和上位官员的"有为"都是出于满足个人私心欲望而不是民众死活，导致民众为了追求正常的、更好的生存条件而不得不冒死去争取这样的生活呢？其结果自然就是为了合理的更好的生活而去铤而走险？这么解释，似乎跟前面的"民之不畏畏，则大畏将至矣。毋闸（狭）其所居，毋厌（压）其所生"和"民不畏畏"和"民不畏死，奈何以杀惧之"的思想一脉相承，强调的是君王应该给民众创造足够的空间和条件，鼓励和认可民众想要生活得更好的自然要求，"夫唯弗厌，是以不厌"说的就是这个意思。

那么到底是哪种可能呢？结合本章最后一句，第二种可能性更大：只有那些不是出于满足个人私心欲望，出于让自己的生活条件变得更好而去作为的人，才算得上是真正地能够明白并珍视生命的人！什么意思？就是那些真正能够重视生命、给老百姓创造更好的生活条件的人，其出发点肯定不是为了满足个人的私心欲望而有所作为的！也就是说，只有忘却个人的享受和追求，才可能真正地为他人创造生存和发展的条件！而按照"天之道，利而不害；圣人之道，为而不争"的原则，"无以生为"则必然是"为而不争"，其结果自然就是"贵生"，利万物而不以损害它们满足自身欲望为目的的行为！

七十八、人之生也柔弱章

人之生也柔弱，其死也筋肕（rén）坚强。万物草木之生也柔脆，其死也枯槁。故曰：坚强者死之徒也，柔弱者生之徒也。是以兵强则不胜，木强则兢。故强大居下，柔弱居上。

【歪解】

人出生时，充满生机和活力，身体肌肉却是柔软无比，筋骨气力也是羸羸弱弱（显得没什么生机和实力）。而当人开始衰老，失去活力和生气时，其筋骨和肌肉就会开始逐渐变得僵直不能弯曲，死亡后更是变得挺直且僵硬。万物和草木的生长发育轨迹似乎也跟这差不多，往往在生机勃勃、充满活力时是那么柔软而脆嫩，开始衰亡、开始失去生机时就开始变得干枯坚硬。

所以说，坚持盛状的状态是事物衰亡的征兆和开始，而柔嫩脆弱的情况却是生机勃勃的表现。因此，军事力量的强盛，往往会让人君丧失存在军事力量的目的（为了威慑敌人，而不是发动战争以强欺弱），从而难以真正征服敌人，达到用兵的目的。这就像树木粗壮茂盛之后就会希望变得坚硬挺拔能堪大用，而忘了持续地活下去才是真正的目的。所以强大有力最终总是发展成为处于低下的位置，反倒是柔弱脆嫩的往往随着它们的发展轨迹逐渐占据高位。

【臆论】

老子在前面几章中详细展开论述了“勇且敢”和“勇且不敢”是导致万物是“杀”还是“活”的一个重要依据。如我们前面分析的一样，“勇且敢”就是“心使气曰强”，也就是用强、用刚去违反“道”的原则达成个人的目的。其结果就是“杀”，不管是被“司杀者”杀，还是被“天之道”引入灭亡的境地。反过来，若“勇且不敢”，只是有这个想法但还不至于去贸然地违背天道而有所作为，臣服于“道”的自然规律而对自身的言行有所束缚，往往能够“活”下来。到了七十八章的时候，老子从生死角度论述了柔弱和刚强之间的对应关系。

如果说“生”和“死”是“活”和“杀”这两个行为对应的结果，“杀”和“活”是天道作用下的“或利或害”，我们如何能够尽量靠近“活”从而能够“生”，远离“杀”从而避免“死”呢？在五十章中，老子讲到“出生入死”，对应的，在七十八章，老子说，“人之生也柔弱”，说生气和生机表现出来的特征就是“柔弱”。而“其死也筋肕坚强”，说衰败和死亡的特征就是“坚强”。对应着看，就是“柔弱”可以“活”，而“坚强”则会被“杀”，导致的结果就是一生一死。

从人的出生、成长、年壮、衰老、死亡的过程中，老子将这个从柔弱（柔软弱小）到坚强（坚硬强大）的发展规律推演到万事万物，尤其是草木上，说柔弱脆嫩充满着欣欣向荣的生机，而枯竭干燥僵硬的往往是死亡的象征。老子为什么要将对“柔弱”和“刚强”的主观体验，同现实中的柔软和坚硬对应起来呢？我估计他是想强调“韧性”，也就是通过柔软的特征创造回旋的余地。而刚强过多自然就难以有灵活且可以回旋的运动可能，不是摧毁对方的刚强，就会被对方的刚强给摧毁，完全不会像两个柔软的事物碰撞交织后都不会对彼此有所伤害一样。若这个推论成立，那么我们间接的可以推导出：柔弱创造空间和弹性，而刚强早就硬碰硬的对立。

针对人和万物若是处于柔弱状态，往往意味着生机和活力；当处于刚强坚硬状态时，往往预示着衰败和死亡。老子进而借用当时的俗语总结到：坚硬强大往往被归为死（衰亡、死亡）这一类属性，而柔软脆弱的往往归属于生机、活力这一类属性。大概意思还是在强调若要避免“死”而守住“生”，就应该避免刚强而守住柔弱。柔弱避免了“用强”，“用强”势必硬碰硬，只有损伤到一方才会“胜”。而柔弱则在胜负之外创造了第三种情况，即：不败！或者叫作“相持”。

类似的情况若要用到军事上，去讨论一个国家对国防或是军事力量的定位，就涉及了军事力量存在的方式以及存在的目的。老子说，国家的军事力量太过强大，强大到忘记军事力量的存在是为了“为客不为主”的威慑力，而不是为了攻克或是消灭对方。军事力量的强盛，其目的还是为了“胜”，而不是“战”。“胜”未必只有“战胜”，通过消灭敌方才算胜利，而是“果而已”，即达到自己的战略目标即可定义为“胜”。那么，若“兵强”势必寄希望于“兵胜”，通过战争和军事手段来消灭对方。但是，很多时候对于“胜”的定义，已经远远超过了“战胜”的范畴，还涉及人心、民心以及认同和归属感。

老子会特意提醒我们，军事力量过于强盛，就如同草木过于强盛就会失去柔韧性一样，难以创造中间的缓冲地带和处理问题的灵活度。如同树木一样，当树苗冒头开始生长时，往往是柔韧度很高，可以通过随顺外部条件而改变自己，达到“舍己从人”的“无为”状态。若树苗长成参天大树，则树干已经固化，对于外界的风雨出了“强撑”和“硬顶”之外，已经难以通过“随顺”和“无为”的状态保存自己。“强梁者不得其死”（四十二章），强行硬撑的结果必然不能自然衰亡而是半道就会被“杀”；迷信军事力量的无限强盛，势必“好胜者必遇其敌”（金人铭），最终遇到可以匹敌自己的对手而不得不硬撑争斗下去！

老子最后总结到，“强大居下，柔弱居上”。这个就有问题了，按照字面意思，强大者处于下位，而柔弱着处于上位。按照本章前文，“兵强”和“木强”都会导致消极的结果，为什么老子还要去强调“强大”者是“死之徒”，却会如同“道”一样“居下”呢？而“柔弱”是“生之徒”，反而违反了“道”的规律会处于上位？我们常说的“柔弱居下”是“道”的特征啊！怎么“柔弱”在这里会“居上”呢？这会不会是老子在告诫君王，若你是“强大”，就应该像“道”学习，通过“居下”的方式折损自己“用强”的念头，使自己能够通过“居下”来避免“坚强”进而避免“死”？而若你是“柔弱”，势必也要在柔弱中继续“刚强”，从而能够畜养实力呢？看似矛盾的点，其实是孕育着“刚柔并济”的要理。我们最后通过《列子·黄帝》中的言论，尝试着歪解一下“强大居下，柔弱居上”的可能解释：

“天下有常胜之道，有不常胜之道。常胜之道曰柔，不常胜之道曰强。”“欲刚，必以柔守之；欲强，必以弱保之。积于柔必刚，积于弱必强。”

七十九、天之道章

天之道，犹张弓也，高者抑之，下者举之。有余者损之，不足者补之。故天之道，损有余而益不足。人之道则不然，损不足而奉有余。孰能有余而有以取？奉于天者乎？唯有道者乎？是以圣人为而弗有，成功而弗居也，若此其不欲见贤也。

【歪解】

天道运行的规律，如同拿木头来烤制弓身一样，将木头的上端往下拉紧，下端往上绷紧。木头多余的部分要削掉，缺失的部分要想法子给它不齐全了，这样才能绷制出一张好弓。所以，天道的特点就是通过减损多余的部分来增益不足的部分（使之平衡）。然而一般人君的言行却并不符合天道，他们所做的则是通过减损本已不足的部分来让已经有余的部分受益。

谁能够在有余的情况下才去取用呢？是不是只有那些信奉天道的人呢？还是那些明道的人呢？因此，得道的人君效法天道，有所作为但不去占有这些功劳，成就功业但却并不因此把持这些功业而不让他人受益。这么做的原因恰恰是因为（他们已经明道，效法天道）不愿意让民众察觉他们的才德啊！

【臆论】

七十九章看似老子又在谈“道”，实质上还是跟上一章相关联，且仍然是在针对“民不畏死”这么一个问题尝试劝解“人”（普通的君王）应该效仿天道，使自己能够成为“合道”的“圣人”（按照道的法则来治国理政的君王）。

七十八章中，老子以“强大居下，柔弱居上”作为总结。如果不联系七十九章，很难理解这个老子一直加以避免的“强大”如何跟老子一直强调需要保持的“居下”联系在一起的。本章一开始，老子就说，天道运行的规律和显示出来的结果，如同给绷制一张弓一样。我们一般会以为弓箭的制作最简单的方式就是找一个竹片，两端绷上弦就是一张简单的弓了。实际上，传统的弓在制作过程中，是将已经弯曲的木头（往往是自然弯曲的树身）反向掰正进行烤制，以便弓身能够更好地承受弓弦的张力，产生足够大的弹力以使弓箭的射程更远。只有知道弓身制型和绷弦都是逆着张弓原材料原有的形状反向操作的，就能理解老子为什么会把天道同张制弓身作比较。

老子说，天道的运行规律，就像是你要制作一张良弓一样。首先，你得确保弓身两端能够取得平衡，至少当弓直立时，上下两端距离弓身终点的距离时一样的，进而能够确保弓弦同弓身中点与弓弦中点之间的连线可以形成一个直角。为了达到这个目的，就需要让弓身直立时上端往下压制，下端往上抬升，如此才能将一个几乎平直的树条拉指出弧度，进而为绷弦做准备。在绷制过程中，还得对树条本身进行整修，多的削除掉，少的补充一点，最后形成一个完成的、充满柔性和弹力的弓身。在这，我们又要强调一下，只有当草木具备柔性和延展性时，才能具有活力和生气。这个道理在张制弓身的过程中也是一样的。若整张弓是用水泥或者石头雕制的，我想这张弓的弹力只能借助弓弦产生，而无法将弓身本身应该具有的弹性柔变产生的弹力加以利用。这是不是也是老子说的“坚强者死之徒，柔弱者生之徒”的一个例子呢？

那么天道若真的如张制弓身一样，总是逆着我们观察到的现象产生作用，我们就能沿着这个思路总结到：天道的运行，总是减损多余的，增益不足的。好了，问题来了，一般的解释，总是在“减损多余”同“增益不足”之间建立一个“平衡”的关系，类似于“劫富济贫”，拿“劫富”的结果去实施“济贫”，因为天道“损有余”了，所以从“有余”那里减损下来的就可以拿过来去增益那些“不足”的。看是合情合理，实则完全没有读懂这句话啊！

老子说了，天道如张弓，抑制上的抬升下的，最终上下达到“中和”，即处于一种平衡互存的状态。然而，当谈到“损有余而益不足”时，老子并没有说天道要拿“有余”去补贴“不足”哦！你想啊，若是在张制弓身的时候切削下来的木材还得去填补所需的木料，这未必是最佳的选择啊！天道类似，本身已经是充裕富足的，何必在一个圈子里去循环呢？我想老子真正想说的是，“损有余”和“补不足”是两件并行的事情，没有必然的联系。这就是说，天道看到哪个占有太多了，就消减掉一些；看到哪个有不足的了，就给它添置一些。这个被消减的事物同被增益的事物之间是没有必然联系的！如此，我们才能真正看懂天道的“无情”：无区别的对待万事万物，根据“道”的标准来施为。

对应到人世间，老子说，人世间普遍现象是同天道相反的。有人就要问了，人道（即君主之道）不应该效仿天道，也应该“损有余而益不足”吗？没错，“圣人之道”的确应该是效仿天道“损有余而益不足”，但“人之道”（普通君王的价值标准）却还没有达到“圣人之道”，所以他们的行为就不符合天道，是通过“损不足而奉有余”，减损本已经不足的，推崇那些过多的！“不足”可以是我们通常理解的“民众”，“有余”可以是统治阶层。不过这样解释似乎未免有点狭隘。这个“不足”可以理解为“为道者”，而那个有余可以是“为学者”；“不足”可以是君王的“无为”，“有余”可以是君王的“有为”，总而言之，凡是人们不追求的似乎都会显得“不足”，凡是人们过度热衷的，都会是“有余”。

既然天道针对有余的事物进行减损，针对不足的事物进行增益，两者之间并不存在必然的联系。而一般君王则往往本身已经不足的就偏偏不去做，反而是那些自己觉得得心应手的往往越来越上瘾！这难道不是大众现象吗？不擅长的尽量避免，越擅长的就越喜欢做。按照现在的语境说，就是不敢迈出“舒适区”啊！

老子或许是看到要说服君王走出他们日常治国理政的习惯和舒适区非常难，更不用说让他们去不足自己的“短板”（依照“道”的原则来治国理政），所以他就只能自问自答了：谁能够在先把不足好好增益了，至少不亏空的时候采取进行取用呢？是不是只有那些信奉天道的人君才能做到？还是只有那些已经明了大道的人君呢？

我们这里做了跟通行本不一样的句读。通行本一般都是将“孰能有余而有以取奉于天者乎”当作一个句子，大意是说“谁能够在富足的情况下仍然愿意通过减损自己来让天下富足呢？”这么句读似乎也没问题。通过自我减损来“损有余”，进而去“益天下之不足”。完全符合老子的思想。但我们不得不问，“取奉于天”的意思，是“从天道中获得”，并不是拿出来奉养天下的意思。况且老子已经在上一句明说了：人之道，损不足而奉有余！也就是说，他所观察到的现象是人君根本对自身行为是否符合天道完全无感啊！

因此，我们句读后的意思，更多的还是在质问，天底下有没有人能够真心实意地先去“奉不足”，等到天下没有“不足”的时候，都已经成为“有余”的时候再去“取”呢？什么意思？意思就是说要先关注那些个“不足”，眼前的情况是离“有余”太远了！真正能够意识到这点的，估计就剩下信奉天道的和明了大道的人了吧！从这句话看，老子也并没有讲“通过减损有余来增益不足”联系在一起，而是承认“损有余”不必一定要“益不足”，两者是可以分开的。

圣人因为明了天道的运行规律，因此他们主要作为就是“补不足”：通过自身的作为使得万物受益但不持有自己作为产生的结果；创造条件去成就万事万物但并不因此而居功自傲，要求万事万物对自己感恩戴德！为什么他们要这么做呢？估计是他们不希望自己的贤德被他人他物所称颂。因为一旦称颂，就是“有余”了！另外一个原因，正如老子在第三章中说的，“不上贤，使民不争”，避免因为崇尚贤德而让贤德成为民众争抢的对象而不是贤德本身。同时，只有保持“不足”才能始终让天道“增益”自身的“不足”而能持续地保持无限接近“道”的机会。这是不是圣人们的一个“私心”呢？

八十、天下莫柔弱于水章

天下莫柔弱于水，而攻坚强者莫之能胜也，以其无以易之也。柔之胜刚也，弱之胜强也，天下莫弗知也，而莫之能行也。故圣人之言云：“受邦之垢，是谓社稷之主；受邦之不祥，是谓天下之王。”正言若反。

【歪解】

天下没有比水更柔更弱的事物了，但是想要切割打磨坚硬强大之物（如玉石者）却没有比水更适合的了！也正因为水的这个能力，其他事物也就难以取代它在处理强硬强大事物这件事上的地位和作用。柔软的事物能够制服强硬的事物，弱小的事物终将战胜强大的事物。这个道理，似乎天下人君没有不知道的，但能够知行合一效仿以“至柔至弱”的方式去制服“至刚至强”的事物的人君却没有几个。

因此有道的国君就曾说过：“能够主动以柔弱卑下的姿态去替邦国承担和忍受国家的屈辱，这样的人君才能称得上是家国社稷的君主；能够甘心以柔弱低下的态度主动去承担邦国的各种灾难和罪罚，这样的君王才能称得上是天下的共主！”正面的话、正确的道理听上去像是在反着说一样。（这话实在是正确，但听不懂的人君却觉得这是故意让他们去找苦吃！实则是真心为他们着想为他们好啊！）

【臆论】

水在老子眼中或许是现实中能找到的最接近“道”的事物。第八章全文都是围绕“上善若水”，通过对水的描述来描述“道性”。那么在八十章中，老子又针对水“至柔至弱”的特征，来论述如何通过把握事物的反面（柔弱）来制服事物的正面（刚强）。

水的“柔”跟“弱”是天下人都能看到的。没什么性格，也没什么态度，针对任何事物都是以退让和包容来处理。如果非得给水找个追求，估计那就剩下“处下”了。但老子通过观察，发现在“攻坚强者”的过程中，水的作用是替代不了的！

古代对于正面的“坚硬者”的理解，除了玉石，很难找到类似的天然之物。玉石的打磨和制造，除了需要工匠耐心的琢磨之外，还需要不停地通过“线加工”对玉石进行削切。要打磨一个玉器，往往需要十年数十年甚至是几代人的投入。如果读者有时间去看博物馆里的玉器，很多玉器都能看到当初玉匠切割玉石时留下的“线痕”。但光拿线来切割不用水做润滑，估计没几下线就会断掉。往往工匠会把水、金刚砂和线混在一起，通过不停地加水，拉动线来琢磨玉石使之成器。不管是金刚砂也好，线也好，都可以通过类似的物质来替换，但是水的作用在当时是难以找到替代物的！这就解释了为什么老子会认为要去制服天下至坚至硬的事物，离开至柔至弱的水是万万不可能的！

理解了琢磨玉器的过程，也就能理解为什么老子接着会说“柔之胜刚也，弱之胜强也”了：至柔的是水，至刚的是玉；至弱的是砂，至强的是石。利用至柔至弱的水和砂的混合物来打磨至刚至强的玉石，这个现象天下人都看得到，也认同这是正确处理坚硬玉石的方式方法。很遗憾，道理虽同，但人们并不认为处理玉石跟治国理政之间会有相同之处，更加不会将打磨玉石的方法用在治国理政上！换句话说，看看热闹还行，让你登台就会立马认怂，美其名曰：一码归一码。是这样吗？

天下君王知道“柔能克刚”，但知道并不一定会去做。正如人人都想成为“社稷之主”、“天下之王”，认为只有通过有效彰显自己的才能和实力才能获得“社稷之主”和“天下之王”。人们的习惯就是“硬碰硬”，在同一纬度来进行争夺，而不是换一个维度来通盘考虑自己的目的和初衷。

既然大家（人君们）都想成为“社稷之主”、“天下之王”。好，要真正成为“主”和“王”，首先要考虑的是是否能够接受成为“王”成为“主”之前要承受的“垢”和“不祥”。要想制服“刚强”（“王”和“主”），就得先去把握“柔弱”（“垢”和“不祥”）。只有能够把握住“柔弱”才能创造攻克制胜“刚强”的可能！这看似矛盾的现象，即想要成为“社稷之主”“天下之王”就是不愿意去承受“邦之垢”和“邦之不祥”，结果却是想要逃避的事物成了想要取得的前提！这看上去是不是“阴差阳错”的一个结局呢？所以老子就说，“正话若反”啊！正确的言论和主张听上去、看上去总像是在说反话：明明我让你出个主意避免我不希望看到的情况，结果你却告诉我只有勇敢地去承受我不希望承受的结果才能圆满的实现我的目的、达到我的目标？

事实上呢，老子劝诫的对象从来就不是“创业者”，而是“守业者”，是“富二代”。作为一个“守业者”，千万不要忘了利用已经积累的政治和财富优势！对于创业者们而言，重要的是“无中生有”的过程（积累的过程）；而对于守业者们而言，重要的是“有生万物”的过程（维持的过程）啊！因为创业者没有现成的资源可以利用，所以需要去拼命抢夺有限的资源；守业者天然已经具备物质和地位资源，他们只要能够挡住创业者们的攻击就能始终处于有利的地位。这也是为什么老子一再需要强调不能硬碰硬。世间法则并不是“胜败”二元法则，而是“胜”、“不胜”/“不败”、“败”这三元法则啊！对于守业者而言，他们不需要去进攻去打击那些威胁他们的“创业者们”，只要能够“不败”就相当于让那些进攻的“创业者们”处于“不胜”的境地，最终导致创业者们的失败。这或许也是老子为什么在论兵时要特别强调“不管为主而为客、不敢进寸而退尺”，需要刻意强调“不败”来创造“善胜”的原因吧！

八十一、和大怨章

和大怨，必有余怨，焉可以为善？是以圣人执左契而不以责于人。故有德司契，无德司彻。夫天道无亲，恒与善人。

【歪解】

要去弥合已经铸成的大怨，即使上位者再怎么努力去弥补自身的失误和过错，都不可能和好如初，仍然会有余留的怨恨难以平复和弥补。这样的治理行为怎么能够称得上是圆满和善的呢？（指先肆意妄为导致大怨生成，而后意识到必须要去消除这个怨恨，从而采取行动希望去消弭大怨，期望对方尽弃前嫌而能和好如初。）所以有道明君在治国理政过程中就像是债权关系中的债权人一样，手中虽然握着对方写的借据，但不因此而去显摆，甚至胁迫和威胁对方。

因此，有德的君王总是适可而止、无私无欲，只是根据契约中约定的内容来处理事务（而不会借机威胁、胁迫和命令）。而无德的君王则会不时地去催讨利息，并以此来要挟利用对方，以更好地满足自己的私心欲望。天道运行的原则，是从有意去亲近或事偏袒某人某事某物。但似乎天道总是善待并佑护那些掌握大道并能循守大道、依道治国的有德之君们。

【臆论】

终于到了八十一章了！老子最后会写什么内容呢？还是针对“守业者们”说：千万别“得理不饶人”！我们来歪解一下这个“得理不饶人”。

有人强烈不满了，开始对上位者表达强烈的不满并可能引起管理上的动乱时，如何做呢？本能的，上位者就会去弥合下位者们的怨气，满足下位者们的诉求。即是无法完全满足，也要尽可能作出可以被对方认可的妥协方案。然而，不管上位者做什么牺牲和妥协，一旦大的冲突发生了，都不可能再恢复到冲突发生之前的状态，势必会因为这个“大怨”（即冲突）留下伤痕。若抱着巨大冲突发生之后还能和好如初的想法去处理“大怨”，其结果就是自欺欺人。留下的潜在的不安因素仍然会在后期产生潜在破坏。通过妥协和弥合以期消除冲突产生的破坏，者是痴人说梦的行为，更谈不上是圆满处理冲突的方式方法。那如何才能“和大怨”呢？

按照老子的想法，就是“为之于未有，治之以未乱”，在“大怨”还没有产生之前就应该消弭掉任何可能产生巨大冲突的因素！有人说了，我要是知道哪些因素会在后面发展成为巨大冲突，我才会不傻到不会提前预防并处理这些因素呢！问题是，如何去提前预防这些个冲突呢？老子说了，你不去招引那些触发因素不就得了？

按照老子的说法，有道明君不会“得理不饶人”。他举了个例子，说有道明君的治理方式，如同债权债务关系中的债权人一样。古代的债务条约都是写在一份文件上，然后撕成左右两份，左边的一份给债权人，右边的一份给债务人或是中间人留存。所以“左契”就象征着某者自然的权力。握着“左契”的债权人可以拿着手中对方写给自己的借条到处宣扬，说某某人欠我多少钱。更有甚者动不动就上门让对方"感恩戴德"一下。既然要上门，自然吃吃喝喝免不了，一抹嘴巴还来个"别忘了当初……"。你说这样一来，不招恨才怪呢！所以老子说了，正确的处理"大怨"的方法，就是即使手中握着借条，也别借机去占人家的便宜。既然借条上说几月几号连本带息还给你，你就安安心心地等着那天到来。照着约定履行权利和义务就是"无为"啊！而握着"借条"到处招摇，并对债务人动不动就来个"别忘了当初……"，这完全是"得理不饶人"的作死节奏啊！当初曹操跟袁绍官渡之战后，发现不少人偷偷给袁绍写了不少投降信。后来战胜袁绍之后，底下的人发现这些信件就劝曹操杀了这拨人。曹操当时看都没看这些信，而是直接当着众人的面全部烧毁，并说当时自己都害怕会战败，有人选择投敌给自己留条后路也是正常的！但是既然战胜了，就要踏实干活！悄悄，这是"得饶人处且饶人"啊，也就是老子后文说的"虽然拿着借据，也不会过于积极地去讨要利息"。

作为手中握有大量借据的"债权人"，君王如何处理自身的地位和权力呢？老子给出的评判标准很简单，就是"得理且饶人"！老子说，有德的君王，不会因为过度解读契约（意味着自身的地位和权力）的作用和意义，只是根据契约中约定甲方、乙方应该做的事情，做好甲方的事情。而无德的君王则"得理不饶人"，出了借据之外，还拼命地想去收税【"彻"是西周的税法，类似现在的"十税一"（10%的税率）】，类似于现在的"高利贷"啊！光这个利息就可以把人给逼死，更不用说连本带息地还啊！

联系到上文圣人虽然手中握着借据，但并不对债务人有所要求这一点，那些无德的君王就把自己逼入了绝境，势必导致民众的怨声载道，进而产生难以弥合的"大怨"也是自然而然的事情啊！那天道呢？天道会如何做选择？

老子说了，天道没有它自身的喜好和亲疏，不会因为你认可它、崇敬它、贿赂它，它就会对你好，也不会因为你作践它、否定它、威胁它，它就会开后门。总之，天道严重没有亲疏远近，只是按照它的运行标准周而复始地作用于万事万物！听了是不是很气馁呢？没关系，老子说了，虽然天道自身不存在亲疏远近，但它对于那些理解并掌握它的人们，总是显现出有求必应的“善意”来！那么天道的规律是什么呢？全本《老子》一而再，再而三的再强调：“无为、自然”。放在这一章中看，就是“得理且能饶人”！

通行本中，第八十一章是帛书本的六十八章，以“天之道，利而不害；圣人之道，为而不争”。不得不说，若以这句话结尾，的确点明了老子对“守业者们”的谆谆教导！

结语

《老子》：写给守业者的“不败”智慧

《老子道德经》这本书到底是写给谁看的？这个问题若搞不清，想要读懂《老子》几乎不可能。一般人读《孙子》时，觉得《孙子》一书处处都是可以直接拿来取用和借鉴的宝典。为什么？因为《孙子》解决的是时创业者的问题：如何在资源稀缺前提下，通过有限的投入来获得最大的产出，正如“不战而屈人之兵”就是不做大量同等投入的情况下，利用最小投入获得最大的战略产出。然而，若是把读《孙子》的目的和初衷带到读《老子》的过程中，就会处处云里雾里，没有头绪。这是为什么呢？

纵观老子一书的观点，虽然在一些讨论军事和用兵原则中有着跟《孙子》相似的言论，但是老子要解决的问题远远要比孙子需要面对的问题格局大得多，也高得多。如果说孙子要解决的问题是创业者如何以最小的代价换回最大的收益。那么老子要解决的核心问题，就是如何在积累和成就的过程中，守住这份积累和成就，使之不衰败。换句话说，老子要解决的问题是如何“守业”！

如果老子解决的核心问题是如何“守业”，不管这个“业”是江山还是地位，是财富还是个人影响力（修为），都难以保证这个“业”在传承和发展过程中是否还能一如既往地上升。“打天下易守天下难”，说的就是事业的传承比创立更加艰难。而“守江山”这个命题的难解程度，只有真正“坐江山”的人才能体会到。事实上，大部分读《老子》的人，更多的还处于“创业”阶段，因此要想体会到这种“坐江山”的难度，实在是不可能。这又进一步抬升了阅读和理解《老子》这本书的难度。

若要说老子当初写下这《道德经》的初衷和目的。我估计，是为了解决周朝帝王传承过程中，面对各地诸侯国的逐渐崛起（同一市场的潜在新晋挑战者），如何守好已经传承四五百年的这份基业作为其写作初衷的。若这个猜测成立，那《老子》一书的读者，按现在的话说，就是所谓的“富二代”！而老子给“富二代”们为完成“守业”而开出的“方子”，我们孰知的“无为”、“自然”、“柔弱处下”都是“药引子”，其根本目的，是为了“不败”！

同创业者不同，守业者们已然有了“垄断”地位，不管是资源调动还是个人影响力方面都占据了先发优势。面对不断新增加的年轻挑战者，守业者们首先要做到的就是把握战略方向，以自身所处的战略优势，守住自己的核心资源。这个过程中，老子给出的建议是放弃“取胜”的战略目标，避免调用过度资源，以新晋对手的方式去“战胜”对方。这个过程就是老子眼中的“用强”，即放弃了自身的特征和趋势，而以不符合自身优势的方式去有所作为。守业者们真正要思考的不是“取胜”或是因为已有优势而肆意“用强”，而应该以“不败”作为其所有战略的出发点和最高目标进行谋略和思考。如此，就能避免因为自身先发优势造成的战略自大和思维固化。

或许在老子眼中，守业者们只有真正的放弃“用强”以“取胜”，以“自然无为”的态度去看待一切竞争，能够放弃对现有资源和优势的过度自信，实现“无为而治”。这或许解释了为什么帛书《老子》要将“不欲以静，万物将自定”作为其结语吧！

真正的勇气不是去征服一切，而是不被一切征服。

是以为记。

郑君

2019年9月20日 于上海